Vicente Blasco-Ibañez

Les quatre cavaliers de l'apocalypse

Traduit de l'espagnol par G. Hérelle

VICENTE BLASCO-IBAÑEZ

I

De Buenos-Aires à Paris

Le 7 juillet 1914, Jules Desnoyers, le jeune « peintre d'âmes », comme on l'appelait dans les salons cosmopolites du quartier de l'Étoile, – beaucoup plus célèbre toutefois pour la grâce avec laquelle il dansait le *tango* que pour la sûreté de son dessin et pour la richesse de sa palette, – s'embarqua à Buenos-Aires sur le *Kœnig Frederic-August*, paquebot de Hambourg, afin de rentrer à Paris.

Lorsque le paquebot s'éloigna de la terre, le monde était parfaitement tranquille. Au Mexique, il est vrai, les blancs et les métis s'exterminaient entre eux, pour empêcher les gens de s'imaginer que l'homme est un animal dont la paix détruit les instincts combatifs. Mais sur tout le reste de la planète les peuples montraient une sagesse exemplaire. Dans le transatlantique même, les passagers, de nationalités très diverses, formaient un petit monde qui avait l'air d'être un fragment de la civilisation future offert comme échantillon à l'époque présente, une ébauche de cette société idéale où il n'y aurait plus ni frontières, ni antagonismes de races.

Un matin, la musique du bord, qui, chaque dimanche, faisait entendre le *choral* de Luther, éveilla les dormeurs des cabines de première classe par la plus inattendue des aubades. Jules Desnoyers se frotta les yeux, croyant vivre encore dans les hallucinations du rêve. Les cuivres allemands mugissaient la *Marseillaise* dans les couloirs et sur les ponts. Le garçon de cabine, souriant de la surprise du jeune homme, lui expliqua cette étrange chose. C'était le 14 juillet, et les paquebots allemands avaient coutume de célébrer comme des fêtes allemandes les grandes fêtes de toutes les nations qui fournissaient du fret et des passagers. La république la plus insignifiante voyait le navire pavoisé en son honneur. Les capitaines mettaient un soin scrupuleux à accomplir les rites de cette religion du pavillon et de la commémoration historique. Au surplus, c'était une distraction qui aidait les passagers à tromper l'ennui de la traversée et qui servait à la propagande germanique.

Tandis que les musiciens promenaient aux divers étages du navire une *Marseillaise* galopante, suante et mal peignée, les groupes les plus matineux commentaient l'événement.

– Quelle délicate attention, disaient les dames sud-américaines. Ces Allemands ne sont pas aussi vulgaires qu'ils le paraissent. Et il y a des gens qui croient que l'Allemagne et la France vont se battre !

Ce jour-là, les Français peu nombreux qui se trouvaient sur le paquebot grandirent démesurément dans la considération des autres voyageurs. Ils n'étaient que trois : un vieux joaillier qui revenait de visiter ses succursales d'Amérique, et deux demoiselles qui faisaient la commission pour des magasins de la rue de la Paix, vestales aux yeux gais et au nez retroussé, qui se tenaient à distance et qui ne se permettaient jamais la moindre familiarité avec les autres passagers, beaucoup moins bien élevés qu'elles. Le soir, il y eut un dîner de gala. Au fond de la salle à manger, le drapeau français et celui de l'empire formaient une magnifique et absurde décoration. Tous les Allemands avaient endossé le frac, et les femmes exhibaient la blancheur de leurs épaules. Les livrées des domestiques étaient celles des grandes fêtes. Au dessert, un couteau carillonna sur un verre, et il se fit un profond silence : le commandant allait parler. Ce brave marin, qui joignait à ses fonctions nautiques l'obligation de prononcer des harangues aux banquets et d'ouvrir les bals avec la dame la plus respectable du bord, se mit à débiter un chapelet de paroles qui ressemblaient à des grincements de portes. Jules, qui savait un peu d'allemand, saisit au vol quelques bribes de ce discours. L'orateur répétait à chaque instant les mots « paix » et « amis ». Un Allemand courtier de commerce, assis à table près du peintre, s'offrit à celui-ci comme interprète, avec l'obséquiosité habituelle des gens qui vivent de réclame, et il donna à son voisin des explications plus précises.

– Le commandant demande à Dieu de maintenir la paix entre l'Allemagne et la France, et il espère que les relations des deux peuples deviendront de plus en plus amicales.

Un autre orateur se leva, toujours à la table que présidait le marin. C'était le plus considérable des passagers allemands, un riche industriel de Dusseldorff, nommé Erckmann, qui faisait de grosses affaires avec la République Argentine. Jamais on ne l'appelait par son nom. Il avait le titre de « Conseiller de Commerce », et, pour ses compatriotes, il était *Herr Commerzienrath*, comme son épouse était *Frau Rath*. Mais ses intimes l'appelaient aussi « le Capitaine » : car il commandait une compagnie de *landsturm*. Erckmann se montrait beaucoup plus fier encore du second titre que du premier, et, dès le début de la traversée, il avait eu soin d'en informer tout le monde. Tandis qu'il parlait, le peintre examinait cette petite tête et cette robuste poitrine qui donnaient au Conseiller de Commerce quelque ressemblance avec un dogue de combat ; il imaginait le haut col d'uniforme comprimant cette nuque rouge et faisant saillir un double bourrelet de graisse ; il souriait de ces moustaches cirées dont les pointes se dressaient d'un air menaçant. Le Conseiller avait une voix sèche et tranchante qui semblait asséner les paroles : c'était sans doute de ce ton que l'empereur débitait ses harangues. Par instinctive imitation des traîneurs de sabre, ce bourgeois belliqueux ramenait son bras droit vers sa hanche, comme pour appuyer sa main sur la garde d'une épée invisible.

Aux premières paroles, malgré la fière attitude et le ton impératif de l'orateur, tous les Allemands éclatèrent de rire, en hommes qui savent apprécier la condescendance d'un *Herr Commerzienrath* lorsqu'il daigne divertir par des plaisanteries les personnes auxquelles il s'adresse.

— Il dit des choses très amusantes, expliqua encore l'interprète à voix basse. Toutefois, ces choses n'ont rien de blessant pour les Français.

Mais bientôt les auditeurs tudesques cessèrent de rire : le *Commerzienrath* avait abandonné la grandiose et lourde ironie de son exorde et développait la partie sérieuse de son discours. Selon lui, les Français étaient de grands enfants, gais, spirituels, incapables de prévoyance. Ah ! s'ils finissaient par s'entendre avec l'Allemagne ! si, au bord de la Seine, on consentait à oublier les rancunes du passé !...

Et le discours devint de plus en plus grave, prit un caractère politique.

— Il dit, monsieur, chuchota de nouveau l'interprète à l'oreille de Jules, qu'il souhaite que la France soit très grande et qu'un jour les Allemands et les Français marchent ensemble contre un ennemi commun... contre un ennemi commun...

Après la péroraison, le conseiller-capitaine leva son verre en l'honneur de la France.

— *Hoch !* s'écria-t-il, comme s'il commandait une évolution à ses soldats de la réserve.

Il poussa ce cri à trois reprises, et toute la masse germanique, debout, répondit par un *Hoch !* qui ressemblait à un rugissement, tandis que la musique, installée dans le vestibule de la salle à manger, attaquait la *Marseillaise*.

Jules était de nationalité argentine[1], mais il portait un nom français, avait du sang français dans les veines. Il fut donc ému ; un frisson d'enthousiasme lui monta dans le dos, ses yeux se mouillèrent, et, lorsqu'il but son champagne, il lui sembla qu'il buvait en même temps quelques larmes. Oui, ce que faisaient ces gens qui, d'ordinaire, lui

---

[1] En vertu de la législation argentine, Jules Desnoyers, né en Argentine de Marcel Desnoyers, colon français, était Argentin par le seul fait de sa naissance. – G. H.

paraissaient si ridicules et si plats, méritait d'être approuvé. Les sujets du kaiser fêtant la grande date de la Révolution ! Il se persuada qu'il assistait à un mémorable événement historique.

— C'est très bien, très bien ! dit-il à d'autres Sud-Américains qui étaient ses voisins de table. Il faut reconnaître qu'aujourd'hui l'Allemagne a été vraiment courtoise.

Le jeune homme passa le reste de la soirée au fumoir, où l'attirait la présence de madame la Conseillère. Le capitaine de *landsturm* jouait un poker avec quelques compatriotes qui lui étaient inférieurs dans la hiérarchie des dignités et des richesses. Son épouse se tenait auprès de lui, suivant de l'œil le va-et-vient des domestiques chargés de bocks, mais sans oser prendre sa part dans cette énorme consommation de bière : elle avait des prétentions à l'élégance et elle craignait beaucoup d'engraisser. C'était une Allemande à la moderne, qui ne reconnaissait à son pays d'autre défaut que la lourdeur des femmes et qui combattait en sa propre personne ce danger national par toute sorte de régimes alimentaires. Les repas étaient pour elle un supplice. Sa maigreur, obtenue et maintenue à force de volonté, rendait plus apparente la robustesse de sa constitution, la grosseur de son ossature, ses mâchoires puissantes, ses dents larges, saines, splendides : des dents qui suggéraient au peintre l'irrévérencieuse tentation de la comparer mentalement à la silhouette sèche et dégingandée d'une jument de course. « Elle est mince, se disait-il en l'observant du coin de l'œil, et cependant elle est énorme. » Le mari, lui, admirait l'élégance de sa Bertha, toujours vêtue d'étoffes dont les couleurs indéfinissables faisaient penser à l'art persan et aux miniatures des manuscrits médiévaux ; mais il déplorait qu'elle ne lui eût pas donné d'enfants, et il regardait presque cette stérilité comme un crime de haute trahison. La patrie allemande était fière de la fécondité de ses femmes, et le kaiser, avec ses hyperboles d'artiste, avait posé en principe que la véritable beauté allemande doit avoir un mètre cinquante centimètres de ceinture.

Madame la Conseillère réservait volontiers à Jules Desnoyers un siège auprès du sien : car elle le tenait pour l'homme le plus « distingué » de tous les passagers. Le peintre était de taille moyenne, et son front brun se dessinait comme un triangle sous deux bandeaux de cheveux noirs, lisses, lustrés comme des planches de laque : précisément le contraire des hommes qui entouraient madame la Conseillère. Au surplus, il habitait Paris, la ville qu'elle n'avait pas vue encore, quoiqu'elle eût fait maints voyages dans les deux hémisphères.

— Ah ! Paris, Paris ! soupirait-elle en ouvrant de grands yeux et en allongeant les lèvres. Comme j'aimerais à y passer une saison !

Et, pour qu'il lui racontât la vie de Paris, elle se permettait certaines confidences sur les plaisirs de Berlin, mais avec une modestie rougissante, en admettant d'avance qu'il y a beaucoup mieux dans le monde et qu'elle avait grande envie de connaître ce mieux-là.

Herr Commerzienrath continuait entre amis son speech du dessert, et ses auditeurs ôtaient de leurs lèvres des cigares colossaux pour lancer des grognements d'approbation. La présence de Jules les avait mis tous d'aimable humeur ; ils savaient que son père était Français, et cela suffisait pour qu'ils l'accueillissent comme s'il arrivait directement du Quai d'Orsay et représentait la plus haute diplomatie de la République. Pour eux, c'était la France qui venait fraterniser avec l'Allemagne.

— Quant à nous, déclara le *Commerzienrath* en regardant fixement le peintre comme s'il attendait de lui une déclaration solennelle, nous désirons vivre en parfaite amitié avec la France.

Jules approuva. Par le fait, il jugeait bon que les nations fussent amies les unes des autres, et il ne voyait aucun inconvénient à ce qu'elles affirmassent cette amitié, chaque fois que l'occasion s'en présentait.

— Malheureusement, reprit l'industriel sur un ton plaintif, la France se montre hargneuse avec nous. Il y a des années que notre empereur lui tend la main avec une noble loyauté, et elle feint de ne pas s'en apercevoir. Vous reconnaîtrez que cela n'est pas correct.

Jules ne s'occupait jamais de politique, et cette conversation trop austère commençait à l'ennuyer. Pour y mettre un peu de piquant, il eut la fantaisie de répondre :

— Avant de prétendre à l'amitié des Français, peut-être feriez-vous bien de leur rendre ce que vous leur avez pris.

À ces mots il se fit un silence de stupéfaction, comme si l'on eût sonné sur le transatlantique la cloche d'alarme. Plusieurs, qui portaient le cigare à leurs lèvres, demeurèrent la main immobile à deux doigts de la bouche, les yeux démesurément ouverts. Ce fut le capitaine de *landsturm* qui se chargea de donner une forme verbale à cette muette protestation.

— Rendre ! s'écria-t-il, d'une voix qui semblait assourdie par le soudain rehaussement de son col. Nous n'avons rien à rendre, pour la bonne raison que nous n'avons rien pris. Ce que nous possédons, nous l'avons gagné par notre héroïsme.

Devant toute affirmation faite sur un ton altier, Jules sentait renaître en lui l'héréditaire instinct de contradiction, et il répliqua froidement :

— C'est comme si je vous avais volé votre montre, et qu'ensuite je vous proposasse d'être bons amis et d'oublier le passé. Même si vous étiez enclin au pardon, encore faudrait-il qu'auparavant je vous rendisse votre montre.

Le capitaine voulut répondre tant de choses à la fois qu'il balbutia, sautant avec incohérence d'une idée à une autre. Comparer la reconquête de l'Alsace à un vol !... Une terre allemande !... La race !... La langue !... L'histoire !...

— Mais qu'est-ce qui prouve que l'Alsace a la volonté d'être allemande ? interrogea le jeune homme sans se départir de son calme. Quand lui avez-vous demandé son opinion ?

Le capitaine demeura incertain, comme s'il hésitait entre deux partis à prendre : tomber à coups de poing sur l'insolent, ou l'écraser de son mépris.

— Jeune homme, proféra-t-il enfin avec majesté, vous ne savez ce que vous dites. Vous êtes Argentin et vous n'entendez rien aux affaires de l'Europe.

Tous les assistants approuvèrent, dépouillant subitement Jules de la nationalité qu'ils lui attribuaient tout à l'heure. Quant au capitaine Erckmann, il lui tourna le dos avec une rudesse militaire, ramassa sur le tapis qu'il avait devant lui un jeu de cartes, et se mit à faire silencieusement une « réussite ».

Si pareille scène se fût passée à terre, Jules aurait cessé toute relation avec ces malotrus ; mais l'inévitable promiscuité de la vie sur un transatlantique oblige à l'indulgence. Il se montra donc bon enfant, lorsque, le lendemain, le *Commerzienrath* et ses amis vinrent à lui et, pour effacer tout fâcheux souvenir, lui prodiguèrent les politesses. C'était un jeune homme qui appartenait à une famille riche, et par conséquent il fallait le ménager. Toutefois ils eurent soin de ne plus faire allusion à son origine française. Pour eux, désormais, il était Argentin ; et cela fit que, tous en chœur, ils s'intéressèrent à la prospérité de l'Argentine et de tous les États de l'Amérique du Sud. Ils attribuaient à chacun de ces pays une importance excessive, commentaient avec gravité les faits et gestes de leurs hommes politiques, donnaient à entendre qu'il n'y avait personne en Allemagne qui ne se préoccupât de leur avenir, prédisaient à chacun d'eux une gloire future, reflet de la gloire impériale, pourvu qu'ils acceptassent de demeurer sous l'influence allemande.

Le peintre eut la faiblesse de revenir au fumoir, de préférence à l'heure où la partie était terminée et où une débauche de bière et de gros cigares de Hambourg fêtait la chance des gagnants. C'était l'heure des expansions germaniques, de l'intimité entre hommes, des lents et lourds badinages, des contes montés en couleur. Le *Commerzienrath* présidait, sans se départir de sa prééminence, à ces ébats de ses compatriotes, sages négociants des ports hanséatiques, qui jouissaient de larges crédits à la *Deutsche Bank*, ou riches boutiquiers installés dans les républiques de la Plata avec leurs innombrables familles. Lui, il était un capitaine, un guerrier, et, à chaque bon mot qu'il accueillait par un rire dont son épaisse nuque était secouée, il se croyait au bivouac avec des compagnons d'armes. Jules admirait l'hilarité facile dont tous ces hommes étaient doués ; pour rire avec fracas, ils se rejetaient en arrière sur leurs sièges ; et, s'il advenait que l'auditoire ne partageât par cette gaieté violente, le conteur avait un moyen infaillible de remédier au manque de succès :

– On a conté cela au kaiser, disait-il, et le kaiser en a beaucoup ri.

Cela suffisait pour que tout le monde rît à gorge déployée.

Lorsque le paquebot approcha de l'Europe, un flot de nouvelles l'assaillit. Les employés de la télégraphie sans fil travaillaient continuellement. Un soir, Jules, en entrant au fumoir, vit les Allemands gesticuler avec animation. Au lieu de boire de la bière, ils avaient fait apporter du Champagne des bords du Rhin. Le capitaine Erckmann offrit une coupe au jeune homme.

– C'est la guerre ! dit-il avec enthousiasme. Enfin c'est la guerre ! Il était temps...

Jules fit un geste de surprise.

– La guerre ? Quelle guerre ?

Il avait lu comme tout le monde, sur le tableau du vestibule, un radiotélégramme annonçant que le gouvernement autrichien venait d'envoyer un ultimatum à la Serbie ; mais cela ne lui avait pas donné la moindre émotion. Il méprisait les affaires des Balkans : c'étaient des querelles de pouilleux, qui accaparaient mal à propos l'attention du monde et qui le distrayaient de choses plus sérieuses. En quoi cet événement pouvait-il intéresser le belliqueux conseiller ? Les deux nations finiraient bien par s'entendre. La diplomatie sert parfois à quelque chose.

– Non ! déclara rudement le capitaine. C'est la guerre, la guerre bénie. La Russie soutiendra la Serbie, et nous, nous appuierons notre alliée. Que fera la France ? Savez-vous ce que fera la France ?

Jules haussa les épaules, d'un air qui signifiait à la fois son incompétence et son indifférence.

– C'est la guerre, vous dis-je, répéta l'autre, la guerre préventive dont nous avons besoin. La Russie grandit trop vite, et c'est contre nous qu'elle se prépare. Encore quatre ans de paix, et elle aura terminé la construction de ses chemins de fer stratégiques. Alors sa force militaire, jointe à celle de ses alliés, vaudra la nôtre. Le mieux est donc de lui porter dès maintenant un coup décisif. Il faut savoir profiter de l'occasion... Ah ! la guerre ! la guerre préventive ! Ce sera le salut de l'industrie allemande.

Ses compatriotes l'écoutaient en silence. Il semblait que quelques-uns ne partageassent pas son enthousiasme. Leur imagination de négociants voyait les affaires paralysées, les succursales en faillite, les crédits coupés par les banques, bref, une catastrophe plus effrayante pour eux que les batailles et les massacres. Néanmoins ils approuvaient par des grognements et par des hochements de tête les féroces déclamations du capitaine de *landsturm*. Jules crut que le conseiller et ses admirateurs étaient ivres.

– Prenez garde, capitaine, répondit-il d'un ton conciliant. Ce que vous dites manque peut-être de logique. Comment une guerre favoriserait-elle l'industrie allemande ? D'un jour à l'autre l'Allemagne élargit davantage son action économique ; elle conquiert chaque mois un marché nouveau ; chaque année, son bilan commercial augmente dans des proportions incroyables. Il y a un demi-siècle, elle était réduite à donner pour matelots à ses quelques navires les cochers de Berlin punis par la police ; aujourd'hui ses flottes de commerce et de guerre sillonnent tous les océans, et il n'est aucun port où la marchandise allemande n'occupe sur les quais la place la plus considérable. Donc, ce qu'il faut à l'Allemagne, c'est continuer à vivre ainsi et se préserver des aventures guerrières. Encore vingt ans de paix, et les Allemands seront les maîtres de tous les marchés du monde, triompheront de l'Angleterre, leur maîtresse et leur rivale, dans cette lutte où il n'y a pas de sang répandu. Voulez-vous, comme un homme qui risque sur une carte sa fortune entière, exposer de gaieté de cœur toute cette prospérité dans une lutte qui, en somme, pourrait vous être défavorable ?

— Ce qu'il nous faut, répliqua rageusement Erckmann, c'est la guerre, la guerre préventive ! Nous vivons entourés d'ennemis, et cela ne peut pas durer. Qu'on en finisse une bonne fois ! Eux ou nous ! L'Allemagne se sent assez forte pour défier le monde. Notre devoir est de mettre fin à la menace russe. Et si la France ne se tient pas tranquille, tant pis pour elle ! Et si quelque autre peuple ose intervenir contre nous, tant pis pour lui ! Quand je monte dans mes ateliers une machine nouvelle, c'est pour qu'elle produise, non pour qu'elle demeure au repos. Puisque nous possédons la première armée du monde, servons nous-en ; sinon, elle risquerait de se rouiller. Oui, oui ! on veut nous étouffer dans un cercle de fer ; mais l'Allemagne a la poitrine robuste, et, en se raidissant elle brisera le corset mortel. Réveillons-nous avant qu'on ne nous enchaîne dans notre sommeil ! Malheur à ceux que rencontrera notre épée !

Jules se crut obligé de répondre à cette déclaration arrogante. Il n'avait jamais vu le cercle de fer dont se plaignaient les Allemands. Tout ce que faisaient les nations voisines, c'était de prendre leurs précautions et de ne pas continuer à vivre dans une inerte confiance en présence de l'ambition démesurée des Germains ; elles se préparaient tout simplement à se défendre contre une agression presque certaine ; elles voulaient se mettre en état de soutenir leur dignité menacée par les prétentions les plus inouïes.

— Les autres peuples, conclut-il, ont bien le droit de se prémunir contre vous. N'est-ce pas vous qui représentez un péril pour le monde ?

Le paquebot n'étant plus dans les mers américaines, le *Commerzienrath* mit dans sa riposte la hauteur d'un maître de maison qui relève une incongruité.

– J'ai déjà eu l'honneur de vous faire observer, jeune homme, dit-il en imitant le flegme des diplomates, que vous n'êtes qu'un Sud-Américain et que vous n'entendez rien à ces questions.

Ainsi se terminèrent les relations de Jules avec le conseiller et son clan. À mesure que les passagers allemands se rapprochaient de leur patrie, ils se dépouillaient du servile désir de plaire qui les accompagnait dans leurs voyages au nouveau monde, et aucun d'eux n'essaya de réconcilier le peintre et le capitaine.

Cependant le service télégraphique fonctionnait sans répit, et le commandant conférait très souvent dans sa cabine avec le *Commerzienrath*, parce que celui-ci était le plus important personnage du groupe allemand. Les autres cherchaient les lieux isolés pour s'entretenir à voix basse. Tous les jours, sur le tableau du vestibule, apparaissaient des nouvelles de plus en plus alarmantes, reçues par les appareils radiotélégraphiques.

Dans la matinée du jour qui devait être pour Jules Desnoyers le dernier du voyage, le garçon de cabine l'appela.

– *Herr*, montez donc sur le pont : c'est joli à voir.

La mer était voilée de brume ; mais à travers les vapeurs flottantes se dessinaient des silhouettes semblables à des îles, avec de robustes tours et des minarets pointus. Ces îles s'avançaient sur l'eau huileuse, lentement et majestueusement, d'une pesante allure. Jules en compta dix-huit, qui semblaient emplir l'Océan. C'était l'escadre de la Manche qui, par ordre du gouvernement britannique, venait de quitter les côtes anglaises, sans autre objet que de faire constater sa force. Pour la première fois, en contemplant dans le brouillard ce défilé de *dreadnoughts* qui donnaient l'idée d'un troupeau de monstres marins préhistoriques, le peintre se rendit compte de la puissance de l'Angleterre. Lorsque le paquebot allemand passa entre les navires de guerre, il fut comme rapetissé, comme humilié, et Jules s'aperçut qu'il accélérait sa marche. « On dirait, pensa le jeune homme, que notre bateau a la conscience inquiète et qu'il veut se mettre en sûreté. »

Un peu après midi, le *Kœnig Frederic-August* entra dans la rade de Southampton, mais pour en sortir le plus rapidement possible. Quoique l'on eût à embarquer une énorme quantité de personnes et de bagages, les opérations de l'escale se firent avec une diligence prodigieuse. Deux vapeurs pleins abordèrent le transatlantique, et une avalanche d'Allemands établis en Angleterre envahit les ponts. Puis le paquebot reprit sa route dans le canal avec une vitesse insolite dans des parages si fréquentés.

Ce jour-là, on faisait sur ce boulevard maritime des rencontres extraordinaires. Des fumées vues à l'horizon décelèrent l'escadre française qui ramenait de Russie le président Poincaré. Puis ce furent de nombreux vaisseaux anglais, qui montaient la garde devant les côtes comme des dogues vigilants. Deux cuirassés de l'Amérique du Nord se reconnurent à leurs mâts en forme de corbeilles. Un vaisseau russe, blanc et brillant depuis les hunes jusqu'à la ligne de flottaison, passa à toute vapeur, se dirigeant vers la Baltique. Les passagers du paquebot, accoudés au bordage, commentaient ces rencontres.

– Ça va mal, disaient-ils, ça va mal ! Cette fois-ci, l'affaire est sérieuse.

Et ils regardaient avec inquiétude les côtes voisines, à droite et à gauche. Ces côtes avaient leur aspect habituel ; mais on devinait que dans l'arrière-pays se préparait un grand événement.

Le paquebot devait arriver à Boulogne vers minuit et séjourner en rade jusqu'à l'aube pour permettre aux voyageurs un débarquement plus commode. Or il arriva à dix heures, jeta l'ancre loin du port, et le commandant donna des ordres pour que le débarquement se fît à l'instant même. Il fallait repartir le plus tôt possible : les appareils radiographiques ne fonctionnaient pas pour rien.

À la lumière des feux bleus qui répandaient sur la mer une clarté livide, commença le transbordement des passagers et des bagages à destination de Paris. Les matelots bousculaient les dames qui s'attardaient à compter leurs malles ; les garçons de service emportaient les enfants comme des paquets. La précipitation générale abolissait l'excessive obséquiosité germanique.

Jules, descendu sur un remorqueur que les ondulations de la mer faisaient danser, se trouva en bas du transatlantique dont le flanc noir et immobile ressemblait à un mur criblé de trous lumineux, mur au-dessus duquel s'allongeaient comme d'immenses balcons les garde-fous des ponts chargés de gens qui saluaient avec leurs mouchoirs. Puis la distance s'élargit entre le transatlantique qui partait et les remorqueurs qui se dirigeaient vers la terre. Et tout à coup une voix de stentor, celle du capitaine Erckmann, cria du bateau, dans un accompagnement d'éclats de rire :

– Au revoir, messieurs les Français ! Nous nous reverrons bientôt à Paris !

Le paquebot se perdit dans l'ombre avec la précipitation de la fuite et l'insolence d'une vengeance prochaine. C'était le dernier paquebot allemand qui, cette année-là, devait toucher la côte française.

À Boulogne, Jules Desnoyers dut attendre trois heures le train spécial qui amènerait à Paris les voyageurs d'Amérique, et il profita de ce retard pour entrer dans un café et pour écrire à madame Marguerite Laurier une longue lettre où il l'avertissait de son retour et la priait de lui donner le plus tôt possible un rendez-vous.

Quand il arriva à Paris, vers quatre heures du matin, il fut reçu à la gare du Nord par son camarade Pepe Argensola, qui remplissait auprès de lui les fonctions multiples d'ami, d'intendant et de parasite. Chez lui, rue de la Pompe, il fit un bon somme qui le reposa des fatigues du voyage, et il ne se leva que pour déjeuner. Pendant qu'il était à table, Argensola lui remit un petit bleu par lequel Marguerite lui assignait un rendez-vous pour le jour même, à cinq heures de l'après-midi, dans le jardin de la Chapelle expiatoire.

Après déjeuner, il alla voir ses parents, avenue Victor-Hugo. Sa mère Luisa lui jeta les bras autour du cou aussi passionnément que si elle l'avait cru perdu pour toujours ; sa sœur Luisita, dite Chichi, l'accueillit avec une tendresse mêlée de curiosité sympathique à l'égard de ce frère chéri qu'elle savait être un mauvais sujet ; et il eut même la surprise de trouver aussi à la maison sa tante Héléna, qui avait laissé en Allemagne son mari Karl von Hartrott et ses innombrables enfants pour venir passer deux ou trois mois chez les Desnoyers ; mais il ne put voir son père Marcel, déjà sorti pour aller prendre au cercle des nouvelles de cette guerre invraisemblable dont l'idée hantait tous les esprits.

À quatre heures et demie, il pénétra dans le jardin de la Chapelle expiatoire. C'était une demi-heure trop tôt ; mais son impatience d'amoureux lui donnait l'illusion d'avancer l'heure de la rencontre en avançant sa propre arrivée au lieu convenu.

Marguerite Laurier était une jeune dame élégante, un peu légère, encore honnête, qu'il avait connue dans le salon du sénateur Lacour. Elle était mariée à un ingénieur qui avait dans les environs de Paris une fabrique de moteurs pour automobiles. Laurier était un homme de trente-cinq ans, grand, un peu lourd, taciturne, et dont le regard lent et triste semblait vouloir pénétrer jusqu'au fond des hommes et des choses. Sa femme, moins âgée que lui de dix ans, avait d'abord accepté avec une souriante condescendance l'adoration silencieuse et grave de son époux ; mais elle s'en était bientôt lassée, et, lorsque Jules, le peintre fashionable, était apparu dans sa vie, elle l'avait accueilli comme un rayon de soleil. Ils se plurent l'un à l'autre. Elle avait été flattée de l'attention que l'artiste lui prêtait, et l'artiste l'avait trouvée moins banale que ses admiratrices ordinaires. Ils eurent donc des entrevues dans les jardins publics et dans les squares ; ils se promenèrent amoureusement aux Buttes-Chaumont, au Luxembourg, au parc Montsouris. Elle frissonnait délicieusement de terreur à la pensée d'être surprise par Laurier, lequel, très occupé de sa fabrique, n'avait pas encore le moindre soupçon. D'ailleurs elle entendait bien ne pas se donner à Jules avec la même facilité que tant d'autres : cet amour à la fois innocent et coupable était sa première faute, et elle voulait que ce fût la dernière. La situation paraissait sans issue, et Jules commençait à s'impatienter de ces relations trop chastes et même un peu puériles, dont les plus grandes licences consistaient à prendre quelques baisers à la dérobée.

Fut-ce une amie de Marguerite qui devina l'intrigue et qui la fit connaître au mari par une lettre anonyme ? Fut-ce Marguerite qui se trahit elle-même par ses rentrées tardives, par ses gaietés inexplicables, par l'aversion qu'elle témoigna inopinément à l'ingénieur dans l'intimité conjugale ? Le fait est que Laurier se mit à épier sa femme et n'eut aucune peine à constater les rendez-vous qu'elle avait avec Jules. Comme il aimait Marguerite d'une passion profonde et se croyait trahi beaucoup plus irréparablement qu'il ne l'était en réalité, des idées violentes et contradictoires se heurtèrent dans son esprit. Il songea à la tuer ; il songea à tuer Desnoyers ; il songea à se tuer lui-même. Finalement il ne tua personne, et, par bonté pour cette femme qui le traitait si mal, il accepta sa disgrâce. En somme, c'était sa faute, s'il n'avait pas su se faire aimer. Mais il était homme d'honneur et ne pouvait accepter le rôle de mari complaisant. Il eut donc avec Marguerite une brève explication qui se termina par cet arrêt :

– Désormais nous ne pouvons plus vivre ensemble. Retourne chez ta mère et demande le divorce. Je n'y ferai aucune opposition et je faciliterai le jugement qui sera rendu en ta faveur. Adieu.

Après cette rupture, le peintre était parti pour l'Amérique afin de prendre des arrangements avec les fermiers des biens qu'il y possédait en propre, de vendre quelques pièces de terre, et de réunir la grosse somme dont il avait besoin pour son mariage et pour l'organisation de sa maison.

Lorsque Jules eut franchi la grille par où l'on entre du boulevard Haussmann dans le jardin de la Chapelle expiatoire, il y trouva les allées pleines d'enfants qui couraient et piaillaient. Il reçut dans les jambes un cerceau poussé par un bambin ; il fit un faux pas contre un ballon. Autour des châtaigniers fourmillait le public ordinaire des jours de chaleur. C'étaient des servantes des maisons voisines, qui cousaient ou qui babillaient, tout en suivant d'un regard distrait les jeux des petits confiés à leur garde ; c'étaient des bourgeois du quartier, venus là pour lire leur journal avec l'illusion d'y jouir de la paix d'un bocage. Tous les bancs étaient occupés. Les chaises de fer, sièges payants, servaient d'asile à des femmes chargées de paquets, à des bourgeoises des environs de Paris qui attendaient des personnes de leur famille pour prendre le train à la gare Saint-Lazare.

Après trois semaines de traversée pendant lesquelles Jules avait évolué sur la piste ovale d'un pont de navire avec l'automatisme d'un cheval de manège, il avait plaisir à se mouvoir librement sur cette terre ferme où ses chaussures faisaient grincer le sable. Ses pieds, habitués à un sol instable, gardaient encore une sensation de déséquilibrement. Il se promenait de long en large ; mais ses allées et venues n'attiraient l'attention de personne. Une préoccupation commune semblait s'être emparée de tout le monde, hommes et femmes ; les gens échangeaient à haute voix leurs impressions ; ceux qui tenaient un journal à la main voyaient leurs voisins s'approcher avec un sourire interrogatif. Il n'y avait plus trace de la méfiance et de la crainte instinctives qui portent les habitants des grandes villes à s'ignorer mutuellement ou à se dévisager comme des ennemis.

« Ils parlent de la guerre, pensa Jules. À cette heure, la possibilité de la guerre est pour les Parisiens l'unique sujet de conversation. »

Hors du jardin, même anxiété et même tendance à une sympathie fraternelle. Lorsque les vendeurs de journaux passaient en criant les éditions du soir, ils étaient arrêtés dans leur course par les mains avides des passants qui se disputaient les feuilles. Tout lecteur était aussitôt entouré d'un groupe de gens qui lui demandaient des nouvelles ou qui essayaient de déchiffrer par-dessus ses épaules les manchettes imprimées en caractères gras. De l'autre côté du square, dans la rue des

Mathurins, sous la tente d'un débit de vin, des ouvriers écoutaient les commentaires d'un camarade qui, avec des gestes oratoires, montrait le texte d'une dépêche. La circulation dans les rues, le mouvement général de la cité étaient les mêmes que les autres jours ; mais il semblait que les voitures marchaient plus vite, qu'il y avait dans l'air comme un frisson de fièvre, que l'on discourait et que l'on souriait d'une façon différente. Tout le monde paraissait connaître tout le monde. Les femmes du jardin regardaient Jules comme si elles l'avaient déjà vu cent fois. Il aurait pu s'approcher d'elles et engager la conversation sans qu'elles en éprouvassent la moindre surprise.

« Ils parlent de la guerre », se répéta-t-il, mais avec la commisération d'un esprit supérieur qui connaît l'avenir et qui s'élève au-dessus des opinions communes.

L'inquiétude publique n'était, selon lui, que la surexcitation nerveuse d'un peuple qui, accoutumé à une vie paisible, s'alarme dès qu'il entrevoit un danger pour son bien-être. On avait parlé si souvent d'une guerre imminente à propos de conflits qui, à la dernière minute, s'étaient résolus pacifiquement ! Au surplus, l'homme est enclin à considérer comme logique et raisonnable tout ce qui flatte son égoïsme, et il répugnait à Jules que la guerre éclatât, parce qu'elle aurait dérangé ses plans de vie.

« Mais non, il n'y aura pas de guerre ! s'affirma-t-il encore à lui-même. Ces gens sont fous. Il n'est pas possible qu'on fasse la guerre à une époque comme la nôtre. »

Et il regarda sa montre. Cinq heures. Marguerite arriverait d'un moment à l'autre. Il crut la reconnaître de loin dans une dame qui entrait au jardin par la rue Pasquier ; mais, quand il eut fait quelques pas vers elle, il constata son erreur. Déçu, il reprit sa promenade. La mauvaise humeur lui fit voir beaucoup plus laid qu'il ne l'est en réalité le monument dont la Restauration a orné l'ancien cimetière de la Madeleine. Le temps passait, et elle n'arrivait pas. Il surveillait de ses yeux impatients toutes les entrées du jardin. Et il advint ce qui advenait à presque tous leurs rendez-vous : elle se présenta devant lui à l'improviste, comme si elle tombait du ciel ou surgissait de la terre, telle une apparition.

— Marguerite ! Oh ! Marguerite !

Il hésitait presque à la reconnaître. Il éprouvait une sorte d'étonnement à revoir ce visage qui avait occupé son imagination pendant les trois mois du voyage, mais qui, d'un jour à l'autre, s'était pour ainsi dire spiritualisé par le vague idéalisme de l'absence. Puis, tout à coup, il lui sembla qu'au contraire le temps et l'espace étaient abolis, qu'il n'avait fait aucun voyage et que quelques heures seulement s'étaient écoulées depuis leur dernière entrevue.

Ils allèrent s'asseoir sur des chaises de fer, à l'abri d'un massif d'arbustes. Mais, à peine assise, elle se leva. L'endroit était dangereux : les gens qui passaient sur le boulevard n'avaient qu'à tourner les yeux pour les découvrir, et elle avait beaucoup d'amies qui, à cette heure, sortaient peut-être des grands magasins du quartier. Ils cherchèrent donc un meilleur refuge dans un coin du monument ; mais ce n'était pas encore la solitude. À quelques pas d'eux, un gros monsieur myope lisait son journal ; un peu plus loin, des femmes bavardaient, leur ouvrage sur les genoux.

— Tu es bruni, lui dit-elle ; tu as l'air d'un marin. Et moi, comment me trouves-tu ?

Jules ne l'avait jamais trouvée si belle. Marguerite était un peu plus grande que lui, svelte et harmonieuse. Sa démarche avait un rythme aisé, gracieux, presque folâtre. Les traits de son visage n'étaient pas fort réguliers, mais avaient une grâce piquante.

— As-tu pensé beaucoup à moi ? reprit-elle. Ne m'as-tu pas trompée ? Dis-moi la vérité : tu sais que, quand tu mens, je m'en aperçois tout de suite.

— Je n'ai pas cessé un instant de penser à toi ! répondit-il en mettant sa main sur son cœur, comme s'il prêtait serment devant un juge d'instruction. Et toi, qu'as-tu fait pendant que j'étais en Amérique ?

Ce disant, il lui prit une main qu'il caressa ; puis il essaya doucement d'introduire un doigt entre le gant et la peau satinée. En dépit de la discrétion de ce geste, le monsieur qui lisait son journal remarqua le manège et jeta vers eux des regards indignés. Faire des niaiseries amoureuses dans un jardin public, alors que l'Europe était menacée d'une pareille catastrophe !

Marguerite repoussa la main trop audacieuse et parla de ce qu'elle avait fait en l'absence de Jules. Elle s'était ennuyée beaucoup ; elle avait tâché de tuer le temps ; elle était allée au théâtre avec son frère ; elle avait eu plusieurs conférences avec son avocat, qui l'avait renseignée sur la marche à suivre pour le divorce.

– Et ton mari ? demanda Jules.

– Ne parlons pas de lui, veux-tu ? Le pauvre homme me fait pitié. Il est si bon, si correct ! Mon avocat m'assure qu'il consent à tout, qu'il ne veut susciter aucune difficulté. Tu sais que je lui ai apporté une dot de trois cent mille francs et qu'il a mis cette somme dans ses affaires. Eh bien, il veut me rendre les trois cent mille francs, et même, quoique cela doive le gêner beaucoup, il veut me les rendre aussitôt après le divorce. Par moments, j'ai comme un remords du mal que je lui ai fait. Il est si bon, si honnête !

– Mais moi ? interrompit Jules, vexé de cette délicatesse inopportune.

– Oh ! toi, tu es mon bonheur ! s'écria-t-elle avec un transport d'amour. Il y a des situations cruelles ; mais qu'y faire ? Chacun doit vivre sa vie, sans s'inquiéter des ennuis qui peuvent en résulter pour les autres. Être égoïste, c'est le secret du bonheur.

Elle garda un instant le silence ; puis, comme si ces pensées lui étaient pénibles, elle sauta brusquement à un autre sujet.

— Toi qui es si bien instruit de toutes choses, crois-tu à la guerre ? Tout le monde en parle ; mais j'imagine que cela finira par s'arranger.

Jules la confirma dans cet optimisme. Lui non plus, il ne croyait pas à la guerre.

— Notre temps, reprit Marguerite, ne permet plus ces sauvageries. J'ai connu des Allemands bien élevés qui, sans aucun doute, pensent comme toi et moi. Un vieux professeur qui fréquente chez nous expliquait hier à ma mère qu'à notre époque de progrès les guerres ne sont plus possibles. Au bout de deux mois à peine on manquerait d'hommes ; au bout de trois mois, il n'y aurait plus d'argent pour continuer la lutte. Je ne me rappelle pas bien comment il expliquait cela ; mais il l'expliquait avec tant d'évidence que c'était plaisir de l'entendre.

Elle réfléchit un peu, tâchant de retrouver ses souvenirs : puis, effrayée de l'effort qu'il lui faudrait faire, elle se contenta d'ajouter en son propre nom :

— Figure-toi un peu ce que serait une guerre. Quelle horreur ! La vie sociale serait abolie. Il n'y aurait plus ni réunions, ni toilettes, ni théâtres. Il serait même impossible d'inventer des modes. Toutes les femmes porteraient le deuil. Conçois-tu pareille chose ? Et Paris devenu un désert ! Paris qui me semblait si joli tout à l'heure, en venant au rendez-vous ! Non, non, cela n'est pas possible.... Tu sais que le mois prochain nous allons à Vichy ? Ma mère a besoin de prendre les eaux. Et ensuite nous irons à Biarritz. Après Biarritz, je suis invitée dans un château de la Loire. Au surplus, il y a mon divorce : j'espère que notre mariage pourra se célébrer l'été prochain. Et une guerre viendrait déranger tous ces projets ? Non, je te répète que cela n'est pas possible. Mon frère et ses amis rêvent, quand ils parlent du péril allemand. Peut-être mon mari est-il aussi de ceux qui croient la guerre prochaine et qui s'y préparent ; mais c'est une sottise. Dis comme moi que c'est une sottise. Dis, je le veux !

Il dit donc que c'était une sottise ; et elle, tranquillisée par cette affirmation, passa à autre chose. Comme elle venait de parler de son divorce, elle pensa à l'objet du voyage que Jules venait de faire.

— Le plaisir de te voir, reprit-elle, m'a fait oublier le plus important. As-tu réussi à te procurer l'argent dont tu as besoin ?

Il prit l'air d'un d'homme d'affaires pour parler de ses finances. Il rapportait moins qu'il ne l'espérait. Il avait trouvé le pays dans une de ces crises économiques qui le tourmentent périodiquement. Malgré cela, il avait réussi à se procurer quatre cent mille francs représentés par un chèque. En outre, on lui ferait un peu plus tard de nouveaux envois : un propriétaire terrien, avec qui il avait quelques liens de parenté, s'occuperait de ces négociations.

Elle parut satisfaite de la réponse et prit à son tour un air de femme sérieuse.

— L'argent est l'argent, déclara-t-elle sentencieusement, et, sans argent, il n'y a pas de bonheur sûr. Tes quatre cent mille francs et ce que j'ai moi-même nous permettront de vivre.

Ils se turent, les yeux dans les yeux. Ils s'étaient dit l'essentiel, ce qui intéressait leur avenir. Maintenant une préoccupation nouvelle obsédait leur âme. Ils n'osaient pas se parler en amants. D'une minute à l'autre les témoins devenaient plus nombreux autour d'eux. Les petites modistes, au sortir de l'atelier, les dames, au sortir des magasins, coupaient à travers le jardin pour raccourcir leur route. L'allée se transformait en rue, et tous les passants jetaient un regard curieux sur cette dame élégante et sur son compagnon, blottis derrière les arbustes comme des gens qui cherchent à se cacher. Quelques-uns les dévisageaient avec réprobation ; d'autres, encore plus agaçants, souriaient d'un air de complicité protectrice.

— Quel ennui ! soupira Marguerite. On va nous surprendre.

Une jeune fille la regarda fixement, et Marguerite crut reconnaître une employée d'un couturier fameux.

– Allons-nous-en vite ! dit-elle. Si on nous voyait ensemble !...

Jules protesta. Pourquoi s'en aller ? Ils couraient partout le même risque d'être reconnus. D'ailleurs c'était sa faute, à elle. Puisqu'elle avait si peur de la curiosité des gens, pourquoi n'acceptait-elle de rendez-vous que dans des lieux publics ? Il y avait un endroit où elle serait à l'abri de toute surprise ; mais elle s'était toujours refusée à y venir.

– Oui, oui, je sais : ton atelier. Je t'ai déjà dit cent fois que non.

– Mais puisque nos affaires sont presque réglées ? Puisque nous serons mariés dans quelques mois ?

– N'insiste pas. Je veux que tu épouses une femme honnête.

Il eut beau plaider avec une éloquence passionnée, elle resta ferme dans sa résolution. Il se résigna donc à faire signe à un taxi, où elle monta pour rentrer chez sa mère. Mais, au moment où il prenait congé d'elle, elle le retint par la main et lui demanda :

– Ainsi, tu ne crois pas à la guerre ?... Répète-le. Je veux l'entendre encore de ta bouche. Cela me rassure.

II

La famille Desnoyers

Marcel Desnoyers, père de Jules, appartenait à une famille ouvrière établie dans un faubourg de Paris. Devenu orphelin à quatorze ans, il avait été mis en apprentissage par sa mère dans l'atelier d'un sculpteur ornemaniste. Le patron, content de son travail et de ses progrès, put bientôt l'employer, malgré son jeune âge, dans les travaux qu'il exécutait alors en province.

En 1870, Marcel avait dix-neuf ans. Les premières nouvelles de la guerre le surprirent à Marseille, où il était occupé à la décoration d'un théâtre.

Comme tous les jeunes gens de sa génération, il était hostile à l'Empire, et, chez lui, cette hostilité était encore accrue par l'influence de quelques vieux camarades qui avaient joué un rôle dans la République de 1848 et qui gardaient le vif souvenir du coup d'État du 2 décembre. Un jour, il avait assisté dans les rues de Marseille à une manifestation populaire en faveur de la paix, manifestation qui avait surtout pour objet de protester contre le gouvernement. Les républicains en lutte implacable contre l'empereur, les membres de l'Internationale qui venait de s'organiser, un grand nombre d'Espagnols et d'Italiens qui s'étaient enfuis de leur pays à la suite d'insurrections récentes, composaient le cortège. Un étudiant chevelu et phtisique portait le drapeau. « C'est la paix que nous voulons, chantaient les manifestants. Une paix qui unisse tous les hommes ! » Mais sur cette terre les plus nobles intentions sont rarement comprises, et, lorsque les amis de la paix arrivèrent à la Cannebière avec leur drapeau et leur profession de foi, ce fut la guerre qui leur barra le passage. La veille, quelques bataillons de zouaves qui allaient renforcer l'armée à la frontière, avaient débarqué sur les quais de la Joliette, et ces vétérans, habitués à la vie coloniale qui rend les gens peu scrupuleux en matière de horions, crurent devoir intervenir, les uns avec leurs baïonnettes, les autres avec leurs ceinturons dégrafés. « Vive la guerre ! » Et une averse de coups tomba sur les pacifistes. Marcel vit le candide étudiant rouler avec son drapeau sous les pieds des zouaves ; mais il n'en vit pas davantage, parce que, ayant attrapé quelques anguillades et une légère blessure à l'épaule, il dut se sauver comme les autres.

Ce jour-là, pour la première fois, se révéla son caractère tenace et orgueilleux, qui s'irritait de la contradiction et devenait alors susceptible d'adopter des résolutions extrêmes. Le souvenir des coups reçus l'exaspéra comme un outrage qui réclamait vengeance. Il se refusa donc absolument à faire la guerre, et, puisqu'il n'avait pas d'autre moyen pour éviter d'y prendre part, il résolut d'abandonner son pays. L'empereur n'avait pas à compter sur lui pour le règlement de ses affaires : le jeune ouvrier, qui devait tirer au sort dans quelques mois, renonçait à l'honneur de le servir. D'ailleurs, rien ne retenait Marcel en France : car sa mère était morte l'année précédente. Qui sait si la richesse n'attendait pas l'émigrant dans les pays d'outre-mer ! Adieu, France, adieu !

Comme il avait quelques économies, il put acheter la complaisance d'un courtier du port qui consentit à l'embarquer sans papiers. Ce courtier lui offrit même le choix entre trois navires dont l'un était en partance pour l'Égypte, l'autre pour l'Australie, le troisième pour Montevideo et Buenos-Aires. Marcel, qui n'avait aucune préférence, choisit tout simplement le bateau qui partait le premier, et ce fut ainsi qu'un beau matin il se trouva en route pour l'Amérique du Sud, sur un petit vapeur qui, au moindre coup de mer, faisait un horrible bruit de ferraille et grinçait dans toutes ses jointures.

La traversée dura quarante-trois jours, et, lorsque Marcel débarqua à

Montevideo, il y apprit les revers de sa patrie et la chute de l'Empire. Il éprouva quelque honte d'avoir pris la fuite, quand il sut que la nation se gouvernait elle-même et se défendait courageusement derrière les murailles de Paris. Mais, quelques mois plus tard, les événements de la Commune le consolèrent de son escapade. S'il était demeuré là-bas, la colère que lui auraient causée les désastres publics, ses relations de compagnonnage, le milieu même où il vivait, tout l'aurait poussé à la révolte. À cette heure, il serait fusillé ou il vivrait dans un bagne colonial avec quantité de ses anciens camarades. Il se félicita donc de son émigration et cessa de penser aux choses de sa patrie. La difficulté de gagner sa vie dans un pays étranger fit qu'il ne s'inquiéta plus que de sa propre personne, et bientôt il se sentit une audace et un aplomb qu'il n'avait jamais eus dans le vieux monde.

Il travailla d'abord de son métier à Buenos-Aires. La ville commençait à s'accroître, et, pendant plusieurs années, il y décora des façades et des salons. Puis il se fatigua de ce travail, qui ne lui procurerait jamais qu'une fortune médiocre. Il voulait que le nouveau monde l'enrichît vite. À vingt-six ans, il se lança de nouveau en pleine aventure, abandonna les villes, entreprit d'arracher la richesse aux entrailles d'une nature vierge. Il tenta des cultures dans les forêts du Nord ; mais les sauterelles les lui dévastèrent en quelques heures. Il fut marchand de bétail, poussant devant lui, avec deux bouviers, des troupeaux de bouvillons et de mules qu'il faisait passer au Chili ou en Bolivie, à travers les solitudes neigeuses des Andes. À vivre ainsi, dans ces pérégrinations qui duraient des mois sur des plateaux sans fin, il perdit l'exacte notion du temps et de l'espace. Puis, quand il se croyait sur le point d'arriver à la fortune, une spéculation malheureuse le dépossédait de tout ce qu'il avait si péniblement gagné. Ce fut dans une de ces crises de découragement, – il venait alors d'atteindre la trentaine, – qu'il entra au service d'un grand propriétaire nommé Julio Madariaga. Il avait fait la connaissance de ce millionnaire rustique à l'occasion de ses achats de bétail.

Madariaga était un Espagnol venu jeune en Argentine et qui, s'étant plié aux mœurs du pays et vivant comme un *gaucho*, avait fini par acquérir d'énormes *estancias*[2]. Ses terres étaient aussi vastes que telle ou telle principauté européenne, et son infatigable vigueur de centaure avait beaucoup contribué à la prospérité de ses affaires. Il galopait des journées entières sur les immenses prairies où il avait été l'un des premiers à planter l'alfalfa, et, grâce à l'abondance de ce fourrage, il pouvait, au temps de la sécheresse, acheter presque pour rien le bétail qui mourait de faim chez ses voisins et qui s'engraissait tout de suite chez lui. Il lui suffisait de regarder quelques minutes une bande d'un millier de bêtes pour en savoir au juste le nombre, et, quand il faisait le tour d'un troupeau, il distinguait au premier coup d'œil les animaux malades. Avec un acheteur comme Madariaga, les rouéries et les artifices des vendeurs étaient peine perdue.

— Mon garçon, lui avait dit Madariaga, un jour qu'il était de bonne humeur, vous êtes dans la débine. L'impécuniosité se sent de loin. Pourquoi continuez-vous cette chienne de vie ? Si vous m'en croyez, restez chez moi. Je me fais vieux et j'ai besoin d'un homme.

Quand l'arrangement fut conclu, les voisins de Madariaga, c'est-à-dire les propriétaires établis à quinze ou vingt lieues de distance, arrêtèrent sur le chemin le nouvel employé pour lui prédire toute sorte de déboires. Cela ne durerait pas longtemps : personne ne pouvait vivre avec Madariaga. On ne se rappelait plus le nombre des intendants qui avaient passé chez lui. Marcel ne tarda pas à constater qu'en effet le caractère de Madariaga était insupportable ; mais il constata aussi que son patron, en vertu d'une sympathie spéciale et inexplicable, s'abstenait de le molester.

— Ce garçon est une perle, répétait volontiers Madariaga, comme pour excuser la considération qu'il témoignait au Français. Je l'aime parce qu'il est sérieux. Il n'y a que les gens sérieux qui me plaisent.

---

[2] Nom qu'on donne dans l'Amérique du Sud aux domaines ruraux. — G. H.

Ni Marcel, ni sans doute Madariaga lui-même ne savaient au juste en quoi pouvait bien consister le « sérieux » que ce dernier attribuait à son homme de confiance ; mais Marcel n'en était pas moins flatté de voir que *l'estanciero*, agressif avec tout le monde, même avec les personnes de sa famille, abandonnait pour causer avec lui le ton rude du maître et prenait un accent quasi paternel.

La famille de Madariaga se composait de sa femme, *Misiá* Petrona, qu'il appelait la *Chinoise*, et de deux filles adultes, Luisa et Héléna, qui, revenues au domaine après avoir passé quelques années en pension, à Buenos-Aires, avaient bientôt recouvré une bonne partie de leur rusticité primitive.

Misiá Petrona se levait en pleine nuit pour surveiller le déjeuner des ouvriers, la distribution du biscuit, la préparation du café ou du maté ; elle gourmandait les servantes bavardes et paresseuses, qui s'attardaient volontiers dans les bosquets voisins de la maison ; elle exerçait à la cuisine une autorité souveraine. Mais, dès que la voix de son mari se faisait entendre, elle se recroquevillait sur elle-même dans un silence craintif et respectueux ; à table, elle le contemplait de ses yeux ronds et fixes, et lui témoignait une soumission religieuse.

Quant aux filles, le père leur avait richement meublé un salon dont elles prenaient grand soin, mais où, malgré leurs protestations, il apportait à chaque instant le désordre de ses rudes habitudes. Les opulents tapis s'attristaient des vestiges de boue imprimés par les bottes du centaure ; la cravache traînait sur une console dorée ; les échantillons de maïs éparpillaient leurs grains sur la soie d'un divan où ces demoiselles osaient à peine s'asseoir. Dans le vestibule, près de la porte, il y avait une bascule ; et, un jour qu'elles lui avaient demandé de la faire transporter dans les dépendances, il entra presque en fureur. Il serait donc obligé de faire un voyage toutes les fois qu'il voudrait vérifier le poids d'une peau crue ?

Luisa, l'aînée, qu'on appelait *Chicha*, à la mode américaine, était la préférée de son père.

– C'est ma pauvre *Chinoise* toute crachée, disait-il. Aussi bonne et aussi travailleuse que sa mère, mais beaucoup plus dame.

Marcel n'avait pas la moindre velléité de contredire cet éloge, qu'il aurait plutôt trouvé insuffisant ; mais il avait de la peine à admettre que cette belle fille pâle, modeste, aux grands yeux noirs et au sourire d'une malice enfantine, eût la moindre ressemblance physique avec l'estimable matrone qui lui avait donné le jour.

Héléna, la cadette, était d'un tout autre caractère. Elle n'avait aucun goût pour les travaux du ménage et passait au piano des journées entières à tapoter des exercices avec une conscience désespérante.

– Grand Dieu ! s'écriait le père exaspéré par cette rafale de notes. Si au moins elle jouait la *jota* et le *pericón*[3] !

Et, à l'heure de la sieste, il s'en allait dormir sur son hamac, au milieu des eucalyptus, pour échapper à ces interminables séries de gammes ascendantes et descendantes. Il l'avait surnommée « la romantique », et elle était continuellement l'objet de ses algarades ou de ses moqueries. Où avait-elle pris des goûts que n'avaient jamais eus son père ni sa mère ? Pourquoi encombrait-elle le coin du salon avec cette bibliothèque où il n'y avait que des romans et des poésies ? Sa bibliothèque, à lui, était bien plus utile et bien plus instructive : elle se composait des registres où était consignée l'histoire de toutes les bêtes fameuses qu'il avait achetées pour la reproduction ou qui étaient nées chez lui de parents illustres. N'avait-il pas possédé Diamond III, petit-fils de Diamond I qui appartint au roi d'Angleterre, et fils de Diamond II qui fut vainqueur dans tous les concours !

Marcel était depuis cinq ans dans la maison lorsque, un beau matin, il entra brusquement au bureau de Madariaga.

---

[3] Airs de danse. – G. H.

– Don Julio, je m'en vais. Ayez l'obligeance de me régler mon compte.

Madariaga le regarda en dessous.

– Tu t'en vas ? Et le motif ?

– Oui, je m'en vais.... Il faut que je m'en aille....

– Ah ! brigand ! Je le sais bien, moi, pourquoi tu veux t'en aller ! T'imagines-tu que le vieux Madariaga n'a pas surpris les œillades de mouche morte que tu échanges avec sa fille ? Tu n'as pas mal réussi, mon garçon ! Te voilà maître de la moitié de mes *pesos*[4], et tu peux dire que tu as « refait » l'Amérique.

Tout en parlant, Madariaga avait empoigné sa cravache et en donnait de petits coups dans la poitrine de son intendant, avec une insistance dont celui-ci ne discernait pas encore si elle était bienveillante ou hostile.

– C'est précisément pour cela que je viens prendre congé de vous, répliqua Marcel avec hauteur. Je sais que mon amour est absurde, et je pars.

– Vraiment ? hurla le patron. Monsieur part ? Monsieur croit qu'il est maître de faire ce qui lui plaît ?... Le seul qui commande ici, c'est le vieux Madariaga, et je t'ordonne de rester.... Ah ! les femmes ! Elles ne servent qu'à mettre la mésintelligence entre les hommes. Quel malheur que nous ne puissions pas vivre sans elles !

Bref, Marcel Desnoyers épousa *Chicha*, et désormais son beau-père s'occupa beaucoup moins des affaires du domaine. Tout le poids de l'administration retomba sur le gendre.

Madariaga, plein d'attentions délicates pour le mari de sa fille préférée, lui fit un jour une surprise : il lui ramena de Buenos-Aires un jeune Allemand, Karl Hartrott, qui aiderait Marcel pour la comptabilité. Au

---

[4] Pièce de monnaie qui vaut cinq francs. – G. H.

dire de Madariaga, cet Allemand était un trésor ; il savait tout, pouvait s'acquitter de toutes les besognes.

Par le fait, après une courte épreuve, Marcel fut très satisfait de son aide-comptable. Sans doute celui-ci appartenait à une nation ennemie de la France ; mais peu importait, en somme : il y a partout d'honnêtes gens, et Karl était un serviteur modèle. Il se tenait à distance de ses égaux et se montrait inflexible avec ses inférieurs. Il paraissait employer toutes ses facultés à bien remplir ses fonctions et à admirer ses maîtres. Dès que Madariaga ouvrait la bouche ou prononçait quelque bon mot, Karl approuvait de la tête, éclatait de rire. Lorsque Marcel entrait au bureau, il se levait de son siège, le saluait avec une raideur militaire. Il causait peu, s'appliquait beaucoup à son travail, faisait sans observation tout ce qu'on lui commandait de faire. En outre, – et cela n'était pas ce qui plaisait le plus à Desnoyers, – il espionnait le personnel pour son propre compte et venait dénoncer toutes les négligences, tous les manquements. Madariaga ne se lassait pas de se féliciter de cette acquisition.

– Ce Karl fait merveilleusement notre affaire, disait-il. Les Allemands sont si souples, si disciplinés ! Et puis, ils ont si peu d'amour-propre ! À Buenos-Aires, quand ils sont commis, ils balaient le magasin, tiennent la comptabilité, s'occupent de la vente, dactylographient, font la correspondance en quatre ou cinq langues, et par-dessus le marché, le cas échéant, ils accompagnent en ville la maîtresse du patron, comme si c'était une grande dame et qu'ils fussent ses valets de pied. Tout cela, pour vingt-cinq *pesos* par mois. Pas possible de rivaliser contre de pareilles gens....

Mais, après ce lyrique éloge, le vieux réfléchissait une minute et ajoutait :

– Au fond, peut-être ne sont-ils pas aussi bons qu'ils le paraissent. Lorsqu'ils sourient en recevant un coup de pied au cul, peut-être se disent-ils intérieurement : « Attends que ce soit mon tour et je t'en rendrai vingt. »

Madariaga n'en introduisit pas moins Karl Hartrott, comme autrefois Marcel, dans son intérieur, mais pour une raison très différente. Marcel avait été accueilli par estime ; Karl n'entra au salon que pour donner des leçons de piano à Héléna. Aussitôt que l'employé avait terminé son travail de bureau, il venait s'asseoir sur un tabouret à côté de la « romantique », lui faisait jouer des morceaux de musique allemande, puis, avant de se retirer, chantait lui-même, en s'accompagnant, un morceau de Wagner qui endormait tout de suite le patron dans son fauteuil.

Un soir, au dîner, Héléna ne put s'empêcher d'annoncer à ses parents une découverte qu'elle venait de faire.

– Papa, dit-elle en rougissant un peu, j'ai appris quelque chose. Karl est noble : il appartient à une grande famille....

– Allons donc ! repartit Madariaga en haussant les épaules. Tous les Allemands qui viennent en Amérique sont des meurt-de-faim. S'il avait des parchemins, il ne serait pas à nos gages. A-t-il donc commis un crime dans son pays, pour être obligé de venir chez nous trimer comme il fait ?

Ni le père ni la fille n'avaient tort. Karl Hartrott était réellement fils du général von Hartrott, l'un des héros secondaires de la guerre de 1870, que l'empereur avait récompensé en l'anoblissant ; et Karl lui-même avait été officier dans l'armée allemande ; mais, n'ayant d'autres ressources que sa solde, vaniteux, libertin et indélicat, il s'était laissé aller à commettre des détournements et des faux. Par considération pour la mémoire du général, il n'avait pas été l'objet de poursuites judiciaires ; mais ses camarades l'avaient fait passer devant un jury d'honneur qui l'avait expulsé de l'armée. Ses frères et ses amis avaient alors conseillé à cet homme flétri de se faire sauter la cervelle ; mais il aimait trop la vie et il avait préféré fuir en Amérique, avec l'espoir d'y acquérir une fortune qui effacerait les taches de son passé.

Or, un certain jour, Madariaga surprit derrière un bouquet de bois, près de la maison, « la romantique » pâmée dans les bras de son maître de piano. Il y eut une scène terrible, et le père, qui avait déjà son couteau à la main, aurait indubitablement tué Karl, si celui-ci, plus jeune et plus rapide, n'avait pris la fuite. Après cette tragique aventure, Héléna, redoutant la colère paternelle, s'enferma dans une chambre haute et y passa une semaine entière sans se montrer. Puis elle s'enfuit de la maison et alla rejoindre son beau chevalier Tristan.

Madariaga fut au désespoir ; mais, contrairement aux prévisions de Marcel, ce désespoir ne se manifesta ni par des violences ni par des vociférations. La robustesse et la vivacité du vieux centaure avaient cédé sous le coup, et souvent, chose extraordinaire, ses yeux se mouillaient de larmes.

– Il me l'a enlevée ! Il me l'a enlevée ! répétait-il d'un ton désolé.

Grâce à cette faiblesse inattendue, Marcel finit par obtenir un accommodement. Il n'y arriva pas de prime abord, et sept ou huit mois se passèrent avant que Madariaga consentît à entendre raison. Mais, un matin, Marcel dit au vieillard :

– Héléna vient d'accoucher. Elle a un garçon qu'ils ont nommé Julio, comme vous.

– Et toi, grand propre à rien, brailla Madariaga, peut-être pour cacher un attendrissement involontaire, est-ce que tu m'as donné un petit-fils ? Paresseux comme un Français ! Ce bandit a déjà un enfant, et toi, après quatre ans de mariage, tu n'as rien su faire encore ! Ah ! les Allemands n'auront pas de peine à venir à bout de vous !

Sur ces entrefaites, la pauvre *Misiá* Petrona mourut. Héléna, avertie par Marcel, se présenta au domaine pour voir une dernière fois sa mère dans le cercueil ; et Marcel, profitant de l'occasion, réussit enfin à vaincre l'obstination du vieux. Après une longue résistance, Madariaga se laissa fléchir.

– Eh bien, je leur pardonne. Je le fais pour la pauvre défunte et pour toi.

Qu'Héléna reste à la maison, et que son vilain Allemand la rejoigne.

D'ailleurs le vieux fut intraitable sur la question des arrangements domestiques. Il se refusa absolument à considérer Hartrott comme un membre de la famille : celui-ci ne serait qu'un employé placé sous les ordres de Marcel, et il logerait avec ses enfants dans un des bâtiments de l'administration, comme un étranger. Karl accepta tout cela et beaucoup d'autres choses encore. Madariaga ne lui adressait jamais la parole, et, lorsque Héléna saisissait quelque prétexte pour amener au grand-père le petit Julio :

– Le marmot de ton chanteur ! disait-il avec mépris.

Il semblait que le qualificatif de « chanteur » signifiât pour lui le comble de l'ignominie.

Le temps s'écoula sans apporter beaucoup de changement à la situation. Marcel, à qui Madariaga avait entièrement abandonné le soin du domaine, aidait sous main son beau-frère et sa belle-sœur, et Hartrott lui en montrait une humble gratitude. Mais le vieux s'obstinait à affecter vis-à-vis de « la romantique » et de son mari une dédaigneuse indifférence.

Après six ans de mariage, la femme de Marcel mit au monde un garçon qu'on appela Jules. À cette époque, sa sœur Héléna avait déjà trois enfants. Six ans plus tard, Luisa eut encore une fille, qui fut nommée Luisa comme sa mère, mais que l'on surnomma Chichi. Les Hartrott, eux, avaient alors cinq enfants.

Le vieux Madariaga, qui baissait beaucoup, avait étendu à ces deux lignées la partialité qu'il ne perdait aucune occasion de témoigner aux parents. Tandis qu'il gâtait de la façon la plus déraisonnable Jules et Chichi, les emmenait avec lui dans le domaine, leur donnait de l'argent à poignées, il était aussi revêche que possible pour les rejetons de Karl et il les chassait comme des mendiants, dès qu'il les apercevait. Marcel et Luisa prenaient la défense de leurs neveux, accusaient le grand-père d'injustice.

— C'est possible, répondait le vieux ; mais comment voulez-vous que je les aime ? Ils sont tout le portrait de leur père : blancs comme des chevreaux écorchés, avec des tignasses queue de vache ; et le plus grand porte déjà des lunettes !

En 1903, Karl Hartrott fit part d'un projet à Marcel Desnoyers. Il désirait envoyer ses deux aînés dans un gymnase d'Allemagne ; mais cela coûterait cher, et, comme Desnoyers tenait les cordons de la bourse, il était nécessaire d'obtenir son assentiment. La requête parut raisonnable à Marcel, qui avait maintenant la disposition absolue de la fortune de Madariaga ; il promit donc de demander au vieillard pour Hartrott l'autorisation de conduire ces enfants en Europe, et de sa propre initiative, il se chargea de fournir à son beau-frère les fonds du voyage.

— Qu'il s'en aille à tous les diables, lui et les siens ! répondit le vieux. Et puissent-ils ne jamais revenir !

Karl, qui fut absent pendant trois mois, envoya force lettres à sa femme et à Desnoyers, leur parla avec orgueil de ses nobles parents, leur déclara qu'en comparaison de l'Allemagne tous les autres peuples étaient de la gnognote ; ce qui n'empêcha point qu'au retour il continua de se montrer aussi humble, aussi soumis, aussi obséquieux qu'auparavant.

Quant à Jules et à Chichi, leurs parents, pour les soustraire aux gâteries séniles de Madariaga, les avaient mis, le premier dans un collège, la seconde dans un pensionnat religieux de Buenos-Aires. Ni l'un ni l'autre n'y travaillèrent beaucoup : habitués à la liberté des espaces immenses, ils s'y ennuyaient comme dans une geôle. Ce n'était pas que Jules manquât d'intelligence ni de curiosité ; il lisait quantité de livres, n'importe lesquels, sauf ceux qui lui auraient été utiles pour ses études ; et, les jours de congé, avec l'argent que son grand-père lui prodiguait en cachette, il faisait l'apprentissage prématuré de la vie d'étudiant. Chichi, elle non plus, ne s'appliquait guère à ses études ; vive et capricieuse, elle s'intéressait beaucoup plus à la toilette et aux élégances citadines qu'aux mystères de la géographie et de l'arithmétique ; mais elle avait le meilleur caractère du monde, gai, primesautier, affectueux.

Madariaga, privé de la présence de ces enfants, était comme une âme en peine. Plus qu'octogénaire, ayant l'oreille dure et la vue affaiblie, il s'obstinait encore à chevaucher, malgré les supplications de Luisa et de Marcel qui redoutaient un accident ; bien plus, il prétendait faire seul ses tournées, se mettait en fureur si on lui offrait de le faire accompagner par un domestique. Il partait donc sur une jument bien docile, dressée exprès pour lui, et il errait de *rancho* en *rancho*[5]. Lorsqu'il arrivait, une métisse mettait vite sur le feu la bouillotte du maté, une fillette lui offrait la petite calebasse, avec la paille pour boire le liquide amer. Et parfois il restait là tout l'après-midi, immobile et muet, au milieu des gens qui le contemplaient avec une admiration mêlée de crainte.

Un soir, la jument revint sans son cavalier. Aussitôt on se mit en quête du vieillard, qui fut trouvé mort à deux lieues de la maison, sur le bord d'un chemin. Le centaure, terrassé par la congestion, avait encore au poignet cette cravache qu'il avait si souvent brandie sur les bêtes et sur les gens.

Madariaga avait déposé son testament chez un notaire espagnol de Buenos-Aires. Ce testament était si volumineux que Karl Hartrott et sa femme eurent un frisson de peur en le voyant. Quelles dispositions terribles le défunt avait-il pu prendre ? Mais la lecture des premières pages suffit à les rassurer. Madariaga, il est vrai, avait beaucoup avantagé sa fille Luisa ; mais il n'en restait pas moins une part énorme pour « la romantique » et les siens. Ce qui rendait si long l'instrument testamentaire, c'était une centaine de legs au profit d'une infinité de gens établis sur le domaine. Ces legs représentaient plus d'un million de *pesos* : car le maître bourru ne laissait pas d'être généreux pour ceux de ses serviteurs qu'il avait pris en amitié. À la fin, un dernier legs, le plus gros, attribuait en propre à Jules Desnoyers une vaste *estancia*, avec

---

[5] Ferme où l'on fait l'élevage. – G. H.

cette mention spéciale : le grand-père faisait don de ce domaine à son petit-fils pour que celui-ci pût en appliquer le revenu à ses dépenses personnelles, dans le cas où sa famille ne lui fournirait pas assez d'argent de poche pour vivre comme il convenait à un jeune homme de sa condition.

– Mais l'*estancia* vaut des centaines de mille *pesos* ! protesta Karl, devenu plus exigeant depuis qu'il était sûr que sa femme n'avait pas été oubliée.

Marcel, bienveillant et ami de la paix, avait son plan. Expert à l'administration de ces biens énormes, il n'ignorait pas qu'un partage entre héritiers doublerait les frais sans augmenter les profits. En outre, il calculait les complications et les débours qu'amènerait la liquidation d'une succession qui se composait de neuf *estancias* considérables, de plusieurs centaines de mille têtes de bétail, de gros dépôts placés dans des banques, de maisons sises à la ville et de créances à recouvrer. Ne valait-il pas mieux laisser les choses en l'état et continuer l'exploitation comme auparavant, sans procéder à un partage ? Mais, lorsque l'Allemand entendit cette proposition, il se redressa avec orgueil.

– Non, non ! À chacun sa part. Quant à moi, j'ai l'intention de rentrer dans ma sphère, c'est-à-dire de regagner l'Europe, et par conséquent je veux disposer de mes biens.

Marcel le regarda en face et vit un Karl qu'il ne connaissait pas encore, un Karl dont il ne soupçonnait pas même l'existence.

– Fort bien, répondit-il. À chacun sa part. Cela me paraît juste.

Karl Hartrott s'empressa de vendre toutes les terres qui lui appartenaient, pour employer ses capitaux en Allemagne ; puis, avec sa femme et ses enfants, il repassa l'Atlantique et vint s'établir à Berlin.

Marcel continua quelques années encore à administrer sa propre fortune ; mais il le faisait maintenant avec peu de goût. Le rayon de son autorité s'était considérablement rétréci par le partage, et il enrageait d'avoir pour voisins des étrangers, presque tous Allemands, devenus propriétaires des terrains achetés à Karl. D'ailleurs il vieillissait et sa fortune était faite : l'héritage recueilli par sa femme représentait environ vingt millions de *pesos*. Qu'avait-il besoin d'en amasser davantage ?

Bref, il se décida à affermer une partie de ses terres, confia l'administration du reste à quelques-uns des légataires du vieux Madariaga, hommes de confiance qu'il considérait un peu comme de la famille, et se transporta à Buenos-Aires où il voulait surveiller son fils qui, sorti du collège, menait une vie endiablée sous prétexte de se préparer à la profession d'ingénieur. D'ailleurs Chichi, très forte pour son âge, était presque une femme, et sa mère ne trouvait pas à propos de la garder plus longtemps à la campagne : avec la fortune que la jeune fille aurait, il ne fallait pas qu'elle fût élevée en paysanne.

Cependant les nouvelles les plus extraordinaires arrivaient de Berlin. Héléna écrivait à sa sœur d'interminables lettres où il n'était question que de bals, de festins, de chasses, de titres de noblesse et de hauts grades militaires : « notre frère le colonel », « notre cousin le baron », « notre oncle le conseiller intime », « notre cousin germain le conseiller vraiment intime ». Toutes les extravagances de l'organisation sociale allemande, qui invente sans cesse des distinctions bizarres pour satisfaire la vanité d'un peuple divisé en castes, étaient énumérées avec délices par « la romantique ». Elle parlait même du secrétaire de son mari, secrétaire qui n'était pas le premier venu, puisqu'il avait gagné comme rédacteur dans les bureaux d'une administration publique le titre de *Rechnungsrath*, conseiller de calcul ! Et elle mentionnait avec fierté l'*Oberpedell*, c'est-à-dire le « concierge supérieur » qu'elle avait dans sa maison. Les nouvelles qu'elle donnait de ses fils n'étaient pas moins flatteuses. L'aîné était le savant de la famille : il se consacrait à la philologie et aux sciences historiques ; mais malheureusement il avait les yeux fatigués par les continuelles lectures. Il ne tarderait pas à être docteur, et peut-être réussirait-il à devenir *Herr Professer* avant sa trentième année. La mère aurait mieux aimé qu'il fût officier ; mais elle se consolait en pensant qu'un professeur célèbre peut, avec le temps, acquérir autant de considération sociale qu'un colonel. Quant à ses quatre autres fils, ils se destinaient à l'armée, et leur père préparait déjà le terrain pour les faire entrer dans la garde ou au moins dans quelque régiment aristocratique. Les deux filles, lorsqu'elles seraient en âge de se marier, ne manqueraient pas d'épouser des militaires, autant que possible des officiers de hussards, dont le nom serait précédé de la particule.

Hartrott aussi écrivait quelquefois à Marcel, pour lui expliquer l'emploi qu'il faisait de ses capitaux. Toutefois, ce n'était point qu'il eût l'intention de recourir aux lumières de son beau-frère et de lui demander conseil ; c'était uniquement par orgueil et pour faire sentir au chef d'autrefois que désormais l'ancien subordonné n'avait plus besoin de protection. Il avait placé une partie de ses millions dans les entreprises industrielles de la moderne Allemagne ; il était actionnaire de fabriques d'armement grandes comme des villes, de compagnies de navigation qui lançaient tous les six mois un nouveau navire. L'empereur s'intéressait à ces affaires et voyait d'un bon œil ceux qui les soutenaient de leur argent. En outre, Karl avait acheté des terrains. À première vue, il semblait que ce fût une sottise d'avoir vendu les fertiles domaines de l'héritage pour acquérir des landes prussiennes qui ne produisaient qu'à force d'engrais ; mais Karl, en tant que propriétaire terrien, avait place dans le « parti agraire », dans le groupe aristocratique et conservateur par excellence. Grâce à cette combinaison, il appartenait à deux mondes opposés, quoique également puissants et honorables : à celui des grands industriels, amis de l'empereur, et à celui des *junkers*, des gentilshommes campagnards, fidèles gardiens de la tradition et fournisseurs d'officiers pour les armées du roi de Prusse.

L'enthousiasme que respiraient les lettres venues d'Allemagne finit par créer dans la famille de Marcel une atmosphère de curiosité un peu jalouse. Chichi fut la première qui osa dire :

– Pourquoi n'irions-nous pas aussi en Europe ?

Toutes ses amies y étaient allées, tandis qu'elle, fille de Français, n'avait pas encore vu Paris. Luisa appuya sa fille. Puisqu'ils étaient plus riches qu'Héléna, ils feraient aussi bonne figure qu'elle dans le vieux monde. Et Jules déclara gravement que, pour ses études, l'ancien continent valait beaucoup mieux que le nouveau : l'Amérique n'était pas le pays de la science.

Le père lui-même finit par se demander s'il ne ferait pas bien de revenir dans sa patrie. Après avoir été quarante ans dans les affaires, il avait le droit de prendre une retraite définitive. Il approchait de la soixantaine, et la rude vie de grand propriétaire rural l'avait beaucoup fatigué. Il s'imagina que le retour en Europe le rajeunirait et qu'il retrouverait là-bas ses vingt ans. Rien ne s'opposait à ce retour : car il y avait eu plusieurs amnisties pour les déserteurs. Au surplus, son cas personnel était couvert par la prescription. Il s'accoutuma donc insensiblement à l'idée de rentrer en France. Bref, en 1910, il loua sur un paquebot du Havre des cabines de grand luxe, traversa la mer avec les siens et s'installa à Paris dans une somptueuse maison de l'avenue Victor-Hugo.

À Paris, Marcel se sentit tout désorienté. Il n'y reconnaissait plus rien, se sentait étranger dans son propre pays, avait même quelque difficulté à en parler la langue. Il avait passé des années entières en Amérique sans prononcer un mot de français, et il s'était habitué à penser en espagnol. D'ailleurs il n'avait pas un seul ami français, et, lorsqu'il sortait, il se dirigeait machinalement vers les lieux où se réunissaient les Argentins. C'étaient les journaux argentins qu'il lisait de préférence, et, lorsqu'il rentrait chez lui, il ne pensait qu'à la hausse du prix des terrains dans la *pampa*, à l'abondance de la prochaine récolte et au cours des bestiaux. Cet homme dont la vie entière avait été si laborieuse, souffrait de son inaction et ne savait que faire de ses journées.

La coquetterie de Chichi le sauva. Le luxe ultra-moderne de l'appartement qu'ils occupaient parut froid et glacial à la jeune fille, qui engagea son père à y mettre un peu de variété. Le hasard les amena à l'Hôtel Drouot, où Marcel trouva l'occasion d'acheter à bon compte quelques jolis meubles. Ce premier succès l'allécha, et, comme il s'ennuyait à ne rien faire, il prit l'habitude d'assister à toutes les grandes ventes annoncées par les journaux. Bientôt sa fille et sa femme se plaignirent de l'inondation d'objets fastueux, mais inutiles, qui envahissaient le logis. Des tapis magnifiques, des tentures précieuses couvrirent les parquets et les murs ; des tableaux de toutes les écoles, dans des cadres étourdissants, s'alignèrent sur les lambris des salons ; des statues de bronze, de marbre, de bois sculpté, encombrèrent tous les coins ; les nombreuses vitrines s'emplirent d'une infinité de bibelots coûteux, mais disparates ; peu à peu l'appartement prit l'aspect d'un magasin d'antiquaire ; il y eut des ferronneries d'art et des chefs-d'œuvre de cuivre repoussé jusque dans la cuisine. Comment Marcel aurait-il tué le temps, s'il avait renoncé à fréquenter l'Hôtel Drouot ? Il savait bien que toutes ses emplettes ne servaient à rien, sinon à lui donner le vague plaisir de faire presque quotidiennement quelque découverte et d'acquérir à bon marché une chose chère qui lui devenait indifférente dès le lendemain. Il n'était ni assez connaisseur ni assez érudit pour s'intéresser vraiment et de façon durable à ses collections plus ou moins artistiques, et cette passion d'acheter toujours n'était chez lui que l'innocente manie d'un homme riche et désœuvré.

Au bout d'un an ou deux, l'appartement, tout vaste qu'il était, ne suffit plus pour contenir ce musée hétéroclite, formé au hasard des « bonnes occasions ». Mais ce fut encore une ce « bonne occasion » qui vint en aide au millionnaire. Un marchand de biens, de ceux qui sont à l'affût des étrangers opulents, lui offrit le remède à cette situation gênante. Pourquoi n'achetait-il pas un château ? L'idée plut à toute la famille : un château historique, le plus historique possible, compléterait heureusement leur installation. Chichi en pâlit d'orgueil : plusieurs de ses amies avaient des châteaux dont elles parlaient avec complaisance. Luisa sourit à la pensée des mois passés à la campagne, où elle retrouverait quelque chose de la vie simple et rustique de sa jeunesse. Jules montra moins d'enthousiasme : il appréhendait un peu les « saisons de villégiature » où son père l'obligerait à quitter Paris ; mais, en somme, ce serait un prétexte pour y faire de fréquents retours en automobile, et il y aurait là une compensation.

Quand le marchand de biens vit que Marcel mordait à l'hameçon, il lui offrit des châteaux historiques par douzaines. Celui pour lequel Marcel se décida fut celui de Villeblanche-sur-Marne, édifié au temps des guerres de religion, moitié palais et moitié forteresse, avec une façade italienne de la Renaissance, des tours coiffées de bonnets pointus, des fossés où nageaient des cygnes. Les pièces de l'habitation étaient immenses et vides. Comme ce serait commode pour y déverser le trop-plein du mobilier entassé dans l'appartement de l'avenue Victor-Hugo et y loger les nouveaux achats ! De plus, ce milieu seigneurial ferait valoir les objets anciens qu'on y mettrait. Il est vrai que les bâtiments exigeraient des réparations d'un prix exorbitant, et ce n'était pas pour rien que plusieurs propriétaires successifs s'étaient hâtés de revendre le château historique. Mais Marcel était assez riche pour s'offrir le luxe d'une restauration complète ; sans compter qu'il nourrissait dans le secret de son cœur un regret tacite de ses exploitations argentines et qu'il se promettait à lui-même de faire un peu d'élevage dans son parc de deux cents hectares.

L'acquisition de ce château lui procura une flatteuse amitié. Il entra en relations avec un de ses nouveaux voisins, le sénateur Lacour, qui avait été deux fois ministre et qui végétait maintenant au Sénat, muet dans la salle des séances, remuant et loquace dans les couloirs. C'était un magnat de la noblesse républicaine, un aristocrate du régime démocratique. Il s'enorgueillissait d'un lignage remontant aux troubles de la grande Révolution, comme la noblesse à parchemins s'enorgueillit de faire remonter le sien aux croisades. Son aïeul avait été conventionnel, et son père avait joué un rôle dans la république de 1848. Lui-même, en sa qualité de fils de proscrit mort en exil, s'était attaché très jeune encore à Gambetta, et il parlait sans cesse de la gloire du maître, espérant qu'un rayon de cette gloire se refléterait sur le disciple. Lacour avait un fils, René, alors élève de l'École centrale. Ce fils trouvait son père « vieux jeu », souriait du républicanisme romantique et humanitaire de ce politicien attardé ; mais il n'en comptait pas moins sur la protection officielle que lui vaudrait le zèle républicain des trois générations de Lacour, lorsqu'il aurait en poche son diplôme. Marcel se sentit très honoré des attentions que lui témoigna le « grand homme » ; et le « grand homme », qui ne dédaignait pas la richesse, accueillit avec plaisir dans son intimité ce millionnaire qui possédait, de l'autre côté de l'Atlantique, des pâturages immenses et des troupeaux innombrables.

L'aménagement du château historique et l'amitié du sénateur auraient rendu Marcel parfaitement heureux, si ce bonheur n'eût été un peu troublé par la conduite de Jules. En arrivant à Paris, Jules avait changé tout à coup de vocation ; il ne voulait plus être ingénieur, il voulait être peintre. D'abord le père avait résisté à cette fantaisie qui l'étonnait et l'inquiétait ; mais, en somme, l'important était que le jeune homme eût une profession. Marcel lui-même n'avait-il pas été sculpteur ? Peut-être le talent artistique, étouffé chez le père par la pauvreté, se réveillait-il aujourd'hui chez le fils. Qui sait si ce garçon un peu paresseux, mais vif d'esprit, ne deviendrait pas un grand peintre ? Marcel avait donc cédé au caprice de Jules qui, quoiqu'il n'en fût encore qu'à ses premiers essais de dessin et de couleur, lui demanda une installation à part, afin de travailler avec plus de liberté, et il avait consenti à l'installer rue de la Pompe, dans un atelier qui avait appartenu à un peintre étranger d'une certaine réputation. Cet atelier, avec ses annexes, était beaucoup trop grand pour un peintre en herbe ; mais la rue de la Pompe était près de l'avenue Victor-Hugo, et, au surplus, cela aussi était une excellente « occasion » : les héritiers du peintre étranger offraient à Marcel de lui céder en bloc, à un prix doux, l'ameublement et l'outillage professionnel.

Si Jules avait conçu l'idée de conquérir la renommée par le pinceau, c'était parce que cette entreprise lui semblait assez facile pour un jeune homme de sa condition. Avec de l'argent et un bel atelier, pourquoi ne réussirait-il pas, alors que tant d'autres réussissent sans avoir ni l'un ni l'autre ? Il se mit donc à peindre avec une sereine audace. Il aimait la peinture mièvre, élégante, léchée : – une peinture molle comme une romance et qui s'appliquait uniquement à reproduire les formes féminines. – Il entreprit d'esquisser un tableau qu'il intitula la *Danse des Heures* : c'était un prétexte pour faire venir chez lui toute une série de jolis modèles. Il dessinait avec une rapidité frénétique, puis remplissait l'intérieur des contours avec des masses de couleur. Jusque-là tout allait bien. Mais ensuite il hésitait, restait les bras ballants devant la toile ; et finalement, dans l'attente d'une meilleure inspiration, il la reléguait dans un coin, tournée contre le mur. Il esquissa aussi plusieurs études de têtes féminines ; mais il ne put en achever aucune.

Ce fut en ce temps-là qu'un rapin espagnol de ses amis, nommé Argensola, lequel lui devait déjà quelques centaines de francs et projetait de lui faire bientôt un nouvel emprunt, déclara, après avoir longuement contemplé ces figures floues et pâles, aux énormes yeux ronds et au menton pointu :

– Toi, tu es un peintre d'âmes !

Jules, qui n'était pas un sot, sentit fort bien la secrète ironie de cet éloge ; mais le titre qui venait de lui être décerné ne laissa pas de lui plaire. À la rigueur, puisque les âmes n'ont ni lignes ni couleurs un peintre d'âmes n'est pas tenu de peindre, et, dans le secret de sa conscience, le « peintre d'âmes » était bien obligé de s'avouer à lui-même qu'il commençait à se dégoûter de la peinture. Ce qu'il tenait beaucoup à conserver, c'était seulement ce nom de peintre qui lui fournissait des prétextes de haute esthétique pour amener chez lui des femmes du monde enclines à s'intéresser aux jeunes artistes. Voilà pourquoi, au lieu de se fâcher contre l'Espagnol, il lui sut gré de cette malice discrète et lia même avec lui des relations plus étroites qu'auparavant.

Depuis longtemps Argensola avait renoncé pour son propre compte à manier le pinceau, et il vivait en bohème, aux crochets de quelques camarades riches qui toléraient son parasitisme à cause de son bon caractère et de la complaisance avec laquelle il rendait toute sorte de services à ses amis. Désormais Jules eut le privilège d'être le protecteur attitré d'Argensola. Celui-ci prit l'habitude de venir tous les jours à l'atelier, où il trouvait en abondance des sandwichs, des gâteaux secs, des vins fins, des liqueurs et de gros cigares. Finalement, un certain soir où, expulsé de sa chambre garnie par un propriétaire inflexible, il était sans gîte, Jules l'invita à passer la nuit sur un divan. Cette nuit-là fut suivie de beaucoup d'autres, et le rapin élut domicile à l'atelier.

Le bohème était en somme un agréable compagnon qui ne manquait ni d'esprit ni même de savoir. Pour occuper ses interminables loisirs, il lisait force livres, amassait dans sa mémoire une prodigieuse quantité de connaissances diverses, et pouvait disserter sur les sujets les plus imprévus avec un intarissable bagout. Jules se servit d'abord de lui comme de secrétaire : pour s'épargner la peine de lire les romans nouveaux, les pièces de théâtre à la mode, les ouvrages de littérature, de science ou de politique dont s'occupaient les snobs, les articles sensationnels des revues de « jeunes » et le *Zarathustra* de Nietzsche, il faisait lire tout cela par Argensola, qui lui en donnait de vive voix le compte rendu et qui ajoutait même au compte rendu ses propres observations, souvent fines et ingénieuses. Ainsi le « peintre d'âmes » pouvait étonner à peu de frais son père, sa mère, leurs invités et les femmes esthètes des salons qu'il fréquentait, par l'étendue de son instruction et par la subtilité ou la profondeur de ses jugements personnels.

— C'est un garçon un peu léger, disait-on dans le monde ; mais il sait tant de choses et il a tant d'esprit !

Lorsque Jules eut à peu près renoncé à peindre, sa vie devint de moins en moins édifiante. Presque toujours escorté d'Argensola qu'en la circonstance il dénommait, non plus son « secrétaire », mais son « écuyer », il passait les après-midi dans les salles d'escrime et les nuits dans les cabarets de Montmartre. Il était champion de plusieurs armes, boxait, possédait même les coups favoris des paladins qui rôdent, la nuit, le long des fortifications. L'abus du champagne le rendait querelleur ; il avait le soufflet facile et allait volontiers sur le terrain. Avec le frac ou le smoking, qu'il jugeait indispensable d'endosser dès six heures du soir, il implantait à Paris les mœurs violentes de la *pampa*. Son père n'ignorait point cette conduite, et il en était navré ; toutefois, en vertu du proverbe qui veut que les jeunes gens jettent leur gourme, cet homme sage et un peu désabusé ne laissait pas d'être indulgent, et même, dans son for intérieur, il éprouvait un certain orgueil animal à penser que ce hardi luron était son fils.

Sur ces entrefaites, les parents de Berlin vinrent voir les Desnoyers. Ceux-ci les reçurent dans leur château de Villeblanche, où les Hartrott passèrent deux mois. Karl apprécia avec une bienveillante supériorité l'installation de son beau-frère. Ce n'était pas mal ; le château ne manquait pas de cachet et pourrait servir à mettre en valeur un titre nobiliaire. Mais l'Allemagne ! Mais les commodités de Berlin ! Il insista beaucoup pour qu'à leur tour les Desnoyers lui rendissent sa visite et pussent ainsi admirer le luxe de son train de maison et les nobles relations qui embellissaient son opulence. Marcel se laissa convaincre : il espérait que ce voyage arracherait Jules à ses mauvaises camaraderies ; que l'exemple des fils d'Hartrott, tous laborieux et se poussant activement dans une carrière, pourrait inspirer de l'émulation à ce libertin ; que l'influence de Paris était corruptrice pour le jeune homme, tandis qu'en Allemagne il n'aurait sous les yeux que la pureté des mœurs patriarcales. Les châtelains de Villeblanche partirent donc pour Berlin, et ils y demeurèrent trois mois, afin de donner à Jules le temps de perdre ses déplorables habitudes.

Pourtant le pauvre Marcel ne se plaisait guère dans la capitale prussienne. Quinze jours après son arrivée, il avait déjà une terrible envie de prendre la fuite. Non, jamais il ne s'entendrait avec ces gens-là ! Très aimables, d'une amabilité gluante et visiblement désireuse de plaire, mais si extraordinairement dépourvue de tact qu'elle choquait à chaque instant. Les amis des Hartrott protestaient de leur amour pour la France ; mais c'était l'amour compatissant qu'inspire un bébé capricieux et faible, et ils ajoutaient à ce sentiment de commisération mille souvenirs fâcheux des guerres où les Français avaient été vaincus. Au contraire, tout ce qui était allemand, – un édifice, une station de chemin de fer, un simple meuble de salle à manger, – donnait lieu à d'orgueilleuses comparaisons :

– En France vous n'avez pas cela... En Amérique vous n'avez jamais rien vu de pareil...

Marcel rongeait son frein ; mais, pour ne pas blesser ses hôtes, il les laissait dire. Quant à Luisa et à Chichi, elles ne pouvaient se résigner à admettre que l'élégance berlinoise fût supérieure à l'élégance parisienne ; et Chichi scandalisa même ses cousines en leur déclarant tout net qu'elle ne pouvait souffrir ces petits officiers qui avaient la taille serrée par un corset, qui portaient à l'œil un monocle inamovible, qui s'inclinaient devant les jeunes filles avec une raideur automatique et qui assaisonnaient leurs lourdes galanteries d'une grimace de supériorité.

Jules, sous la direction de ses cousins, explora la vertueuse société de Berlin. L'aîné, le savant, fut laissé à l'écart : ce malheureux, toujours absorbé dans ses livres, avait peu de rapports avec ses frères. Ceux-ci, sous-lieutenants ou élèves-officiers, montrèrent avec orgueil à Jules les progrès de la haute noce germanique. Il connut les restaurants de nuit, qui étaient une imitation de ceux de Paris, mais beaucoup plus vastes. Les femmes qui, à Paris, se rencontraient par douzaines, se rencontraient là par centaines. La soûlerie scandaleuse y était, non un accident, mais un fait expressément voulu et considéré comme indispensable au plaisir. Les viveurs s'amusaient par pelotons, le public s'enivrait par compagnies, les vendeuses d'amour formaient des régiments. Jules n'éprouva qu'une sensation de dégoût en présence de ces femelles serviles et craintives qui, accoutumées à être battues, ne dissimulaient pas l'avidité impudente avec laquelle elles tâchaient de se rattraper des mécomptes, des préjudices et des torgnoles qu'elles avaient à souffrir dans leur commerce ; et il trouva répugnant ce libertinage brutal qui s'étalait, vociférait, faisait parade de ses prodigalités absurdes.

– Vous n'avez point cela à Paris, lui disaient ses cousins en montrant les salons énormes où s'entassaient par milliers les buveurs et les buveuses.

– Non, nous n'avons point cela à Paris, répondait-il avec un imperceptible sourire.

Lorsque les Desnoyers rentrèrent en France, ils poussèrent un soupir de soulagement. Toutefois Marcel rapporta d'Allemagne une vague appréhension : les Allemands avaient fait beaucoup de progrès. Il n'était pas un patriote aveugle, et il devait se rendre à l'évidence. L'industrie germanique était devenue très puissante et constituait un réel danger pour les peuples voisins. Mais, naturellement optimiste, il se rassurait en se disant : « Ils vont être très riches, et, quand on est riche, on n'éprouve pas le besoin de se battre. Somme toute, la guerre que redoutent quelques toqués est fort improbable ! »

Jules, sans se casser la tête à méditer sur de si graves questions, reprit tout simplement son existence d'avant le voyage, mais avec quelques louables variantes. Il avait pris à Berlin du dégoût pour la débauche incongrue, et il s'amusa beaucoup moins que jadis dans les restaurants de Montmartre. Ce qui lui plaisait maintenant, c'étaient les salons fréquentés par les artistes et par leurs protectrices. Or, la gloire vint l'y trouver à l'improviste. Ni la peinture des âmes, ni les amours coûteuses et les duels variés ne l'avaient mis en vedette : ce fut par les pieds qu'il triompha.

Un nouveau divertissement, le *tango*, venait d'être importé en France pour le plus grand bonheur des humains. Cet hiver-là, les gens se demandaient d'un air mystérieux : « Savez-vous tanguer ? » Cette danse des nègres de Cuba, introduite dans l'Amérique du Sud par les équipages des navires qui importent aux Antilles les viandes de conserve, avait conquis la faveur en quelques mois. Elle se propageait victorieusement de nation en nation, pénétrait jusque dans les cours les plus cérémonieuses, culbutait les traditions de la décence et de l'étiquette : c'était la révolution de la frivolité. Le pape lui-même, scandalisé de voir le monde chrétien s'unir sans distinction de sectes dans le commun désir d'agiter les jambes avec une frénésie aussi infatigable que celle des possédés du moyen âge, croyait devoir se convertir en maître de ballet et prenait l'initiative de recommander la *furlana* comme plus décente et plus gracieuse que le *tango*.

Or, ce *tango* que Jules voyait s'imposer en souverain au Tout-Paris, il le connaissait de vieille date et l'avait beaucoup pratiqué à Buenos-Aires, après sa sortie du collège, sans se douter que, lorsqu'il fréquentait les bals les plus abjects des faubourgs, il faisait ainsi l'apprentissage de la gloire. Il s'y adonna donc avec l'ardeur de celui qui se sent admiré, et il fut vite regardé comme un maître. « Il tient si bien la ligne ! », disaient les dames qui appréciaient l'élégance vigoureuse de son corps svelte et bien musclé. Lui, dans sa jaquette bombée à la poitrine et pincée à la taille, les pieds serrés dans des escarpins vernis, il dansait gravement, sans prononcer un mot, d'un air presque hiératique, tandis que les lampes électriques bleuissaient les deux ailes de sa chevelure noire et luisante. Après quoi, les femmes sollicitaient l'honneur de lui être présentées, avec la douce espérance de rendre leurs amies jalouses lorsque celles-ci les verraient au bras de l'illustre tangueur. Les invitations pleuvaient chez lui ; les salons les plus inaccessibles lui étaient ouverts ; chaque soir, il gagnait une bonne douzaine d'amitiés, et on se disputait la faveur de recevoir de lui des leçons. Le « peintre d'âmes » offrait volontiers aux plus jolies solliciteuses de les leur donner dans son atelier, de sorte que d'innombrables élèves affluaient à la rue de la Pompe.

– Tu danses trop, lui disait Argensola ; tu te rendras malade.

Ce n'était pas seulement à cause de la santé de son protecteur que le secrétaire-écuyer s'inquiétait de l'excessive fréquence de ces visites ; il les trouvait fort gênantes pour lui-même. Car, chaque après-midi, juste au moment où il se délectait dans une paisible lecture auprès du poêle bien chaud, Jules lui disait à brûle-pourpoint :

– Il faut que tu t'en ailles. J'attends une leçon nouvelle.

Et Argensola s'en allait, non sans donner à tous les diables, *in petto*, les belles tangueuses.

Au printemps de 1914, il y eut une grande nouvelle : les Desnoyers s'alliaient aux Lacour. René, fils unique du sénateur, avait fini par inspirer à Chichi une sympathie qui était presque de l'amour. Bien entendu, le sénateur n'avait fait aucune opposition à un projet de mariage qui, plus tard, vaudrait à son fils un nombre respectable de millions. Au surplus, il était veuf et il aimait à donner chez lui des soupers et des bals ; sa bru ferait les honneurs de la maison, et l'excellente table où il recevrait plus somptueusement que jamais ses collègues et tous les personnages notoires de passage à Paris, lui permettrait de regagner un peu du prestige qu'il commençait à perdre au palais du Luxembourg.

III

Le cousin de Berlin

Pendant le voyage fait par Jules en Argentine, Argensola, investi des fonctions de gardien de l'atelier, avait vécu bien tranquille : il n'avait plus auprès de lui le « peintre d'âmes » pour le déranger au milieu de ses lectures, et il pouvait absorber en paix une quantité d'ouvrages écrits sur les sujets les plus disparates. Il lui resta même assez de temps pour lier connaissance avec un voisin bizarre, logé dans un petit appartement de deux pièces, au même étage que l'atelier, mais où l'on n'accédait que par un escalier de service, et qui prenait jour sur une cour intérieure.

Ce voisin, nommé Tchernoff, était un Russe qu'Argensola avait vu souvent rentrer avec des paquets de vieux livres, et qui passait de longues heures à écrire près de la fenêtre de sa chambre. L'Espagnol, dont l'imagination était romanesque, avait d'abord pris Tchernoff pour un homme mystérieux et extraordinaire : avec cette barbe en désordre, avec cette crinière huileuse, avec ces lunettes chevauchant sur de vastes narines qui semblaient déformées par un coup de poing, le Russe l'impressionnait. Ensuite, lorsque le hasard d'une rencontre les eut mis en rapport, Argensola, en entrant pour la première fois chez Tchernoff, sentit croître sa sympathie : ami des livres, il voyait des livres partout, d'innombrables livres, les uns alignés sur des rayons, d'autres empilés dans les coins, d'autres éparpillés sur le plancher, d'autres amoncelés sur des chaises boiteuses, sur de vieilles tables et même sur un lit que l'on ne refaisait pas tous les jours. Mais il éprouva une sorte de désillusion, lorsqu'il apprit qu'en somme il n'y avait rien d'étrange et d'occulte dans l'existence de son nouvel ami. Ce que Tchernoff écrivait près de la fenêtre, c'était tout simplement des traductions exécutées, soit sur commande et moyennant finances, soit gratuitement pour des journaux socialistes. La seule chose étonnante, c'était le nombre des langues que Tchernoff possédait. Comme les hommes de sa race, il avait une merveilleuse facilité à s'approprier les vivantes et les mortes, et cela expliquait l'incroyable diversité des idiomes dans lesquels étaient écrits les volumes qui encombraient son appartement. La plupart étaient des ouvrages d'occasion, qu'il avait achetés à bas prix sur les quais, dans les caisses des bouquinistes ; et il semblait qu'une atmosphère de mysticisme, d'initiations surhumaines, d'arcanes clandestinement transmis à travers les siècles, émanât de ces bouquins poudreux dont quelques-uns étaient à demi rongés par les rats. Mais, confondus avec ces vieux livres, il y en avait beaucoup de nouveaux, qui attiraient l'œil par leurs couvertures d'un rouge flamboyant ; et il y avait aussi des libelles de propagande socialiste, des brochures rédigées dans toutes les langues de l'Europe, des journaux, une infinité de journaux dont tous les titres évoquaient l'idée de révolution.

D'abord Tchernoff avait témoigné à l'Espagnol peu de goût pour les visites et pour la causerie. Il souriait énigmatiquement dans sa barbe d'ogre et se montrait avare de paroles, comme s'il voulait abréger la conversation. Mais Argensola trouva le moyen d'apprivoiser ce sauvage : il l'amena dans l'atelier de Jules, où les bons vins et les fines liqueurs eurent vite fait de rendre le Russe plus communicatif. Argensola apprit alors que Tchernoff avait fait en Sibérie une longue quoique peu agréable villégiature, et que, réfugié depuis quelques années à Paris, il y avait trouvé un accueil bienveillant dans la rédaction des journaux avancés.

Le lendemain du jour où Jules était rentré à Paris, Argensola, qui causait avec Tchernoff sur le palier de l'escalier de service, entendit qu'on sonnait à la porte de l'atelier. Le secrétaire-écuyer, qui ne s'offensait pas de joindre encore à ces fonctions celles de valet de chambre, accourut pour introduire le visiteur chez le « peintre d'âmes ». Ce visiteur parlait correctement le français, mais avec un fort accent allemand ; et, par le fait, c'était l'aîné des cousins de Berlin, le docteur Julius von Hartrott, qui, après un court séjour à Paris et au moment de retourner en Allemagne, venait prendre congé de Jules.

Les deux cousins se regardèrent avec une curiosité où il y avait un peu de méfiance. Ils avaient beau être liés par une étroite parenté, ils ne se connaissaient guère, mais assez cependant pour sentir qu'il existait entre eux une complète divergence d'opinions et de goûts.

Jules, pour éviter que son cousin se trompât sur la condition sociale de l'introducteur, présenta celui-ci en ces termes :

– Mon ami l'artiste espagnol Argensola, non moins remarquable par ses vastes lectures que par son magistral talent de peintre.

– J'ai maintes fois entendu parler de lui, répondit imperturbablement le docteur, avec la suffisance d'un homme qui se pique de tout savoir.

Puis, comme Argensola faisait mine de se retirer :

– Vous ne serez pas de trop dans notre entretien, monsieur, lui dit-il sur le ton ambigu d'un supérieur qui veut montrer de la condescendance à un inférieur et d'un conférencier qui, infatué de lui-même, n'est pas fâché d'avoir un auditeur de plus pour les belles choses qu'il va dire.

Argensola s'assit donc avec les deux autres, mais un peu à l'écart, de sorte qu'il pouvait considérer à son aise l'accoutrement d'Hartrott. L'Allemand avait l'aspect d'un officier habillé en civil. Toute sa personne exprimait manifestement le désir de ressembler aux hommes d'épée, lorsqu'il leur arrive de quitter l'uniforme. Son pantalon était collant comme s'il était destiné à entrer dans des bottes à l'écuyère. Sa jaquette, garnie de deux rangées de boutons sur le devant et serrée à la taille, avait de longues et larges basques et des revers très montants, ce qui lui donnait une vague ressemblance avec une tunique militaire. Ses moustaches roussâtres, plantées sur une forte mâchoire, et ses cheveux coupés en brosse complétaient la martiale similitude. Mais ses yeux, – des yeux d'homme d'étude, grands, myopes et un peu troubles, – s'abritaient derrière des lunettes aux verres épais et donnaient malgré tout à leur propriétaire l'apparence d'un homme pacifique. Cet Hartrott, après avoir conquis le diplôme de docteur en philosophie, venait d'être nommé professeur auxiliaire dans une université, sans doute parce qu'il avait déjà publié trois ou quatre volumes gros et lourds comme des pavés ; et, au surplus, il était membre d'un « séminaire historique », c'est-à-dire d'une société savante qui se consacrait à la recherche des documents inédits et qui avait pour président un historien fameux. Le jeune professeur portait à la boutonnière la rosette d'un ordre étranger.

Le respect de Jules pour le savant de la famille n'allait pas sans quelque mélange de dédain : c'était sa façon de se venger de ce pédant qu'on lui proposait sans cesse pour modèle. Selon lui, un homme qui ne connaissait la vie que par les livres et qui passait son existence à vérifier ce qu'avaient fait les hommes d'autrefois, n'avait aucun droit au titre de sage, alors surtout que de telles études ne tendaient qu'à confirmer les Allemands dans leurs préjugés et dans leur outrecuidance. En somme, que fallait-il pour écrire sur un minime fait historique un livre énorme et illisible ? La patience de végéter dans les bibliothèques, de classer des milliers de fiches et de les recopier plus ou moins confusément. Dans l'opinion du peintre, son cousin Julius n'était qu'une manière de « rond-de-cuir », c'est-à-dire un de ces individus que désigne plus pittoresquement encore le terme populaire d'outre-Rhin : *Sitzfleisch haben*. La première qualité de ces savants-là, c'est d'être assez bien rembourrés pour qu'il leur soit possible de passer des journées entières le derrière sur une chaise.

Le docteur expliqua l'objet de sa visite. Venu à Paris pour une mission importante dont les autorités universitaires allemandes l'avaient chargé, il avait beaucoup regretté l'absence de Jules et il aurait été très fâché de repartir sans l'avoir vu. Mais, hier soir, sa mère Héléna lui avait appris que le peintre était de retour, et il s'était empressé d'accourir à l'atelier. Il devait quitter Paris le soir même : car les circonstances étaient graves.

– Tu crois donc à la guerre ? lui demanda Jules.

– Oui. La guerre sera déclarée demain ou après-demain. Elle est inévitable. C'est une crise nécessaire pour le salut de l'humanité.

Jules et Argensola, ébahis, regardèrent celui qui venait d'énoncer gravement cette belliqueuse et paradoxale proposition, et ils comprirent aussitôt qu'Hartrott était venu tout exprès pour leur parler de ce sujet.

– Toi, continua Hartrott, tu n'es pas Français, puisque tu es né en Argentine. On peut donc te dire la vérité tout entière.

– Mais toi, répliqua Jules en riant, où donc es-tu né ?

Hartrott eut un geste instinctif de protestation, comme si son cousin lui avait adressé une injure, et il repartit d'un ton sec :

– Moi, je suis Allemand. En quelque endroit que naisse un Allemand, il est toujours fils de l'Allemagne.

Puis, se tournant vers Argensola :

– Vous aussi, monsieur, vous êtes un étranger, et, puisque vous avez beaucoup lu, vous n'ignorez pas que l'Espagne, votre patrie, doit aux Germains ses qualités les meilleures. C'est de nous que lui sont venus le culte de l'honneur et l'esprit chevaleresque, par l'intermédiaire des Goths, des Visigoths et des Vandales, qui l'ont conquise.

Argensola se contenta de sourire imperceptiblement, et Hartrott, flatté d'un silence qui lui parut approbatif, poursuivit son discours.

– Nous allons assister, soyez-en certains, à de grands événements, et nous devons nous estimer heureux d'être nés à l'époque présente, la plus intéressante de toute l'histoire. En ce moment l'axe de l'humanité se déplace et la véritable civilisation va commencer.

À son avis, la guerre prochaine serait extraordinairement courte. L'Allemagne avait tout préparé pour que cet événement pût s'accomplir sans que la vie économique du monde souffrît d'une trop profonde perturbation. Un mois lui suffirait pour écraser la France, le plus redoutable de ses adversaires. Ensuite elle se retournerait contre la Russie qui, lente dans ses mouvements, ne serait pas capable d'opposer à cette offensive une défense immédiate. Enfin elle attaquerait l'orgueilleuse Angleterre, l'isolerait dans son archipel, lui interdirait de faire dorénavant obstacle à la prépondérance allemande. Ces coups rapides et ces victoires décisives n'exigeraient que le cours d'un été, et, à l'automne, la chute des feuilles saluerait le triomphe définitif de l'Allemagne.

Ensuite, avec l'assurance d'un professeur qui, parlant du haut de la chaire, n'a pas à craindre d'être réfuté par ceux qui l'écoutent, il expliqua la supériorité de la race germanique. Les hommes se divisaient en deux groupes, les dolichocéphales et les brachycéphales. Les dolichocéphales représentaient la pureté de la race et la mentalité supérieure, tandis que les brachycéphales n'étaient que des métis, avec tous les stigmates de la dégénérescence. Les Germains, dolichocéphales par excellence, étaient les uniques héritiers des Aryens primitifs, et les autres peuples, spécialement les Latins du Sud de l'Europe, n'étaient que des Celtes brachycéphales, représentants abâtardis d'une race inférieure. Les Celtes, incorrigibles individualistes, n'avaient jamais été que d'ingouvernables révolutionnaires, épris d'un égalitarisme et d'un humanitarisme qui avaient beaucoup retardé la marche de la civilisation. Au contraire les Germains, dont l'âme est autoritaire, mettaient au-dessus de tout l'ordre et la force. Élus par la nature pour commander aux autres peuples, ils possédaient toutes les vertus qui distinguent les chefs-nés. La Révolution française n'avait été qu'un conflit entre les Celtes et les Germains. La noblesse française descendait des guerriers germains installés dans les Gaules après l'invasion dite des Barbares, tandis que la bourgeoisie et le tiers-état représentaient l'élément gallo-celtique. La race inférieure, en l'emportant sur la supérieure, avait désorganisé le pays et perturbé le monde. Ce que le celtisme avait inventé, c'était la démocratie, le socialisme, l'anarchisme. Mais l'heure de la revanche germanique avait sonné enfin, et la race du Nord allait se charger de rétablir l'ordre, puisque Dieu lui avait fait la faveur de lui conserver son indiscutable supériorité.

– Un peuple, conclut-il, ne peut aspirer à de grands destins que s'il est foncièrement germanique. Nous sommes l'aristocratie de l'humanité, « le sel de la terre », comme a dit notre empereur.

Et, tandis que Jules, stupéfait de cette insolente philosophie de l'histoire, gardait le silence, et qu'Argensola continuait de sourire imperceptiblement, Hartrott entama le second point de sa dissertation.

– Jusqu'à présent, expliqua-t-il, on n'a fait la guerre qu'avec des soldats ; mais celle-ci, on la fera avec des savants et avec des professeurs. L'Université n'a pas eu moins de part à sa préparation que l'État-Major. La science germanique, la première de toutes, est unie pour jamais à ce que les révolutionnaires latins appellent dédaigneusement le militarisme. La force, reine du monde, est ce qui crée le droit, et c'est elle qui imposera partout notre civilisation. Nos armées représentent notre culture, et quelques semaines leur suffiront pour délivrer de la décadence celtique les peuples qui, grâce à elles, recouvreront bientôt une seconde jeunesse.

Le prodigieux avenir de sa race lui inspirait un enthousiasme lyrique. Guillaume Ier, Bismarck, tous les héros des victoires antérieures lui paraissaient vénérables ; mais il parlait d'eux comme de dieux moribonds, dont l'heure était passée. Ces glorieux ancêtres n'avaient fait qu'élargir les frontières et réaliser l'unité de l'empire ; mais ensuite, avec une prudence de vieillards valétudinaires, ils s'étaient opposés à toutes les hardiesses de la génération nouvelle, et leurs ambitions n'allaient pas plus loin que l'établissement d'une hégémonie continentale. Aujourd'hui c'était le tour de Guillaume II, le grand homme complexe dont la patrie avait besoin. Ainsi que l'avait dit

Lamprecht, maître de Julius von Hartrott, l'empereur représentait à la fois la tradition et l'avenir, la méthode et l'audace ; comme son aïeul, il était convaincu qu'il régnait par la grâce de Dieu ; mais son intelligence vive et brillante n'en reconnaissait et n'en acceptait pas moins les nouveautés modernes ; s'il était romantique et féodal, s'il soutenait les conservateurs agrariens, il était en même temps un homme du jour, cherchait les solutions pratiques, faisait preuve d'un esprit utilitaire à l'américaine. En lui s'équilibraient l'instinct et la raison. C'était grâce à lui que l'Allemagne avait su grouper ses forces et reconnaître sa véritable voie. Les universités l'acclamaient avec autant d'enthousiasme que les armées : car la germanisation mondiale dont Guillaume serait l'auteur, allait procurer à tous les peuples d'immenses bienfaits.

– *Gott mit uns !* s'écria-t-il en matière de péroraison. Oui, Dieu est avec nous ! Il existe, n'en doutez pas, un Dieu chrétien germanique qui est notre Grand Allié et qui se manifeste à nos ennemis comme une divinité puissante et jalouse.

Cette fois, le sourire d'Argensola devint un petit rire ouvertement sarcastique. Mais le docteur était trop enivré de ses propres paroles pour y prendre garde.

– Ce qu'il nous faut, ajouta-t-il, c'est que l'Allemagne entre enfin en possession de toutes les contrées où il y a du sang germain et qui ont été civilisées par nos aïeux.

Et il énuméra ces contrées. La Hollande et la Belgique étaient allemandes. La France l'était par les Francs, à qui elle devait un tiers de son sang. L'Italie presque entière avait bénéficié de l'invasion des Lombards. L'Espagne et le Portugal avaient été dominés et peuplés par des conquérants de race teutonne. Mais le docteur ne s'en tenait point là. Comme la plupart des nations de l'Amérique étaient d'origine espagnole ou portugaise, le docteur les comprenait dans ses revendications. Quant à l'Amérique du Nord, sa puissance et sa richesse étaient l'œuvre des millions d'Allemands qui y avaient émigré. D'ailleurs Hartrott reconnaissait que le moment n'était pas encore venu de penser à tout cela et que, pour aujourd'hui, il ne s'agissait que du continent européen.

— Ne nous faisons pas d'illusions, poursuivit-il sur un ton de tristesse hautaine. À cette heure, le monde n'est ni assez clairvoyant ni assez sincère pour comprendre et apprécier nos bienfaits. J'avoue que nous avons peu d'amis. Comme nous sommes les plus intelligents, les plus actifs, les plus capables d'imposer aux autres notre culture, tous les peuples nous considèrent avec une hostilité envieuse. Mais nous n'avons pas le droit de faillir à nos destins, et c'est pourquoi nous imposerons à coups de canon cette culture que l'humanité, si elle était plus sage, devrait recevoir de nous comme un don céleste.

Jusqu'ici Jules, impressionné par l'autorité doctorale avec laquelle Hartrott formulait ses affirmations, n'avait presque rien dit. D'ailleurs, l'ex-professeur de *tango* était mal préparé à soutenir une discussion sur de tels sujets avec le savant professeur tudesque. Mais, agacé de l'assurance avec laquelle son cousin raisonnait sur cette guerre encore problématique, il ne put s'empêcher de dire :

— En somme, pourquoi parler de la guerre comme si elle était déjà déclarée ? En ce moment, des négociations diplomatiques sont en cours et peut-être tout finira-t-il par s'arranger.

Le docteur eut un geste d'impatience méprisante.

— C'est la guerre, te dis-je ! Lorsque j'ai quitté l'Allemagne, il y a huit jours, je savais que la guerre était certaine.

— Mais alors, demanda Jules, pourquoi ces négociations ? Et pourquoi le gouvernement allemand fait-il semblant de s'entremettre dans le conflit qui a éclaté entre l'Autriche et la Serbie ? Ne serait-il pas plus simple de déclarer la guerre tout de suite ?

— Notre gouvernement, reprit Hartrott avec franchise, préfère que ce soient les autres qui la déclarent. Le rôle d'attaqué obtient toujours plus de sympathie que celui d'agresseur, et il justifie les résolutions finales, quelque dures qu'elles puissent être. Au surplus, nous avons chez nous beaucoup de gens qui vivent à leur aise et qui ne désirent pas la guerre ; il convient donc de leur faire croire que ce sont nos ennemis qui nous l'imposent, pour que ces gens sentent la nécessité de se défendre. Il n'est donné qu'aux esprits supérieurs de comprendre que le seul moyen de réaliser les grands progrès, c'est l'épée, et que, selon le mot de notre illustre Treitschke, la guerre est la forme la plus haute du progrès.

Selon Hartrott, la morale avait sa raison d'être dans les rapports des individus entre eux, parce qu'elle sert à rendre les individus plus soumis et plus disciplinés ; mais elle ne fait qu'embarrasser les gouvernements, pour qui elle est une gêne sans profit. Un État ne doit s'inquiéter ni de vérité ni de mensonge ; la seule chose qui lui importe, c'est la convenance et l'utilité des mesures prises. Le glorieux Bismarck, afin d'obtenir la guerre qu'il voulait contre la France, n'avait pas hésité à altérer un télégramme, et Hans Delbruck avait eu raison d'écrire à ce sujet : « Bénie soit la main qui a falsifié la dépêche d'Ems ! » En ce qui concernait la guerre prochaine, il était urgent qu'elle se fît sans retard : aucun des ennemis de l'Allemagne n'était prêt, de sorte que les Allemands qui, eux, se préparaient depuis quarante ans, étaient sûrs de la victoire. Qu'était-il besoin de se préoccuper du droit et des traités ? L'Allemagne avait la force, et la force crée des lois nouvelles. L'histoire ne demande pas de comptes aux vainqueurs, et les prêtres de tous les cultes finissent toujours par bénir dans leurs hymnes les auteurs des guerres heureuses. Ceux qui triomphent sont les amis de Dieu.

– Nous autres, continua-t-il, nous ne sommes pas des sentimentaux ; nous ne faisons la guerre ni pour châtier les Serbes régicides, ni pour délivrer les Polonais opprimés par la Russie. Nous la faisons parce que nous sommes le premier peuple du monde et que nous voulons étendre notre activité sur toute la planète. La vieille Rome, mortellement malade, appela barbares les Germains qui ouvrirent sa fosse. Le monde d'aujourd'hui a, lui aussi, une odeur de mort, et il ne manquera pas non plus de nous appeler barbares. Soit ! Lorsque Tanger et Toulon, Anvers et Calais seront allemands, nous aurons le loisir de disserter sur la barbarie germanique ; mais, pour l'instant, nous possédons la force et nous ne sommes pas d'humeur à discuter. La force est la meilleure des raisons.

– Êtes-vous donc si certains de vaincre ? objecta Jules. Le destin ménage parfois aux hommes de terribles surprises. Il suscite des forces occultes avec lesquelles on n'a pas compté et qui peuvent réduire à néant les plans les mieux établis.

Hartrott haussa les épaules. Qu'est-ce que l'Allemagne aurait devant elle ? Le plus à craindre de ses ennemis, ce serait la France ; mais la France n'était pas capable de résister aux influences morales énervantes, aux labeurs, aux privations et aux souffrances de la guerre : un peuple affaibli physiquement, infecté de l'esprit révolutionnaire, désaccoutumé de l'usage des armes par l'amour excessif du bien-être. Ensuite il y avait la Russie ; mais les masses amorphes de son immense population étaient longues à réunir, difficiles à mouvoir, travaillées par l'anarchisme et par les grèves. L'état-major de Berlin avait disposé toutes choses de telle façon qu'il était certain d'écraser la France en un mois ; cela fait, il transporterait les irrésistibles forces germaniques contre l'empire russe avant même que celui-ci ait eu le temps d'entrer en action.

– Quant aux Anglais, poursuivit Hartrott, il est douteux que, malgré l'entente cordiale, ils prennent part à la lutte. C'est un peuple de rentiers et de sportsmen dont l'égoïsme est sans limites. Admettons toutefois qu'ils veuillent défendre contre nous l'hégémonie continentale qui leur a été octroyée par le Congrès de Vienne, après la chute de Napoléon. Que vaut l'effort qu'ils tenteront de faire ? Leur petite armée n'est composée que du rebut de la nation, et elle est totalement dépourvue d'esprit guerrier. Lorsqu'ils réclameront l'assistance de leurs colonies, celles-ci, qui ont tant à se plaindre d'eux, se feront une joie de les lâcher. L'Inde profitera de l'occasion pour se soulever contre ses exploiteurs, et l'Égypte s'affranchira du despotisme de ses tyrans....

Il y eut un silence, et Hartrott parut s'absorber dans ses réflexions, dont il traduisit le résultat par cette nouvelle tirade :

– Par le fait, il y a beau temps que notre victoire a commencé. Nos ennemis nous abhorrent, et néanmoins ils nous imitent. Tout ce qui porte la marque allemande est recherché dans le monde entier. Les pays mêmes qui ont la prétention de résister à nos armées, copient nos méthodes dans leurs écoles et admirent nos théories, y compris celles qui n'ont obtenu en Allemagne qu'un médiocre succès. Souvent nous rions entre nous, comme les augures romains, à constater le servilisme avec lequel les peuples étrangers se soumettent à notre influence. Et ce sont ces gens-là qui ensuite refusent de reconnaître notre supériorité !

Pour la première fois Argensola fit un geste approbatif, que ne suivit d'ailleurs aucun commentaire. Hartrott, qui avait surpris ce geste, lui attribua la valeur d'un assentiment complet, et cela l'induisit à reprendre :

– Mais notre supériorité est évidente, et, pour en avoir la preuve, nous n'avons qu'à écouter ce que disent nos ennemis. Les Latins eux-mêmes n'ont-ils pas proclamé maintes fois que les sociétés latines sont à l'agonie, qu'il n'y a pas de place pour elles dans l'organisation future, et que l'Allemagne seule conserve latentes les forces civilisatrices ? Les Français, en particulier, ne répètent-ils pas à qui veut les entendre que la France est en pleine décomposition et qu'elle marche d'un pas rapide à une catastrophe ? Eh bien, des peuples qui se jugent ainsi ont assurément la mort dans les entrailles. En outre, les faits confirment chaque jour l'opinion qu'ils ont de leur propre décadence. Il est impossible de douter qu'une révolution éclate à Paris aussitôt après la déclaration de guerre. Tu n'étais pas ici, toi, pour voir l'agitation des boulevards à l'occasion du procès Caillaux. Mais, moi, j'ai constaté de mes yeux comment réactionnaires et révolutionnaires se menaçaient, se frappaient en pleine rue. Ils s'y sont insultés jusqu'à ces derniers jours. Lorsque nos troupes franchiront la frontière, la division des opinions s'accentuera encore ; militaristes et antimilitaristes se disputeront furieusement, et en moins d'une semaine ce sera la guerre civile. Ce pays a été gâté jusqu'au cœur par la démocratie et par l'aveugle amour de toutes les libertés. L'unique nation de la terre qui soit vraiment libre, c'est la nation allemande, parce qu'elle sait obéir.

Ce paradoxe bizarre amusa Jules qui dit en riant :

— Vrai, tu crois que l'Allemagne est le seul pays libre ?

— J'en suis sûr ! déclara le professeur avec une énergie croissante. Nous avons les libertés qui conviennent à un grand peuple : la liberté économique et la liberté intellectuelle.

— Mais la liberté politique ?

— Seuls les peuples décadents et ingouvernables, les races inférieures entichées d'égalité et de démocratie, s'inquiètent de la liberté politique. Les Allemands n'en éprouvent pas le besoin. Nés pour être les maîtres, ils reconnaissent la nécessité des hiérarchies et consentent à être gouvernés par une classe dirigeante qui doit ce privilège à l'aristocratie du sang ou du talent. Nous avons, nous, le génie de l'organisation.

Et les deux amis entendirent avec un étonnement effaré la description du monde futur, tel que le façonnerait le génie germanique. Chaque peuple serait organisé de telle sorte que l'homme y donnât à la société le maximum de rendement ; tous les individus seraient enrégimentés pour toutes les fonctions sociales, obéiraient comme des machines à une direction supérieure, fourniraient la plus grande quantité possible de travail sous la surveillance des chefs ; et cela, ce serait l'État parfait.

Sur ce, Hartrott regarda sa montre et changea brusquement de sujet de conversation.

— Excuse-moi, dit-il, il faut que je te quitte. Les Allemands résidant à Paris sont déjà partis en grand nombre, et je serais parti moi-même, si l'affection familiale que je te porte ne m'avait fait un devoir de te donner un bon conseil. Puisque tu es étranger et que rien ne t'oblige à rester en France, viens chez nous à Berlin. La guerre sera dure, très dure, et, si Paris essaie de se défendre, il se passera des choses terribles. Nos moyens offensifs sont beaucoup plus redoutables qu'ils ne l'étaient en 1870.

Jules fit un geste d'indifférence. Il ne croyait pas à un danger prochain, et d'ailleurs il n'était pas si poltron que son cousin paraissait le croire.

– Tu es comme ton père, s'écria le professeur. Depuis deux jours, j'essaie inutilement de le convaincre qu'il devrait passer en Allemagne avec les siens ; mais il ne veut rien entendre. Il admet volontiers que, si la guerre éclate, les Allemands seront victorieux ; mais il s'obstine à croire que la guerre n'éclatera pas. Ce qui est encore plus incompréhensible, c'est que ma mère elle-même hésitait à repartir avec moi pour Berlin. Grâce à Dieu, j'ai fini par la convaincre et peut-être, à cette heure, est-elle déjà en route. Il a été convenu entre elle et moi que, si elle était prête à temps, elle prendrait le train de l'après-midi, pour voyager en compagnie d'une de ses amies, femme d'un conseiller de notre ambassade, et que, si elle manquait ce train, elle me rejoindrait à celui du soir. Mais j'ai eu toutes les peines du monde à la décider ; elle s'entêtait à me répéter que la guerre ne lui faisait pas peur, que les Allemands étaient de très braves gens, et que, quand ils entreraient à Paris, ils ne feraient de mal à personne.

Cette opinion favorable semblait contrarier beaucoup le docteur.

– Ni ma mère ni ton père, expliqua-t-il, ne se rendent compte de ce qu'est la guerre moderne. Que les Allemands soient de braves gens, je suis le premier à le reconnaître ; mais ils sont obligés d'appliquer à la guerre les méthodes scientifiques. Or, de l'avis des généraux les plus compétents, la terreur est l'unique moyen de réussir vite, parce qu'elle trouble l'intelligence de l'ennemi, paralyse son action, brise sa résistance. Plus la guerre sera dure, plus elle sera courte. L'Allemagne va donc être cruelle, très cruelle pour empêcher que la lutte se prolonge. Et il ne faudra pas en conclure que l'Allemagne soit devenue méchante : tout au contraire, sa prétendue cruauté sera de la bonté : l'ennemi terrorisé se rendra plus vite, et le monde souffrira moins. Voilà ce que ton père ne veut pas comprendre ; mais tu seras plus raisonnable que lui. Te décides-tu à partir avec moi ?

– Non, répondit Jules. Si je partais, j'aurais honte de moi-même. Fuir devant un danger qui n'est peut-être qu'imaginaire !

– Comme il te plaira, riposta l'autre d'un ton cassant. L'heure me presse : je dois aller encore à notre ambassade, où l'on me remettra des documents confidentiels destinés aux autorités allemandes. Je suis obligé de te quitter.

Et il se leva, prit sa canne et son chapeau. Puis, sur le seuil, en disant adieu à son cousin :

– Je te répète une dernière fois ce que je t'ai déjà dit, insista-t-il. Si les Parisiens, comprenant l'inutilité de la résistance, ont la sagesse de nous ouvrir leurs portes, il est possible que tout se passe en douceur ; mais, dans le cas contraire... Bref, sois sûr que, de toute façon, nous nous reverrons bientôt. Il ne me déplaira pas de revenir à Paris, lorsque le drapeau allemand flottera sur la Tour Eiffel. Cinq ou six semaines suffiront pour cela. Donc, au revoir jusqu'en septembre. Et crois bien qu'après le triomphe germanique Paris n'en sera pas moins agréable. Si la France disparaît en tant que grande puissance, les Français, eux, resteront, et ils auront même plus de loisirs qu'auparavant pour cultiver ce qu'il y a d'aimable dans leur caractère. Ils continueront à inventer des modes, s'organiseront sous notre direction pour rendre la vie plaisante aux étrangers, formeront quantité de jolies actrices, écriront des romans amusants et des comédies piquantes. N'est-ce point assez pour eux ?

Quand la porte fut refermée, Argensola éclata de rire et dit à Jules :

– Il nous la baille bonne, ton dolichocéphale de cousin ! Mais pourquoi n'as-tu rien répondu à sa docte conférence ?

– C'est ta faute plus que la mienne, repartit Jules en plaisantant. La métaphysique de l'anthropologie et de la sociologie n'est pas précisément mon affaire. Si tu m'avais analysé un plus grand nombre de bouquins ennuyeux sur la philosophie de l'histoire, peut-être aurais-je eu des arguments topiques à lui opposer.

— Mais il n'est pas nécessaire d'avoir lu des bibliothèques pour s'apercevoir que ces théories sont des billevesées de lunatiques. Les races ! Les brachycéphales et les dolichocéphales ! La pureté du sang ! Y a-t-il encore aujourd'hui un homme d'instruction moyenne qui croie à ces antiquailles ? Comment existerait-il un peuple de race pure, puisqu'il n'est point d'homme au monde dont le sang n'ait subi une infinité de mélanges dans le cours des siècles ? Si les Germains se sont mis de telles sottises dans la tête, c'est qu'ils sont aveuglés par l'orgueil. Les systèmes scientifiques qu'ils inventent ne visent qu'à justifier leur absurde prétention de devenir les maîtres du monde. Ils sont atteints de la folie de l'impérialisme.

— Mais, interrompit Jules, tous les peuples forts n'ont-ils pas eu leurs ambitions impérialistes ?

— J'en conviens, reprit Argensola, et j'ajoute que cet orgueil a toujours été pour eux un mauvais conseiller ; mais encore est-il équitable de reconnaître que la qualité de l'impérialisme varie beaucoup d'un peuple à l'autre et que, chez les nations généreuses, cette fièvre n'exclut pas les nobles desseins. Les Grecs ont aspiré à l'hégémonie, parce qu'ils croyaient être les plus aptes à donner aux autres hommes la science et les arts. Les Romains, lorsqu'ils étendaient leur domination sur tout le monde connu, apportaient aux régions conquises le droit et les formes de la justice. Les Français de la Révolution et de l'Empire justifiaient leur ardeur conquérante par le désir de procurer la liberté à leurs semblables et de semer dans l'univers les idées nouvelles. Il n'est pas jusqu'aux Espagnols du XVIe siècle qui, en bataillant contre la moitié de l'Europe pour exterminer l'hérésie et pour créer l'unité religieuse, n'aient travaillé à réaliser un idéal qui peut-être était nébuleux et faux, mais qui n'en était pas moins désintéressé. Tous ces peuples ont agi dans l'histoire en vue d'un but qui n'était pas uniquement l'accroissement brutal de leur propre puissance, et, en dernière analyse, ce à quoi ils visaient, c'était le bien de l'humanité. Seule l'Allemagne de ton Hartrott prétend s'imposer au monde en vertu de je ne sais quel droit divin qu'elle tiendrait de la supériorité de sa race, supériorité que d'ailleurs personne ne lui reconnaît et qu'elle s'attribue gratuitement à elle-même.

– Ici je t'arrête, dit Jules. N'as-tu pas approuvé tout à l'heure mon cousin Otto, lorsqu'il disait que les ennemis mêmes de l'Allemagne l'admirent et se soumettent à son influence ?

– Ce que j'ai approuvé, c'est la qualification de servilisme qu'il appliquait lui-même à cette stupide manie d'admirer et d'imiter l'Allemagne. Il est trop vrai que, depuis bientôt un demi-siècle, les autres peuples ont eu la niaiserie de tomber dans le panneau. Par couardise intellectuelle, par crainte de la force, par insouciante paresse, ils ont prôné sans le moindre discernement tout ce qui venait d'outre-Rhin, le bon et le mauvais, l'or et le talc ; et la vanité germanique a été confirmée dans ses prétentions absurdes par la superstitieuse complaisance avec laquelle ses rivaux lui donnaient raison. Voilà pourquoi un pays qui a compté tant de philosophes et de penseurs, tant de génies contemplatifs et de théoriciens profonds, un pays qui peut s'enorgueillir légitimement de Kant le pacifique, de Gœthe l'olympien, du divin Beethoven, est devenu un pays où l'on ne croit plus qu'aux résultats matériels de l'activité sociale, où l'on rêve de faire de l'homme une machine productive, où l'on ne voit dans la science qu'un auxiliaire de l'industrie.

– Mais cela n'a pas mal réussi aux Allemands, fit observer Jules, puisque avec leur science appliquée ils concurrencent et menacent de supplanter bientôt l'Angleterre sur les marchés de l'ancien et du nouveau monde.

– S'ensuit-il, repartit Argensola, qu'ils possèdent une réelle et durable supériorité sur l'Angleterre et sur les autres pays de haute civilisation ? La science, même poussée loin, n'exclut pas nécessairement la barbarie. La culture véritable, comme l'a dit ce Nietzsche dont je t'ai analysé le

Zarathustra, c'est « l'unité de style dans toutes les manifestations de la vie ». Si donc un savant s'est cantonné dans ses études spéciales avec la seule intention d'en tirer des avantages matériels, ce savant peut très bien avoir fait d'importantes découvertes, il n'en reste pas moins un barbare. « Les Français, disait encore Nietzsche, sont le seul peuple d'Europe qui possède une culture authentique et féconde, et il n'est personne en Allemagne qui ne leur ait fait de larges emprunts. » Nietzsche voyait clair ; mais ton cousin est fou, archi-fou.

– Tes paroles me tranquillisent, répondit Jules. Je t'avoue que l'assurance de ce grandiloquent docteur m'avait un peu déprimé. J'ai beau n'être pas de nationalité française ; en ces heures tragiques, je sens malgré moi que j'aime la France. Je n'ai jamais pris part aux luttes des partis ; mais, d'instinct, je suis républicain. Dans mon for intérieur, je serais humilié du triomphe de l'Allemagne et je gémirais de voir son joug despotique s'appesantir sur les nations libres où le peuple se gouverne lui-même. C'est un danger qui, hélas ! me paraît très menaçant.

– Qui sait ? reprit Argensola pour le réconforter. La France est un pays à surprises. Il faut voir le Français à l'œuvre, quand il travaille à réparer son imprévoyance. Hartrott a beau dire : en ce moment, il y a de l'ordre à Paris, de la résolution, de l'enthousiasme. J'imagine que, dans les jours qui ont précédé Valmy, la situation était pire que celle d'à présent : tout était désorganisé ; on n'avait pour se défendre que des bataillons d'ouvriers et de laboureurs qui n'avaient jamais tenu un fusil ; et cela n'a pas empêché que, pendant vingt ans, les vieilles monarchies de l'Europe n'ont pu venir à bout de ces soldats improvisés.

Cette nuit-là, Jules eut le sommeil agité par des rêves où, avec une brusque incohérence d'images projetées sur l'écran d'un cinématographe, se succédaient des scènes d'amour, de batailles furieuses, d'universités allemandes, de bals parisiens, de paquebots transatlantiques et de déluge universel.

À la même heure, son cousin Otto von Hartrott, confortablement installé dans un *sleeping car*, roulait seul vers les rives de la Sprée. Il n'avait pas trouvé sa mère à la gare ; mais cela ne lui avait donné aucune inquiétude, et il était convaincu qu'Héléna, partie avec son amie la conseillère d'ambassade, arriverait à Berlin avant lui. En réalité, Héléna était encore chez sa sœur, avenue Victor-Hugo. Voici les contretemps qui l'avaient empêchée de tenir la promesse de départ faite à son fils.

Depuis qu'elle était arrivée à Paris, elle avait, comme de juste, couru les grands magasins et fait une multitude d'emplettes. Or, le jour où elle aurait dû partir, nombre de choses qu'il lui paraissait spécialement nécessaire de rapporter en Allemagne, n'avaient pas été livrées par les fournisseurs. Elle avait donc passé toute la matinée à téléphoner aux quatre coins de Paris ; mais, en raison du désarroi général, plusieurs commandes manquaient encore à l'appel, quand vint l'heure de monter en automobile pour le train de l'après-midi. Elle avait donc décidé de ne partir que par le train du soir, avec son fils. Mais, le soir, elle avait une telle montagne de bagages, – malles, valises, caisses, cartons à chapeaux, sacs de nuit, paquets de toute sorte, – que jamais il n'avait été possible de préparer et de charger tout cela en temps opportun. Lorsqu'il avait été bien constaté que le train du soir n'était pas moins irrémédiablement perdu que celui de l'après-midi, elle s'était résignée sans trop de peine à rester. En somme, elle n'était pas fâchée des fatalités imprévues qui l'excusaient d'avoir manqué à sa parole. Qui sait même si elle n'avait pas mis un peu de complaisance à aider le veto du destin ? D'une part, malgré les emphatiques discours de son fils, elle n'était pas du tout persuadée qu'il fût urgent de quitter Paris. Et d'autre part, – les cervelles féminines ne répugnent point à admettre des arguments contraires, – la tendre, inconséquente et un peu sotte « romantique » pensait sans doute que, le jour où les armées allemandes entreraient à Paris, la présence d'Héléna von Hartrott serait utile aux Desnoyers pour les protéger contre les taquineries des vainqueurs.

IV

Où apparaissent les quatre cavaliers

Les jours qui suivirent, Jules et Argensola vécurent d'une vie enfiévrée par la rapidité avec laquelle se succédaient les événements. Chaque heure apportait une nouvelle, et ces nouvelles, presque toujours fausses, remuaient rudement l'opinion en sens contraires. Tantôt le péril de la guerre semblait conjuré ; tantôt le bruit courait que la mobilisation serait ordonnée dans quelques minutes. Un seul jour représentait les inquiétudes, les anxiétés, l'usure nerveuse d'une année ordinaire.

On apprit coup sur coup que l'Autriche déclarait la guerre à la Serbie ; que la Russie mobilisait une partie de son armée ; que l'Allemagne décrétait « l'état de menace de guerre » ; que les Austro-Hongrois, sans tenir compte des négociations en cours, commençaient le bombardement de Belgrade ; que Guillaume II, pour forcer le cours des événements et pour empêcher les négociations d'aboutir, faisait à son tour à la Russie une déclaration de guerre.

La France assistait à cette avalanche d'événements graves avec un recueillement sobre de paroles et de manifestations. Une résolution froide et solennelle animait tous les cœurs. Personne ne désirait la guerre, mais tout le monde l'acceptait avec le ferme propos d'accomplir son devoir. Pendant la journée, Paris se taisait, absorbé dans ses préoccupations. Seules quelques bandes de patriotes exaltés traversaient la place de la Concorde en acclamant la statue de

Strasbourg. Dans les rues, les gens s'abordaient d'un air amical : il semblait qu'ils se connussent sans s'être jamais vus. Les yeux attiraient les yeux, les sourires se répondaient avec la sympathie d'une pensée commune. Les femmes étaient tristes ; mais, pour dissimuler leur émotion, elles parlaient plus fort. Le soir, dans le long crépuscule d'été, les boulevards s'emplissaient de monde ; les habitants des quartiers lointains affluaient vers le centre, comme aux jours des révolutions d'autrefois, et les groupes se réunissaient, formaient une foule immense d'où s'élevaient des cris et des chants. Ces multitudes se portaient jusqu'au cœur de Paris, où les lampes électriques venaient de s'allumer, et le défilé se prolongeait jusqu'à une heure avancée, avec le drapeau national flottant au-dessus des têtes parmi d'autres drapeaux qui lui faisaient escorte.

Dans une de ces nuits de sincère exaltation, les deux amis apprirent une nouvelle inattendue, incompréhensible, absurde : on venait d'assassiner Jaurès. Cette nouvelle, on la répétait dans les groupes avec un étonnement qui était plus grand encore que la douleur. « On a assassiné Jaurès ? Et pourquoi ? » Le bon sens populaire qui, par instinct, cherche une explication à tous les attentats, demeurait perplexe. Les hommes d'ordre redoutaient une révolution. Jules Desnoyers craignit un moment que les sinistres prédictions de son cousin Otto ne fussent sur le point de s'accomplir ; cet assassinat allait provoquer des représailles et aboutirait à une guerre civile. Mais les masses populaires, quoique cruellement affligées de la mort de leur héros favori, gardaient un tragique silence. Il n'était personne qui, par delà ce cadavre, n'aperçût l'image auguste de la patrie.

Le matin suivant, le danger s'était évanoui. Les ouvriers parlaient de généraux et de guerre, se montraient les uns aux autres leurs livrets de soldats, annonçaient la date à laquelle ils partiraient, lorsque l'ordre de mobilisation aurait été publié.

Les événements continuaient à se succéder avec une rapidité qui n'était que trop significative. Les Allemands envahissaient le Luxembourg et s'avançaient jusque sur la frontière française, alors que leur ambassadeur était encore à Paris et y faisait des promesses de paix.

Le 1er août, dans l'après-midi, furent apposées précipitamment, çà et là, quelques petites affiches manuscrites auxquelles succédèrent bientôt de grandes affiches imprimées qui portaient en tête deux drapeaux croisés. C'était l'ordre de la mobilisation générale. La France entière allait courir aux armes.

– Cette fois, c'est fait ! dirent les gens arrêtés devant ces affiches.

Et les poitrines se dilatèrent, poussèrent un soupir de soulagement. Le cauchemar était fini ; la réalité cruelle était préférable à l'incertitude, à l'attente, à l'appréhension d'un obscur péril qui rendait les jours longs comme des semaines.

La mobilisation commençait à minuit. Dès le crépuscule, il se produisit dans tout Paris un mouvement extraordinaire. On aurait dit que les tramways, les automobiles et les voitures marchaient à une allure folle. Jamais on n'avait vu tant de fiacres, et pourtant les bourgeois qui auraient voulu en prendre un, faisaient de vains appels aux cochers : aucun cocher ne voulait travailler pour les civils. Tous les moyens de transport étaient pour les militaires, toutes les courses aboutissaient aux gares. Les lourds camions de l'intendance, pleins de sacs, étaient salués au passage par l'enthousiasme général, et les soldats habillés en mécaniciens qui manœuvraient ces pyramides roulantes, répondaient aux acclamations en agitant les bras et en poussant des cris joyeux. La foule se pressait, se bousculait, mais n'en gardait pas moins une insolite courtoisie. Lorsque deux véhicules s'accrochaient et que, par la force de l'habitude, les conducteurs allaient échanger des injures, le public s'interposait et les obligeait à se serrer la main. Les passants qui avaient failli être écrasés par une automobile riaient en criant au chauffeur : « Tuer un Français qui regagne son régiment ! » Et le chauffeur répondait : « Moi aussi, je pars demain. C'est ma dernière course. »

Vers une heure du matin, Jules et Argensola entrèrent dans un café des boulevards. Ils étaient fatigués l'un et l'autre par les émotions de la journée. Dans une atmosphère brûlante et chargée de fumée de tabac, les consommateurs chantaient la *Marseillaise* en agitant de petits drapeaux. Ce public un peu cosmopolite passait en revue les nations de l'Europe et les saluait par des rugissements d'allégresse : toutes ces nations, toutes sans exception, allaient se mettre du côté de la France. Un vieux ménage de rentiers à l'existence ordonnée et médiocre, qui peut-être n'avaient pas souvenir d'avoir jamais été hors de chez eux à une heure aussi tardive, étaient assis à une table près du peintre et de son ami. Entraînés par le flot de l'enthousiasme général, ils étaient descendus jusqu'aux boulevards « afin de voir la guerre de plus près ». La langue étrangère que parlaient entre eux ces voisins de table donna au mari une haute idée de leur importance.

– Croyez-vous, messieurs, leur demanda-t-il, que l'Angleterre marche avec nous ?

Argensola, qui n'en savait pas plus que son interlocuteur, répondit avec assurance :

– Sans aucun doute. C'est chose décidée.

– Vive l'Angleterre ! s'écria le petit vieux en se mettant debout.

Et, sous les regards admiratifs de sa femme, il entonna une vieille chanson patriotique, en marquant par des mouvements de bras le rythme du refrain.

Jules et Argensola revinrent pédestrement à la rue de la Pompe. Au milieu des Champs-Élysées, ils rejoignirent un homme coiffé d'un chapeau à larges bords, qui marchait lentement dans la même direction qu'eux, et qui, quoique seul, discourait à voix presque haute. Argensola reconnut Tchernoff et lui souhaita le bonsoir. Alors, sans y être invité, le Russe régla son pas sur celui des deux autres et remonta vers l'Arc de Triomphe en leur compagnie. C'était à peine si Jules avait eu précédemment l'occasion d'échanger avec l'ami d'Argensola quelques coups de chapeau sous le porche ; mais l'émotion dispose les âmes à la sympathie. Quant à Tchernoff, qui n'était jamais gêné avec personne, il eut vis-à-vis de Jules absolument la même attitude que s'il l'avait connu depuis sa naissance. Il reprit donc le cours des raisonnements qu'il adressait tout à l'heure aux masses de noire végétation, aux bancs solitaires, à l'ombre verte trouée çà et là par la lueur tremblante des becs de gaz, et il les reprit à l'endroit même où il les avait interrompus, sans prendre la peine de donner à ses nouveaux auditeurs la moindre explication.

– En ce moment, grommela le Russe, *ils* crient avec la même fièvre que ceux d'ici ; *ils* croient de bonne foi qu'ils vont défendre leur patrie attaquée ; ils veulent mourir pour leurs familles et pour leurs foyers, que personne ne menace...

– De qui parlez-vous, Tchernoff ? interrogea Argensola.

– D'*eux* ! répondit le Russe en regardant fixement son interlocuteur, comme si la question l'eût étonné. J'ai vécu dix ans en Allemagne, j'ai été correspondant d'un journal de Berlin, et je connais à fond ces gens-là. Eh bien, ce qui se passe à cette heure sur les bords de la Seine se passe aussi sur les bords de la Sprée : des chants, des rugissements de patriotisme, des drapeaux qu'on agite. En apparence c'est la même chose ; mais, au fond, quelle différence ! La France, elle, ne veut pas de conquêtes : ce soir, la foule a malmené quelques braillards qui hurlaient « À Berlin ! ». Tout ce que la République demande, c'est qu'on la respecte et qu'on la laisse vivre en paix. La République n'est pas la perfection, je le sais ; mais encore vaut-elle mieux que le despotisme d'un monarque irresponsable et qui se vante de régner par la grâce de Dieu.

Tchernoff se tut quelques instants, comme pour considérer en lui-même un spectacle qui s'offrait à son imagination.

– Oui, à cette heure, continua-t-il, les masses populaires de là-bas, se consolant de leurs humiliations par un grossier matérialisme, vocifèrent : « À Paris ! À Paris ! Nous y boirons du Champagne gratis ! » La bourgeoisie piétiste, qui est capable de tout pour obtenir une dignité nouvelle, et l'aristocratie, qui a donné au monde les plus grands scandales des dernières années, vocifèrent aussi : « À Paris ! À Paris ! », parce que c'est la Babylone du péché, la ville du Moulin-Rouge et des restaurants de Montmartre, seules choses que ces gens en connaissent. Quant à mes camarades de la Social-Démocratie, ils ne vocifèrent pas moins que les autres, mais le cri qu'on leur a enseigné est différent : « À Moscou ! À Saint-Pétersbourg ! Écrasons la tyrannie russe, qui est un danger pour la civilisation. »

Et, dans le silence de la nuit, Tchernoff eut un éclat de rire qui résonna comme un cliquetis de castagnettes. Après quoi, il poursuivit :

– Mais la Russie est bien plus civilisée que l'Allemagne ! La vraie civilisation ne consiste pas seulement à posséder une grande industrie, des flottes, des armées, des universités où l'on n'enseigne que la science. Cela, c'est une civilisation toute matérielle. Il y en a une autre, beaucoup meilleure, qui élève l'âme et qui fait que la dignité humaine réclame ses droits. Un citoyen suisse qui, dans son chalet de bois, s'estime l'égal de tous les hommes de son pays, est plus civilisé que le *Herr Professor* qui cède le pas à un lieutenant ou que le millionnaire de Hambourg qui se courbe comme un laquais devant quiconque porte un nom à particule. Je ne nie pas que les Russes aient eu à souffrir d'une tyrannie odieuse ; j'en sais personnellement quelque chose ; je connais la faim et le froid des cachots ; j'ai vécu en Sibérie. Mais d'une part, il faut prendre garde que, chez nous, la tyrannie est principalement d'origine germanique ; la moitié de l'aristocratie russe est allemande ; les généraux qui se distinguent le plus en faisant massacrer les ouvriers grévistes et les populations annexées sont allemands ; les hauts fonctionnaires qui soutiennent le despotisme et qui conseillent la répression sanglante, sont allemands. Et d'autre part, en Russie, la tyrannie a toujours vu se dresser devant elle une protestation révolutionnaire. Si une partie de notre peuple est encore à demi barbare, le reste a une mentalité supérieure, un esprit de haute morale qui lui fait affronter les sacrifices et les périls par amour de la liberté. En Allemagne, au contraire, qui a jamais protesté pour défendre les droits de l'homme ? Où sont les intellectuels ennemis du tsarisme prussien ? Les intellectuels se taisent ou prodiguent leurs adulations à l'oint du Seigneur. En deux siècles d'histoire, la Prusse n'a pas su faire une seule révolution contre ses indignes maîtres ; et, aujourd'hui que l'empereur allemand, musicien et comédien comme Néron, afflige le monde de la plus effroyable des calamités, parce qu'il aspire à prendre dans l'histoire un rôle théâtral de grand acteur, son peuple entier se soumet à cette folie d'histrion et ses savants ont l'ignominie de l'appeler « les délices du genre humain ». Non, il ne faut pas dire que la tyrannie qui pèse sur mon pays soit essentiellement propre à la Russie : les plus mauvais tsars furent ceux qui voulurent imiter les rois de Prusse. Le Slave réactionnaire est brutal, mais il se repent de sa brutalité, et parfois même il en pleure. On a vu des officiers russes se suicider pour ne point commander le feu contre le peuple ou par remords d'avoir pris part à des tueries. Le tsar actuellement régnant a caressé, dans un rêve humanitaire, la généreuse utopie de la paix universelle et organisé les conférences de la Haye. Le kaiser de la *Kultur*, lui, a travaillé des années et des années à construire et à graisser une effroyable machine de destruction pour écraser l'Europe. Le Russe est un chrétien humble, démocrate, altéré de justice ; l'Allemand fait montre de christianisme, mais il n'est qu'un idolâtre comme les Germains d'autrefois.

Ici Tchernoff s'arrêta une seconde, comme pour préparer ses auditeurs à entendre une déclaration extraordinaire.

– Moi, reprit-il, je suis chrétien.

Argensola, qui connaissait les idées et l'histoire du Russe, fit un geste d'étonnement. Tchernoff surprit ce geste et crut devoir donner des explications.

– Il est vrai, dit-il, que je ne m'occupe guère de Dieu et que je ne crois pas aux dogmes ; mais mon âme est chrétienne comme celle de tous les révolutionnaires. La philosophie de la démocratie moderne est un christianisme laïc. Nous les socialistes, nous aimons les humbles, les besogneux, les faibles ; nous défendons leur droit à la vie et au bien-être, comme l'ont fait les grands exaltés de la religion qui dans tout malheureux voyaient un frère. Il n'y a qu'une différence : c'est au nom de la justice que nous réclamons le respect pour le pauvre, tandis que les chrétiens réclament ce respect au nom de la pitié. Mais d'ailleurs, les uns comme les autres, nous tâchons de faire que les hommes s'entendent afin d'arriver à une vie meilleure, que le fort fasse des sacrifices pour le faible, le riche pour le nécessiteux, et que finalement la fraternité règne dans le monde. Le christianisme, religion des humbles, a reconnu à tous les hommes le droit naturel d'être heureux ; mais il a placé le bonheur dans le ciel, loin de notre « vallée de larmes ». La révolution, et les socialistes qui sont ses héritiers, ont placé le bonheur dans les réalités terrestres et veulent que tous les hommes puissent obtenir ici-bas leur part légitime. Or, où trouve-t-on le christianisme dans l'Allemagne d'aujourd'hui ? Elle s'est fabriqué un Dieu à sa ressemblance, et, quand elle croit adorer ce Dieu, c'est devant sa propre image qu'elle est en adoration. Le Dieu allemand n'est que le reflet de l'État allemand, pour lequel la guerre est la première fonction d'un peuple et la plus profitable des industries. Lorsque d'autres peuples chrétiens veulent faire la guerre, ils sentent la contradiction qui existe entre leur dessein et les enseignements de l'Évangile, et ils s'excusent en alléguant la cruelle nécessité de se défendre. L'Allemagne, elle, proclame que la guerre est agréable à Dieu. Pour tous les Allemands, quelles que soient d'ailleurs les différences de leurs confessions religieuses, il n'y a qu'un Dieu, qui est celui de l'État allemand, et c'est ce Dieu qu'à cette heure Guillaume appelle « son puissant Allié ». La Prusse, en créant pour son usage un Jéhovah ambitieux, vindicatif, hostile au reste du genre humain, a rétrogradé vers les plus grossières superstitions du paganisme. En effet, le grand progrès réalisé par la religion chrétienne fut de concevoir un Dieu unique et de tendre à créer par là une certaine unité morale, un certain esprit d'union et de paix entre tous les hommes. Le Dieu des chrétiens a dit : « Tu ne tueras pas ! », et son fils a dit : « Bienheureux les pacifiques ! » Au contraire, le Dieu de Berlin porte le casque et les bottes à l'écuyère, et il est mobilisé par son empereur avec Otto, Franz ou Wilhelm, qu'il les aide à battre, à voler et à massacrer les ennemis du peuple élu. Pourquoi cette différence ? Parce que les Allemands ne sont que des chrétiens d'hier. Leur christianisme date à peine de six siècles, tandis que celui des autres peuples européens date de dix, de quinze, de dix-huit siècles. À l'époque des dernières croisades, les Prussiens vivaient encore dans l'idolâtrie. Chez eux, l'orgueil de race et les instincts guerriers font renaître en ce moment le souvenir des vieilles divinités mortes et prêtent au Dieu bénin de l'Évangile l'aspect rébarbatif d'un sanguinaire habitant du Walhalla.

Dans le silence de la majestueuse avenue, le Russe évoqua les figures des anciennes divinités germaniques dont ce Dieu prussien était l'héritier et le continuateur. Réveillés par l'agréable bruit des armes et par l'aigre odeur du sang, ces divinités, qu'on croyait défuntes, allaient reparaître au milieu des hommes. Déjà Thor, le dieu brutal, à la tête petite, s'étirait les bras et empoignait le marteau qui lui sert à écraser les villes ; Wotan affilait sa lance, qui a pour lame l'éclair et pour pommeau le tonnerre ; Odin à l'œil unique bâillait de malefaim en attendant les morts qui s'amoncelleraient autour de son trône ; les Walkyries, vierges échevelées, suantes et malodorantes, galopaient de nuage en nuage, excitant les hommes par des clameurs farouches et se préparant à emporter les cadavres jetés comme des bissacs sur la croupe de leurs chevaux ailés.

Argensola interrompit cette tirade pour faire observer que l'orgueil allemand ne s'appuyait pas seulement sur cet inconscient paganisme, mais qu'il croyait avoir aussi pour lui le prestige de la science.

— Je sais, je sais ! répondit Tchernoff sans laisser à l'autre le temps de développer sa pensée. Les Allemands sont pour la science de laborieux manœuvres. Confinés chacun dans sa spécialité, ils ont la vue courte, mais le labeur tenace ; ils ne possèdent pas le génie créateur, mais ils savent tirer parti des découvertes d'autrui et s'enrichir par l'application industrielle des principes qu'eux-mêmes étaient incapables de mettre en lumière. Chez eux l'industrie l'emporte de beaucoup sur la science pure, l'âpre amour du gain sur la pure curiosité intellectuelle ; et c'est même la raison pour laquelle ils commettent si souvent de lourdes méprises et mêlent tant de charlatanisme à leur science. En Allemagne les grands noms deviennent des réclames commerciales, sont exploités comme des marques de fabrique. Les savants illustres se font hôteliers de sanatorium. Un *Herr Professor* annonce à l'univers qu'il vient de découvrir le traitement de la tuberculose, et cela n'empêche pas les tuberculeux de mourir comme auparavant. Un autre désigne par un chiffre le remède qui, assure-t-il, triomphe de la plus inavouable des maladies, et il n'y a pas un avarié de moins dans le monde. Mais ces lourdes erreurs représentent des fortunes considérables ; ces fausses panacées valent des millions à leur inventeur et à la société industrielle qui exploite le brevet, qui lance le produit sur le marché ; car ce produit se vend très cher, et il n'y a guère que les riches qui puissent en faire usage. Comme tout cela est loin du beau désintéressement d'un Pasteur et de tant d'autres savants qui, au lieu de se réserver le monopole de leurs découvertes, en ont fait largesse à l'humanité ! Pour ce qui concerne la science spéculative, les Allemands ne vivent guère que d'emprunts ; mais ils trouvent encore le moyen d'en tirer du bénéfice pour eux-mêmes. C'est Gobineau et Chamberlain, c'est-à-dire un Français et un Anglais, qui leur ont fourni les arguments théoriques par lesquels ils prétendent établir la supériorité de leur race ; c'est avec les résidus de la philosophie de Darwin et de Spencer que leur vieil Haeckel a confectionné le monisme, cette doctrine qui, appliquée à la politique, tend à consacrer scientifiquement l'orgueil allemand, et qui attribue aux Teutons le droit de dominer le monde parce qu'ils sont les plus forts.

— Il me paraît bien que vous avez raison, interrompit de nouveau Argensola. Mais pourtant la science moderne n'admet-elle pas, sous le nom de lutte pour la vie, ce droit de la force ?

— Non, mille fois non, lorsqu'il s'agit des sociétés humaines ! La lutte pour la vie et les cruautés qui lui font cortège sont peut-être, — et encore n'en suis-je pas bien sûr, — la loi d'évolution qui régit les espèces inférieures ; mais indubitablement ce n'est point la loi de l'espèce humaine. L'homme est un être de raison et de progrès, et son intelligence le rend capable de s'affranchir des fatalités du milieu, de substituer à la férocité de la concurrence vitale les principes de la justice et de la fraternité. Tout homme, riche ou pauvre, robuste ou débile, a le droit de vivre ; toute nation, vieille ou jeune, grande ou petite, a le droit d'exister et d'être libre. Mais la *Kultur* n'est que l'absolutisme oppressif d'un État qui organise et machinise les individus et les collectivités pour en faire les instruments de la mission de despotisme universel qu'il s'attribue sans autre titre que l'infatuation de son orgueil.

Ils étaient arrivés à la place de l'Étoile. L'Arc de Triomphe détachait sa masse sombre sur le ciel étoilé. Les avenues qui rayonnent autour du monument allongeaient à perte de vue leurs doubles files de lumières. Les becs de gaz voisins illuminaient les bases du gigantesque édifice et la partie inférieure de ses groupes sculptés ; mais, plus haut, les ombres épaissies faisaient la pierre toute noire.

– C'est très beau, dit Tchernoff. Toute une civilisation qui aime la paix et la douceur de la vie, a passé par là.

Quoique étranger, il n'en subissait pas moins l'attraction de ce monument vénérable, qui garde la gloire des ancêtres. Il ne voulait pas savoir qui l'avait édifié. Les hommes construisent, croyant concréter dans la pierre une idée particulière, qui flatte leur orgueil ; mais ensuite la postérité, dont les vues sont plus larges, change la signification de l'édifice, le dépouille de l'égoïsme primitif et en grandit le symbolisme. Les statues grecques, qui n'ont été à l'origine que de saintes images données aux sanctuaires par les dévôts de ce temps-là, sont devenues des modèles d'éternelle beauté. Le Colisée, énorme cirque construit pour des jeux sanguinaires, et les arcs élevés à la gloire de Césars ineptes, représentent aujourd'hui pour nous la grandeur romaine.

– L'Arc de Triomphe, reprit Tchernoff, a deux significations. Par les noms des batailles et des généraux gravés sur les surfaces intérieures de ses pilastres et de ses voûtes, il n'est que français et il prête à la critique. Mais extérieurement il ne porte aucun nom ; il a été élevé à la mémoire de la Grande Armée, et cette Grande Armée fut le peuple même, le peuple qui fit la plus juste des révolutions et qui la répandit par les armes dans l'Europe entière. Les guerriers de Rude qui entonnent la *Marseillaise* ne sont pas des soldats professionnels ; ce sont des citoyens armés qui partent pour un sublime et violent apostolat. Il y a là quelque chose de plus que la gloire étroite d'une seule nation. Voilà pourquoi je ne puis penser sans horreur au jour néfaste où a été profanée la majesté d'un tel monument. À l'endroit où nous sommes, des milliers de casques à pointe ont étincelé au soleil, des milliers de grosses bottes ont frappé le sol avec une régularité mécanique, des trompettes courtes, des fifres criards, des tambours plats ont troublé le silence de cet édifice ; la marche guerrière de *Lohengrin* a retenti dans l'avenue déserte, devant les maisons fermées. Ah ! s'ils revenaient, quel désastre ! L'autre fois, ils se sont contentés de cinq milliards et de deux provinces ; aujourd'hui, ce serait une calamité beaucoup plus terrible, non seulement pour les Français, mais pour tout ce qu'il y a de nations honnêtes dans le monde.

Ils traversèrent la place. Arrivés sous la voûte de l'Arc, ils se retournèrent pour regarder les Champs-Élysées. Ils ne voyaient qu'un large fleuve d'obscurité sur lequel flottaient des chapelets de petits feux rouges ou blancs, entre de hautes berges formées par les maisons construites en bordure. Mais, familiarisés avec le panorama, il leur semblait qu'ils voyaient, malgré les ténèbres, la pente majestueuse de l'avenue, la double rangée des palais qui la bordent, la place de la Concorde avec son obélisque, et, dans le fond, les arbres du jardin des Tuileries : toute la Voie triomphale.

Tchernoff, Argensola et Jules prirent par l'avenue Victor-Hugo pour rentrer chez eux. Sous le porche, le Russe, qui devait remonter chez lui par l'escalier de service, souhaita le bonsoir à ses compagnons ; mais Jules avait pris goût à l'éloquence un peu fantasque de cet homme, et il le pria de venir à l'atelier pour y poursuivre l'entretien. Argensola n'eut pas de peine à lui faire accepter cette invitation en parlant de déboucher une certaine bouteille de vin fin qu'il gardait dans le buffet de la cuisine. Ils montèrent donc tous les trois à l'atelier par l'ascenseur et s'installèrent autour d'une petite table, près du balcon aux fenêtres grandes ouvertes. Ils étaient dans la pénombre, le dos tourné à l'intérieur de la pièce, et un énorme rectangle de bleu sombre, criblé d'astres, surmontait les toits des maisons qu'ils avaient devant eux ; mais, dans la partie basse de ce rectangle, les lumières de la ville donnaient au ciel des teintes sanglantes.

Tchernoff but coup sur coup deux verres de vin, en témoignant par des claquements de langue son estime pour le cru. Pendant quelques minutes, la majesté de la nuit tint les trois hommes silencieux ; leurs regards, sautant d'étoile en étoile, joignaient ces points lumineux par des lignes idéales qui en faisaient des triangles, des quadrilatères, diverses figures géométriques d'une capricieuse irrégularité. Parfois la subite scintillation d'un astre accrochait leurs yeux et retenait leurs regards dans une fixité hypnotique. Enfin le Russe, sans sortir de sa contemplation, se versa un troisième verre de vin et dit :

— Que pense-t-on là-haut des terriens ? Les habitants de ces astres savent-ils qu'il a existé un Bismarck ? Connaissent-ils la mission divine de la race germanique ?

Et il se mit à rire. Puis, après avoir considéré encore pendant quelques instants cette sorte de brume rougeâtre qui s'étendait au-dessus des toits :

— Dans quelques heures, ajouta-t-il sans la moindre transition, lorsque le soleil se lèvera, on verra galoper à travers le monde les quatre cavaliers ennemis des hommes. Déjà les chevaux malfaisants piaffent, impatients de prendre leur course ; déjà les sinistres maîtres se concertent avant de sauter en selle.

— Et qui sont ces cavaliers ? demanda Jules.

— Ceux qui précèdent la Bête.

Cette réponse n'était pas plus intelligible que les paroles qui l'avaient précédée, et Jules pensa : « Il est gris. » Mais, par curiosité, il interrogea de nouveau :

— Et quelle est cette Bête ?

Le Russe parut surpris de la question. Il n'avait exprimé à haute voix que la fin de ses rêvasseries, et il croyait les avoir communiquées à ses compagnons depuis le début.

— C'est la Bête de l'Apocalypse, répondit-il.

Et d'abord il éprouva le besoin d'exprimer verbalement l'admiration que lui inspirait l'halluciné de Pathmos. À deux mille ans d'intervalle, le poète des visions grandioses et obscures exerçait encore de l'influence sur le révolutionnaire mystique, niché au plus haut étage d'une maison de Paris. Selon Tchernoff, il n'était rien que Jean n'eût pressenti, et ses délires, inintelligibles au vulgaire, contenaient la prophétique intuition de tous les grands événements humains.

Puis le Russe décrivit la Bête apocalyptique surgissant des profondeurs de la mer. Elle ressemblait à un léopard ; ses pieds étaient comme ceux d'un ours et sa gueule comme celle d'un lion ; elle avait sept têtes et dix cornes, et sur les cornes dix diadèmes, et sur chacune des sept têtes le nom d'un blasphème était écrit. L'évangéliste n'avait pas dit ces noms, peut-être parce qu'ils variaient selon les époques et changeaient à chaque millénaire, lorsque la Bête faisait une apparition nouvelle ; mais Tchernoff lisait sans peine ceux qui flamboyaient aujourd'hui sur les têtes du monstre : c'étaient des blasphèmes contre l'humanité, contre la justice, contre tout ce qui rend la vie tolérable et douce. C'étaient, par exemple, des maximes comme celle-ci :

« La force prime le droit. »

« Le faible n'a pas droit à l'existence. »

« Pour être grand il faut être dur. »

— Mais les quatre cavaliers ? interrompit Jules qui craignait de voir Tchernoff s'égarer dans de nouvelles digressions.

— Vous ne vous rappelez pas ce que représentent les cavaliers ? demanda le Russe.

Et, cette fois, il daigna rafraîchir la mémoire de ses auditeurs.

Un grand trône était dressé, et celui qui y était assis paraissait de jaspe, et un arc-en-ciel formait derrière sa tête comme un dais d'émeraude. Autour du trône, il y avait vingt-quatre autres trônes disposés en demi-cercle, et sur ces trônes vingt-quatre vieillards vêtus d'habillements blancs et couronnés de couronnes d'or. Quatre animaux énormes, couverts d'yeux et pourvus chacun de six ailes, gardaient le grand trône.

Et les sceaux du livre du mystère étaient rompus par l'agneau en présence de celui qui y était assis. Les trompettes sonnaient pour saluer la rupture du premier sceau ; l'un des animaux criait d'une voix tonnante au poète visionnaire : « Regarde ! » Et le premier cavalier apparaissait sur un cheval blanc, et ce cavalier tenait à la main un arc, et il avait sur la tête une couronne. Selon les uns c'était la Conquête, selon d'autres c'était la Peste, et rien n'empêchait que ce fût à la fois l'une et l'autre.

Au second sceau : « Regarde ! », criait le second animal en roulant ses yeux innombrables. Et du sceau rompu jaillissait un cheval roux, et le cavalier qui le montait brandissait au-dessus de sa tête une grande épée : c'était la Guerre. Devant son galop furieux la paix était bannie du monde et les hommes commençaient à s'exterminer.

Au troisième sceau : « Regarde ! », criait le troisième des animaux ailés. Et c'était un cheval noir qui s'élançait, et celui qui le montait tenait une balance à la main, pour peser les aliments des hommes : c'était la Famine.

Au quatrième sceau : « Regarde ! », criait le quatrième animal. Et c'était un cheval de couleur blême qui bondissait, et celui qui était monté dessus se nommait la Mort.

Et le pouvoir leur fut donné de faire périr les hommes par l'épée, par la faim, par la peste et par les bêtes sauvages.

Tchernoff décrivait ces quatre fléaux comme s'il les avait vus de ses yeux. Le cavalier du cheval blanc était vêtu d'un costume fastueux et barbare ; sa face d'Oriental se contractait atrocement, comme s'il se délectait à renifler l'odeur des victimes. Tandis que son cheval galopait, il tendait son arc pour décocher le fléau. Sur son épaule sautait un carquois de bronze plein de flèches empoisonnées par les germes de toutes les maladies.

Le cavalier du cheval roux brandissait son énorme espadon au-dessus de sa chevelure ébouriffée par la violence de la course ; il était jeune, mais ses sourcils contractés et sa bouche serrée lui donnaient une expression de férocité implacable. Ses vêtements, agités par l'impétuosité du galop, laissaient apercevoir une musculature athlétique.

Vieux, chauve et horriblement maigre, le troisième cavalier, à califourchon sur la coupante échine du cheval noir, pressait de ses cuisses décharnées les flancs maigres de l'animal et montrait l'instrument qui symbolise la nourriture devenue rare et achetée au poids de l'or.

Les genoux du quatrième cavalier, aigus comme des éperons, piquaient les flancs du cheval blême ; sa peau parcheminée laissait voir les saillies et les creux du squelette ; sa face de cadavre avait le rire sardonique de la destruction ; ses bras, minces comme des roseaux, maniaient une faux gigantesque ; à ses épaules anguleuses pendait un lambeau de suaire.

Et les quatre cavaliers entreprenaient une course folle, et leur funeste chevauchée passait comme un ouragan sur l'immense foule des humains. Le ciel obscurci prenait une lividité d'orage ; des monstres horribles et difformes volaient en spirales au-dessus de l'effroyable *fantasia* et lui faisaient une répugnante escorte. Hommes et femmes, jeunes et vieux fuyaient, se bousculaient, tombaient par terre dans toutes les attitudes de la peur, de l'étonnement, du désespoir ; et les quatre coursiers foulaient implacablement cette jonchée humaine sous les fers de leurs sabots.

– Mais vous allez voir, dit Tchernoff. J'ai un livre précieux où tout cela est figuré.

Et il se leva, sortit de l'atelier par une petite porte qui communiquait avec l'escalier de service, revint au bout de quelques minutes avec le livre. Ce volume, imprimé en 1511, avait pour titre : *Apocalypsis cum figuris*, et le texte latin était accompagné de gravures. Ces gravures étaient une œuvre de jeunesse exécutée par Albert Dürer, lorsqu'il n'avait que vingt-six ans. Et, à la clarté d'une lampe apportée par Argensola, ils contemplèrent l'estampe admirable qui représentait la course furieuse des quatre cavaliers de l'Apocalypse.

V

Perplexités et désarroi

Lorsque Marcel Desnoyers dut se convaincre que la guerre était inévitable, son premier mouvement fut de stupeur. L'humanité était donc devenue folle ? Comment une guerre était-elle possible avec tant de chemins de fer, tant de bateaux marchands, tant de machines industrielles, tant d'activité déployée à la surface et dans les entrailles de la terre ? Les nations allaient se ruiner pour toujours. Le capital était le maître du monde, et la guerre le tuerait ; mais elle-même ne tarderait pas à mourir, faute d'argent. L'âme de cet homme d'affaires s'indignait à penser qu'une absurde aventure dissiperait des centaines de milliards en fumée et en massacres.

D'ailleurs la guerre ne signifiait pour lui qu'un désastre à brève échéance. Il n'avait pas foi en son pays d'origine : la France avait fait son temps. Ceux qui triomphaient aujourd'hui, c'étaient les peuples du Nord, surtout cette Allemagne qu'il avait vue de près et dont il avait admiré la discipline et la rude organisation. Que pouvait faire une république corrompue et désorganisée contre l'empire le plus solide et le plus fort de la terre ? « Nous allons à la mort, pensait-il. Ce sera pis qu'en 1870. »

L'ordre et l'entrain avec lequel les Français accouraient aux armes et se convertissaient en soldats, l'étonnèrent prodigieusement et diminuèrent un peu son pessimisme. La masse de la population était bonne encore ; le peuple avait conservé sa valeur d'autrefois ; quarante-quatre ans de soucis et d'alarmes avaient fait refleurir les anciennes vertus. Mais les chefs ? Où étaient les chefs qui conduiraient les soldats à la victoire ?

Cette question, tout le monde se la posait. L'anonymat du régime démocratique et l'inaction de la paix avaient tenu le pays dans une complète ignorance des généraux qui commanderaient les armées. On voyait bien ces armées se former d'heure en heure, mais on ne savait à peu près rien du commandement. Puis un nom commença à courir de bouche en bouche : « Joffre... Joffre.... » Mais ce nom nouveau ne représentait rien pour ceux qui le prononçaient. Les premiers portraits du généralissime qui parurent aux vitrines des boutiques, attirèrent une foule curieuse. Marcel contempla longuement un de ces portraits et finit par se dire à lui-même : « Il a l'air d'un brave homme. »

Cependant les événements se précipitaient et, peu à peu, Marcel subit la contagion de l'enthousiasme populaire. Il vécut, lui aussi, dans la rue, attiré par le spectacle de la foule des civils saluant la foule des militaires qui se rendaient à leur poste.

Le soir, sur les boulevards, il assistait au passage des manifestations. Le drapeau tricolore ondulait à la lumière des lampes électriques ; sur la chaussée, la masse des gens s'ouvrait devant lui, en applaudissant et en poussant des vivats. Toute l'Europe, à l'exception des deux empires centraux, défilait à travers Paris ; toute l'Europe saluait spontanément de ses acclamations la France en péril. Les drapeaux des diverses nations déployaient dans l'air toutes les couleurs de l'arc-en-ciel, suivis par des Russes aux yeux clairs et mystiques, par des Anglais qui, tête découverte, entonnaient des chants d'une religieuse gravité, par des Grecs et des Roumains au profil aquilin, par des Scandinaves blancs et roses, par des Américains du Nord enflammés d'un enthousiasme un peu puéril, par des Juifs sans patrie, amis du pays des révolutions égalitaires, par des Italiens fiers comme un chœur de ténors héroïques, par des Espagnols et des Sud-Américains infatigables à crier bravo. Ces manifestants étrangers étaient, soit des étudiants et des ouvriers venus en France pour s'instruire dans les écoles et dans les fabriques, soit des fugitifs à qui Paris donnait l'hospitalité après qu'une guerre ou une révolution les avait chassés de chez eux. Les cris qu'ils poussaient n'avaient aucune signification officielle ; chacun de ces hommes agissait par élan personnel, par désir de témoigner son amour à la République. À ce spectacle le vieux Marcel éprouvait une irrésistible émotion et se disait que la France était donc encore quelque chose dans le monde, puisqu'elle continuait à exercer sur les autres peuples une influence morale et que ses joies ou ses douleurs intéressaient l'humanité tout entière.

Dans la journée, Marcel allait à la gare de l'Est. La foule des curieux se pressait contre les grilles, débordait et s'allongeait jusque dans les rues adjacentes. Cette gare, en passe d'acquérir l'importance d'un lieu historique, ressemblait un peu à un tunnel trop étroit où un fleuve aurait essayé de s'engouffrer avec de grands heurts et de grands remous. C'était de là qu'une partie de la France armée s'élançait vers les champs de bataille de la frontière. Par les diverses portes entraient des milliers et des milliers de cavaliers à la poitrine bardée de fer et à la tête casquée, rappelant les paladins du moyen âge ; d'énormes caisses qui servaient de cages aux condors de l'aéronautique ; des files de canons longs et minces, peints en gris, protégés par des plaques d'acier, plus semblables à des instruments astronomiques qu'à des outils de mort ; des multitudes et des multitudes de képis rouges, qui se mouvaient au rythme de la marche ; d'interminables rangées de fusils, les uns noirs et donnant l'idée de lugubres cannaies, les autres surmontés de claires baïonnettes et pareils à des champs d'épis radieux. Sur ces moissons d'acier les drapeaux des régiments palpitaient comme des oiseaux au plumage multicolore : le corps blanc, une aile bleue, une aile rouge, et la pique de la hampe pour bec de bronze.

Le matin du quatrième jour de la mobilisation, Marcel eut l'idée d'aller voir son menuisier Robert. C'était un robuste garçon qui, disait-il, « s'était émancipé de la tyrannie patronale » et qui travaillait chez lui. Une pièce en sous-sol lui servait à la fois de logis et d'atelier. Sa compagne, qu'il appelait « son associée », s'occupait du ménage et élevait un bambin sans cesse pendu à ses jupes. Marcel avait pris en amitié cet ouvrier habile, qui était venu souvent mettre en place, dans l'appartement de l'avenue Victor-Hugo, les nouvelles acquisitions faites à l'Hôtel des Ventes, et qui, pour l'arrangement des meubles, se prêtait de bonne grâce aux goûts changeants et aux caprices parfois un peu bizarres du millionnaire.

Dans le petit atelier, Marcel trouva son menuisier vêtu d'un veston et de larges pantalons de panne, chaussé de souliers à clous, et portant plusieurs petits drapeaux et cocardes piqués aux revers de son veston. Robert avait la casquette sur l'oreille et semblait prêt à partir.

— Vous venez trop tard, patron, dit l'ouvrier au visiteur. On va fermer la boutique. Le maître de ces lieux a été mobilisé, et dans quelques heures il sera incorporé à son régiment.

Ce disant, il montrait du doigt un papier manuscrit collé sur la porte, à l'instar des affiches imprimées mises aux devantures de nombreux établissements parisiens, pour annoncer que le patron et les employés avaient obéi à l'ordre de mobilisation.

Jamais il n'était venu à l'esprit de Marcel que son menuisier pût se transformer en soldat. Cet homme était rebelle à toute autorité ; il haïssait les *flics*, c'est-à-dire les policiers de Paris, et, dans toutes les émeutes, il avait échangé avec eux des coups de poing et des coups de canne. Le militarisme était sa bête noire ; dans les meetings tenus pour protester contre la servitude de la caserne, il avait figuré parmi les manifestants les plus tapageurs. Et c'était ce révolutionnaire qui partait pour la guerre avec la meilleure volonté du monde, sans qu'il lui en coûtât le moindre effort !

À la stupéfaction de Marcel, Robert parla du régiment avec enthousiasme.

— Je crois en mes idées comme auparavant, patron ; mais la guerre est la guerre et elle enseigne beaucoup de choses, entre autres celle-ci : que la liberté a besoin d'ordre et de commandement. Il est indispensable que quelqu'un dirige et que les autres obéissent ; qu'ils obéissent par volonté libre, par consentement réfléchi, mais qu'ils obéissent. Quand la guerre éclate, on voit les choses autrement que lorsqu'on est tranquille chez soi et qu'on vit à sa guise.

La nuit où Jaurès fut assassiné, il avait rugi de colère, déclarant que la matinée du lendemain vengerait cette mort. Il était allé trouver les membres de sa section, pour savoir ce qu'ils projetaient de faire contre les bourgeois. Mais la guerre était imminente et il y avait dans l'air quelque chose qui s'opposait aux luttes civiles, qui reléguait dans l'oubli les griefs particuliers, qui réconciliait toutes les âmes dans une aspiration commune. Aucun mouvement séditieux ne s'était produit.

– La semaine dernière, reprit-il, j'étais antimilitariste. Comme ça me paraît loin ! Certes je continue à aimer la paix, à exécrer la guerre, et tous les camarades pensent comme moi. Mais les Français n'ont provoqué personne, et on les menace, on veut les asservir. Devenons donc des bêtes féroces, puisqu'on nous y oblige, et, pour nous défendre, demeurons tous dans le rang, soumettons-nous tous à la consigne. La discipline n'est pas brouillée avec la Révolution. Souvenez-vous des armées de la première République : tous citoyens, les généraux comme les soldats ; et pourtant Hoche, Kléber et les autres étaient de rudes compères qui savaient commander et imposer l'obéissance. Nous allons faire la guerre à la guerre ; nous allons nous battre pour qu'ensuite on ne se batte plus.

Puis, comme si cette affirmation ne lui paraissait pas assez claire :

– Nous nous battrons pour l'avenir, insista-t-il, nous mourrons pour que nos petits-enfants ne connaissent plus une telle calamité. Si nos ennemis triomphaient, ce qui triompherait avec eux, ce serait le militarisme et l'esprit de conquête. Ils s'empareraient d'abord de l'Europe, puis du reste du monde. Plus tard, ceux qu'ils auraient dépouillés se soulèveraient contre eux, et ce seraient des guerres à n'en plus finir. Nous autres, nous ne songeons point à des conquêtes ; si nous désirons récupérer l'Alsace et la Lorraine, c'est parce qu'elles nous ont appartenu jadis et que leurs habitants veulent redevenir Français. Voilà tout. Nous n'imiterons pas nos ennemis ; nous n'essayerons pas de nous approprier des territoires ; nous ne compromettrons pas par nos convoitises la tranquillité du monde. L'expérience que nous avons faite avec Napoléon nous suffit, et nous n'avons aucune envie de recommencer l'aventure. Nous nous battrons pour notre sécurité et pour celle du monde, pour la sauvegarde des peuples faibles. S'il s'agissait d'une guerre d'agression, d'orgueil, de conquête, nous nous souviendrions de notre antimilitarisme ; mais il s'agit de nous défendre, et nos gouvernants sont innocents de ce qui se passe. On nous attaque ; notre devoir à tous est de marcher unis.

Robert, qui était anticlérical, montrait une tolérance, une largeur d'idées qui embrassait l'humanité tout entière. La veille, il avait rencontré à la mairie de son quartier un réserviste qui, incorporé dans le même régiment, allait partir avec lui, et un coup d'œil lui avait suffi pour reconnaître que c'était un curé.

— Moi, lui avait-il dit, je suis menuisier de mon état. Et vous, camarade... vous travaillez dans les églises ?

Il avait employé cet euphémisme pour que le prêtre ne pût attribuer à son interlocuteur quelque intention blessante. Et les deux hommes s'étaient serré la main.

— Je ne suis pas pour la calotte, expliqua Robert à Marcel Desnoyers. Depuis longtemps nous sommes en froid, Dieu et moi. Mais il y a de braves gens partout, et, dans un moment comme celui-ci, les braves gens doivent s'entendre. N'est-ce pas votre avis, patron ?

Ces propos rendirent Marcel pensif. Un homme comme cet ouvrier, qui n'avait aucun bien matériel à défendre et qui était l'adversaire des institutions existantes, allait gaillardement affronter la mort pour un idéal généreux et lointain ; et cet homme, en faisant cela, n'hésitait pas à sacrifier ses idées les plus chères, les convictions que jusqu'alors il avait caressées avec amour ; tandis que lui, le millionnaire, qui était un des privilégiés de la fortune et qui avait à défendre tant de biens précieux, ne savait que s'abandonner au doute et à la critique !...

Dans l'après-midi, Marcel rencontra son menuisier près de l'Arc de Triomphe. Robert faisait partie d'un groupe d'ouvriers qui semblaient être du même métier que lui, et ce groupe partait en compagnie de beaucoup d'autres qui représentaient à peu près toutes les classes de la société : des bourgeois bien vêtus, des jeunes gens fins et anémiques, des plumitifs à la face pâle et aux grosses lunettes, des prêtres jeunes qui souriaient avec une légère malice, comme s'ils se trouvaient compromis dans une escapade. À la tête de ce troupeau humain marchait un sergent ; à l'arrière-garde, plusieurs soldats, le fusil sur l'épaule. Un rugissement musical, une mélopée grave et menaçante s'élevait de cette phalange aux bras ballants, aux jambes qui s'ouvraient et se fermaient comme des compas. En avant les réservistes !

Robert entonnait avec énergie le refrain guerrier. En dépit de son vêtement de panne et de sa musette de toile, il avait le même aspect grandiose que les figures de Rude dans le bas-relief du Départ. Son « associée » et son petit garçon trottaient à côté de lui, pour lui faire la conduite jusqu'à la gare. Le châtelain suivit d'un œil respectueux cet homme qui lui paraissait extraordinairement grandi par le seul fait d'appartenir à ce torrent humain ; mais dans ce respect il y avait aussi quelque malaise, et, en regardant son menuisier, il éprouvait une sorte d'humiliation.

Marcel voyait tout son passé se dresser devant lui avec une netteté étrange, comme si une brise soudaine eût dissipé les brouillards qui jusqu'alors l'enveloppaient d'ombre. Cette terre de France, aujourd'hui menacée, était son pays natal. Quinze siècles d'histoire avaient travaillé pour son bien à lui, pour qu'en arrivant au monde il y jouît de commodités et de progrès que n'avaient point connus ses ancêtres. Maintes générations de Desnoyers avaient préparé l'avènement de Marcel Desnoyers à l'existence en bataillant sur cette terre, en la défendant contre les ennemis ; et c'était à cela qu'il devait le bonheur d'être né dans une patrie libre, d'appartenir à un peuple maître de ses destinées, à une famille affranchie de la servitude. Et, quand son tour était venu de continuer cet effort, quand ç'avait été à lui de procurer le même bien aux générations à venir, il s'était dérobé comme un débiteur qui refuse de payer sa dette. Tout homme qui naît a des obligations envers son pays, envers le groupe humain au milieu duquel il est né, et, le cas échéant, il a le devoir précis de s'acquitter de ces obligations avec ses bras et même par le sacrifice de sa personne. Or, en 1870, Marcel, au lieu de remplir son devoir de débiteur, avait pris la fuite, avait trahi sa nation et ses pères. Cela lui avait réussi, puisqu'il avait acquis des millions à l'étranger ; mais n'importe : il y a des fautes que les millions n'effacent pas, et l'inquiétude de sa conscience lui en donnait aujourd'hui la preuve. À la vue de tous ces Français qui se levaient en masse pour défendre leur patrie, il se sentait pris de honte ; devant les vétérans de 1870 qui montraient fièrement à leur boutonnière le ruban vert et noir et qui avaient sans doute participé aux privations du siège de Paris et aux défaites héroïques, il pâlissait. En vain cherchait-il des raisons pour apaiser son tourment intérieur ; en vain se disait-il que les deux époques étaient bien différentes, qu'en 1870 l'Empire était impopulaire, qu'alors la nation était divisée, que tout était perdu. Le souvenir d'un mot célèbre se représentait malgré lui à sa mémoire comme une obsession : « Il restait la France ! »

Un moment, l'idée lui vint de s'engager en qualité de volontaire et de partir comme son menuisier, la musette au flanc, mêlé à un peloton de futurs soldats. Mais quels services pourrait-il rendre ? Il avait beau être robuste encore ; il avait dépassé la soixantaine, et, pour être soldat, il faut être jeune. Tout le monde est capable de tirer un coup de fusil, et le courage ne lui manquait pas pour se battre ; mais le combat n'est qu'un incident de la lutte. Ce qu'il y a de pénible et d'accablant, ce sont les opérations qui précèdent le combat, les marches interminables, les rigueurs de la température, les nuits passées à la belle étoile, le labeur de remuer la terre, d'ouvrir les tranchées, de charger les chariots, de supporter la faim et la soif. Non, il était trop tard pour qu'il pût s'acquitter de sa dette de cette manière-là.

Et il n'avait pas même la douloureuse, mais noble satisfaction qu'ont les autres pères, trop vieux pour offrir leurs services personnels à la patrie, de lui donner leurs fils comme défenseurs. Son fils, à lui, n'était pas Français et n'avait pas à répondre de la dette paternelle. Marcel, ayant eu le tort de fonder sa famille à l'étranger, n'avait pas le droit, dans les présentes circonstances, de demander à Jules de faire ce que lui-même n'avait pas fait jadis. L'une des conséquences les plus pénibles de la faute ancienne était que le père et le fils fussent de nationalités différentes. Cela ne constituait-il pas en quelque sorte une seconde trahison et une récidive d'apostasie ?

Voilà pourquoi, les jours suivants, beaucoup de mobilisés pauvrement vêtus, qui se rendaient seuls aux gares, rencontrèrent un vieux monsieur qui les arrêtait avec timidité, qui leur glissait dans la main un billet de vingt francs et qui s'éloignait aussitôt, tandis qu'ils le regardaient avec des yeux ébahis. Des ouvrières en larmes, qui venaient de dire adieu à leurs hommes, virent le même vieux monsieur sourire aux petits enfants qui marchaient à côté d'elles, caresser les joues des bambins, puis s'en aller très vite en laissant dans la menotte d'un des marmots une pièce de cent sous.

Marcel, qui n'avait jamais fumé, se mit à fréquenter les débits de tabac. Il en sortait les mains et les poches pleines, pour combler de cigarettes et de cigares le premier soldat qu'il rencontrait. Quelquefois le favorisé souriait courtoisement, remerciait par une phrase qui dénotait l'éducation supérieure, et repassait le cadeau à un camarade dont la capote était aussi grossière et aussi mal coupée que la sienne. Le service obligatoire était cause de ces petites erreurs.

Pour se donner l'amère volupté d'aviver son remords, Marcel continuait à venir souvent rôder aux alentours de la gare de l'Est. Comme le gros des troupes opérait maintenant sur la frontière, ce n'étaient plus des bataillons entiers qui s'y embarquaient ; mais pourtant l'animation y était encore grande. Jour et nuit, quantité de soldats affluaient, soit isolément, soit par groupes : réservistes sans uniformes qui rejoignaient leurs régiments, officiers occupés jusqu'alors à l'organisation de l'arrière, compagnies armées qui allaient remplir les vides déjà ouverts par la mort.

Une fois, Marcel suivit longtemps des yeux un sous-lieutenant de réserve qui arrivait accompagné de son père. Les deux hommes s'arrêtèrent au barrage d'agents qui empêchait les civils d'entrer dans la gare. Le père avait à la boutonnière le ruban vert et noir, cette décoration que le millionnaire n'avait pas le droit de porter. C'était un vieillard grand, maigre, qui se tenait très droit et qui affectait la froideur impassible. Il dit seulement à son fils :

— Adieu, mon enfant. Porte-toi bien.

— Adieu, mon père.

Le jeune homme souriait comme un automate, et le vieillard évitait de le regarder. Après cet échange de mots insignifiants, le père tourna le dos ; puis, chancelant comme un homme ivre, il se réfugia au coin le plus obscur de la terrasse d'un petit café, où il cacha sa face dans ses mains pour dissimuler sa douleur. Et Marcel Desnoyers envia cette douleur.

Une autre fois, il vit une bande d'ouvriers mobilisés qui arrivaient en chantant, en se poussant, en montrant par l'exubérance de leur gaieté qu'ils avaient fait de trop fréquentes stations chez les marchands de vin. L'un d'eux tenait par la main une petite vieille qui marchait à côté de lui, sereine, les yeux secs, avec un visible effort pour paraître gaie. Mais, lorsqu'elle eut embrassé son garçon sans verser une larme, lorsqu'elle l'eut suivi des yeux à travers la vaste cour et vu disparaître avec les autres par les immenses portes vitrées de la gare, soudain sa physionomie changea comme si un masque eût été enlevé de son visage, une sauvage douleur succéda à la gaieté factice, et la malheureuse femme, se tournant du côté où elle croyait qu'était l'Allemagne, s'écria, les poings serrés, avec une fureur homicide :

— Ah ! brigand !... brigand !...

L'imprécation maternelle s'adressait au personnage dont elle avait vu le portrait dans les journaux illustrés : moustaches aux pointes insolentes, bouche à la denture de loup, sourire tel que dut l'avoir l'homme des cavernes préhistoriques. Et Marcel Desnoyers envia cette colère.

Depuis le rendez-vous donné à la Chapelle expiatoire, Jules n'avait pas revu Marguerite. Celle-ci lui avait écrit qu'elle ne pouvait abandonner sa mère un seul instant. La pauvre femme avait eu le cœur déchiré à l'idée du prochain départ de son fils, officier d'artillerie de réserve, qui devait rejoindre sa batterie d'un moment à l'autre. D'abord, lorsque la guerre était encore douteuse, elle avait beaucoup pleuré ; mais, une fois la catastrophe devenue certaine, elle avait séché ses pleurs, avait voulu, malgré le mauvais état de sa santé, préparer elle-même la cantine de son fils ; et, au moment de la séparation, elle s'était contentée de lui dire : « Adieu, mon enfant. Sois prudent, mais accomplis ton devoir. » Pas une larme, pas une défaillance. Marguerite avait accompagné son frère à la gare, et, lorsqu'elle était rentrée à la maison, elle avait trouvé la vieille mère assise dans son fauteuil, blême, farouche, évitant de parler de son propre fils, mais s'apitoyant sur ses amies dont les fils étaient partis à l'armée, comme si celles-là seulement connaissaient la torture du départ. Dans un post-scriptum, Marguerite promettait à Jules de lui donner un nouveau rendez-vous la semaine suivante.

En attendant, Jules fut d'une humeur détestable. À l'ennui de ne pas voir Marguerite s'ajoutait l'ennui de ne pouvoir, à cause du *moratorium*, toucher le chèque de quatre cent mille francs qu'il avait rapporté de l'Argentine. Possesseur de cette somme considérable, il était presque à court d'argent, puisque les banques refusaient de la lui payer. Quant à Argensola, il ne s'embarrassait guère de cette pénurie et savait trouver tout ce qu'il fallait pour les besoins du ménage. Son centre d'inépuisable ravitaillement était à l'avenue Victor-Hugo. La mère de Jules, – comme beaucoup d'autres maîtresses de maison, qui, en prévision d'un siège possible, dévalisaient les magasins de comestibles afin de se prémunir contre la disette future, – avait accumulé les approvisionnements pour des mois et des mois. C'était chez elle que le bohème allait se fournir de vivres : grandes boîtes de viande de conserve, pyramides de pots débordant de mangeaille, sacs gonflés de légumes secs. À chacune de ses visites, Argensola rapportait d'amples provisions de bouche et ne négligeait pas non plus de faire d'abondants emprunts à la cave de Marcel. Puis, quand il avait étalé sur une table de l'atelier les boîtes de viande, les pyramides de pots, les sacs de légumes qui constituaient la partie solide de son butin :

– *Ils* peuvent venir ! disait-il à Jules en lui faisant passer la revue de ces munitions de guerre. Nous sommes prêts à *les* recevoir.

Le soin d'augmenter le stock de vivres et la chasse aux nouvelles étaient les deux fonctions qui absorbaient tout le temps de l'aimable parasite. Chaque jour, il achetait dix, douze, quinze journaux : les uns, parce qu'ils étaient réactionnaires et que c'était un plaisir de voir enfin tous les Français unis ; les autres, parce qu'ils étaient radicaux et qu'à ce titre ils devaient être mieux informés des faits parvenus à la connaissance du Gouvernement. Ces feuilles paraissaient le matin, à midi, à trois heures, à cinq heures du soir. Une demi-heure de retard dans la publication inspirait de grandes espérances au public, qui s'imaginait alors trouver en « dernière heure » de stupéfiantes nouvelles. On s'arrachait les suppléments. Il n'était personne qui n'eût les poches bourrées de papiers et qui n'attendît avec impatience l'occasion de les emplir encore davantage. Et pourtant toutes ces feuilles disaient à peu près la même chose.

Argensola eut la sensation d'une âme neuve qui se formait en lui : âme simple, enthousiaste et crédule, capable d'admettre les bruits les plus invraisemblables ; et il devinait l'existence de cette même âme chez tous ceux qui l'entouraient. Par moments, son ancien esprit critique faisait mine de se cabrer ; mais le doute était repoussé aussitôt comme quelque chose de honteux. Il vivait dans un monde nouveau, et il lui semblait naturel qu'il y arrivât des prodiges. Il commentait avec une puérile allégresse les récits fantastiques des journaux : combats d'un peloton de Français ou de Belges contre des régiments entiers qui prenaient la fuite ; miracles accomplis par le canon de 75, un vrai joyau ; charges à la baïonnette, qui faisaient courir les Allemands comme des lièvres dès que les clairons avaient sonné ; inefficacité de l'artillerie ennemie, dont les obus n'éclataient pas. Il trouvait naturel et rationnel que la petite Belgique triomphât de la colossale Allemagne : c'était la répétition de la lutte de David et de Goliath, lutte rappelée par lui avec toutes les images et toutes les métaphores qui, depuis trente siècles, ont servi à décrire cette rencontre inégale. Il avait la mentalité d'un lecteur de romans de chevalerie, qui éprouve une déception lorsque le héros du livre ne pourfend pas cent ennemis d'un seul coup d'épée.

L'intervention de l'Angleterre lui fit imaginer un blocus qui réduirait soudain les empires du centre à une famine effroyable. La flotte tenait à peine la mer depuis dix jours, et déjà il se représentait l'Allemagne comme un groupe de naufragés mourant de faim sur un radeau. La France l'enthousiasmait, et cependant il avait plus de confiance encore dans la Russie. « Ah ! les cosaques ! » Il parlait d'eux comme d'amis intimes ; il décrivait le galop vertigineux de ces cavaliers non moins insaisissables que des fantômes, et si terribles que l'ennemi ne pouvait les regarder en face. Chez le concierge de la maison et dans plusieurs boutiques de la rue, on l'écoutait avec tout le respect dû à un étranger qui, en cette qualité, doit connaître mieux qu'un autre les choses étrangères.

– Les cosaques régleront les comptes de ces bandits, déclarait-il avec une imperturbable assurance. Avant un mois ils seront à Berlin.

Et les auditeurs, pour la plupart femmes, mères ou épouses de soldats partis à la guerre, approuvaient modestement, mus par l'irrésistible désir, commun à tous les hommes, de mettre leur espérance en quelque chose de lointain et de mystérieux. Les Français défendraient leur pays, reconquerraient même les territoires perdus ; mais ce seraient les cosaques qui porteraient aux ennemis le coup de grâce, ces cosaques dont tout le monde s'entretenait et que personne n'avait jamais vus.

Quant à Jules, il attendait toujours le rendez-vous promis par Marguerite. Elle le lui donna enfin au jardin du Trocadéro. Ce qui frappa l'amoureux, après les premières paroles échangées, ce fut de voir à Marguerite une sorte de distraction persistante. Elle parlait avec lenteur et s'arrêtait quelquefois au milieu d'une phrase, comme si son esprit était préoccupé d'autre chose que de ce qu'elle disait. Pressée par les questions de Jules, qui s'étonnait et s'irritait même un peu de ces absences passagères, elle se décida enfin à répondre :

— C'est plus fort que moi. Depuis que j'ai reconduit mon frère à la gare, un souvenir me hante. Je m'étais bien promis de ne pas t'ennuyer avec cette histoire ; mais il m'est impossible de la chasser de mon esprit. Plus je m'efforce de n'y point penser, plus j'y pense.

Sur l'invitation de Jules, qui, à vrai dire, aurait mieux aimé causer d'autre chose, mais qui pourtant comprenait et excusait cette obsession, elle lui fit le récit du départ de l'officier d'artillerie. Elle avait accompagné son frère jusqu'à la gare de l'Est, et elle avait été obligée de prendre congé de lui à la porte extérieure, parce que les sentinelles interdisaient au public d'aller plus loin. Là, elle avait eu le cœur serré d'une extraordinaire angoisse, mais aussi d'un noble orgueil. Jamais elle n'aurait cru qu'elle aimât tant son frère.

— Il était si beau dans son uniforme de lieutenant ! ajouta-t-elle. J'étais si fière de l'accompagner, si fière de lui donner le bras. Il me paraissait un héros.

Cela dit, elle se tut, de l'air de quelqu'un qui aurait encore quelque chose à dire, mais qui craindrait de parler ; et finalement elle se décida à continuer son récit. Au moment où elle donnait à son frère un dernier baiser, elle avait eu une grande surprise et une grande émotion. Elle avait aperçu son mari Laurier, habillé, lui aussi, en officier d'artillerie, qui arrivait avec un homme de peine portant sa valise.

— Laurier soldat ? interrompit Jules d'une voix sarcastique. Le pauvre diable ! Quel aspect ridicule il devait avoir !

Cette ironie avait quelque chose de lâche, dont il sentit lui-même l'inconvenance à l'égard d'un homme qui accomplissait son devoir de citoyen ; mais il était irrité de ce que Marguerite parlait de son mari sans aigreur. Elle hésita une seconde à répondre ; puis l'instinct de sincérité fut le plus fort, et elle dit :

– Non, il n'avait pas mauvaise apparence.... Il n'était plus le même, et d'abord je ne le reconnaissais point.... Il fit quelques pas vers mon frère pour le saluer ; mais, quand il me vit, il continua son chemin en détournant les yeux.... Il est parti seul, sans qu'une main amie ait serré la sienne.... Je ne puis m'empêcher d'avoir pitié de lui....

Son instinct féminin l'avertit sans doute qu'elle avait trop parlé, et elle changea brusquement de conversation.

– Quel bonheur, ajouta-t-elle, que tu sois étranger ! Toi, tu n'es pas obligé d'aller à la guerre. La seule idée de te perdre me donne le frisson....

Elle avait dit cela sincèrement, sans prendre garde que, tout à l'heure, elle exprimait une tendre admiration pour son frère devenu soldat. Jules fut blessé de cette contradiction et accueillit avec mauvaise humeur ce témoignage d'amour. Elle le considérait donc comme un être délicat et fragile, qui n'était bon qu'à être adoré par les femmes ? Il sentit qu'entre Marguerite et lui s'était interposé quelque chose qui les séparait l'un de l'autre et qui deviendrait vite un obstacle insurmontable. Tous deux éprouvèrent une gêne, et spontanément, sans protestation et sans regret, ils abrégèrent l'entrevue.

À un autre rendez-vous, elle lui fit part d'une nouvelle assez étrange. Désormais, ils ne pourraient plus se voir que le dimanche, parce qu'en semaine elle serait obligée d'assister à ses cours.

– À tes cours ? lui demanda Jules, étonné. Quelles savantes études as-tu donc entreprises ?

Ce ton moqueur agaça la jeune femme qui répondit vivement :

— J'étudie pour être infirmière. J'ai commencé lundi dernier. On a organisé un enseignement pour les dames et les jeunes filles. Je souffrais d'être inutile ; j'ai voulu devenir bonne à quelque chose.... Permets-tu que je te dise toute ma pensée ? Eh bien, jusqu'à présent, j'ai mené une vie qui ne servait à rien, ni aux autres ni à moi-même. La guerre a changé mes sentiments. Il me semble que c'est un devoir pour chacun de se rendre utile à ses semblables et que, surtout dans des circonstances comme celles-ci, on n'a plus le droit de songer à ses propres jouissances.

Jules regarda Marguerite avec stupeur. Quel travail mystérieux avait bien pu s'accomplir dans cette petite tête qui jusqu'alors ne s'était occupée que d'élégances et de plaisirs ? D'ailleurs, la gravité de la situation n'avait pas détruit l'aimable coquetterie chez la jeune femme, qui ajouta en riant :

— Et puis, tu sais, le costume des infirmières est délicieux : la robe toute blanche, le bonnet qui laisse voir les boucles de la chevelure, la cape bleue qui contraste gentiment avec la blancheur de la robe. Un costume qui tient à la fois de la religieuse et de la grande dame. Tu verras comme je serai jolie !

Mais, après ce bref retour de frivolité mondaine, elle exprima de nouveau les idées généreuses qui avaient fleuri dans son âme légère et charmante. Elle éprouvait un besoin de sacrifice ; elle avait hâte de connaître de près les souffrances des humbles, de prendre sa part de toutes les misères de la chair malade. La seule chose dont elle avait peur, c'était que le sang-froid vînt à lui manquer, lorsqu'elle aurait à mettre en pratique ses connaissances d'infirmière. La vue du sang, la mauvaise odeur des blessures, le pus des plaies ouvertes ne lui soulèveraient-ils pas le cœur ? Mais non ! Le temps était passé d'avoir des répugnances de femmelette ; aujourd'hui le courage s'imposait à tout le monde. Elle serait un soldat en jupons ; elle oserait regarder la douleur en face ; elle mettrait son bonheur et son honneur à défendre contre la mort les pauvres victimes de la guerre. S'il le fallait, elle irait jusque sur les champs de bataille, et elle aurait la force d'y charger un blessé sur ses épaules pour le rapporter à l'ambulance.

Jules ne la reconnaissait plus. Était-ce vraiment Marguerite qui parlait ainsi ? Cette femme qui jusqu'alors avait eu en horreur d'accomplir le moindre effort physique, se préparait maintenant avec une frémissante ardeur aux besognes les plus rudes, se croyait assez forte pour vaincre tous les dégoûts qu'inspirent inévitablement les pestilences des hôpitaux, ne s'effrayait pas à l'idée d'aller aux premières lignes avec les combattants et d'y affronter la mort.

À un troisième rendez-vous, elle lut à Jules une lettre que son frère lui avait envoyée des Vosges. Il y parlait de Laurier plus que de lui-même. Les deux officiers appartenaient à des batteries différentes ; mais ces batteries étaient de la même division, et ils avaient pris part ensemble à plusieurs combats. Le frère de Marguerite ne cachait pas l'admiration qu'il ressentait pour son beau-frère. Cet ingénieur tranquille et taciturne avait vraiment l'étoffe d'un héros ; tous les officiers qui avaient vu Laurier à l'œuvre avaient de lui la même opinion. Cet homme affrontait la mort avec autant de calme que s'il eût été à diriger encore sa fabrique des environs de Paris ; il réclamait toujours le poste le plus dangereux, celui d'observateur, et il se glissait le plus près possible des positions ennemies, afin de surveiller et de rectifier l'exactitude du tir. Jeudi dernier, un obus allemand avait démoli la maison sous le toit de laquelle il se cachait ; sorti indemne d'entre les décombres, il avait aussitôt rajusté son téléphone et s'était installé tranquillement dans les branches d'un arbre, pour continuer son service. Sa batterie, découverte par les aéroplanes ennemis au cours d'un combat défavorable, avait reçu les feux concentrés de l'artillerie adverse, et un quart d'heure avait suffi pour que la plus grande partie du personnel fût mise hors de combat : le capitaine et plusieurs servants tués, les autres officiers et presque tous les hommes blessés. Alors Laurier, prenant le commandement sous une pluie de mitraille, avait continué le feu avec quelques artilleurs encore valides et avait réussi à couvrir la retraite d'un bataillon. Deux fois déjà il avait été cité à l'ordre du jour, et il obtiendrait bientôt la croix de la légion d'honneur.

Ce chaleureux éloge de Laurier ne fut pas du goût de Jules, qui pourtant, cette fois, eut le bon goût de s'abstenir de toute protestation, mais qui fit involontairement la grimace. Marguerite surprit cette expression fugitive de mécontentement et crut devoir réparer son imprudence.

— Tu n'es pas fâché que je t'aie lu cette lettre ? demanda-t-elle. Si je te l'ai lue, c'est parce que je ne veux rien te cacher. Je ne comprends pas ta mine jalouse. Tu sais bien que je n'aime pas, que je n'ai jamais aimé mon mari. Est-ce une raison pour ne point lui rendre justice ? Je me réjouis de ses prouesses comme si c'étaient celles d'un ami de ma famille, d'un monsieur que j'aurais connu dans le monde. Tu te fais tort à toi-même, si tu supposes qu'une femme peut hésiter entre lui et toi. Toi, tu es ma vie, mon bonheur, et je rends grâces à Dieu de n'avoir pas à craindre de te perdre. Quelle joie de penser que la guerre ne t'enlèvera pas à mon amour !

Elle lui avait déjà dit cela à un rendez-vous précédent, et, chaque fois qu'elle le lui disait, il en ressentait une secrète atteinte. Puisqu'elle admirait ouvertement le courage de son frère et de son mari, puisqu'elle-même était résolue à prendre en femme vaillante sa part des fatigues et des dangers de la guerre, n'y avait-il pas une nuance de mépris inconscient dans cet amour qui se félicitait de l'oisive sécurité de l'aimé ?

Le lendemain, il dit à Argensola, qui n'ignorait rien de sa liaison avec Marguerite :

— Il me semble que nous sommes dans une situation fausse, sans que je discerne clairement la raison de notre mésintelligence. A-t-elle recommencé à aimer son mari sans le savoir elle-même ? Peut-être. Mais ce qui est certain, c'est qu'elle ne m'aime plus comme auparavant.

Cependant la guerre avait allongé ses tentacules jusqu'à l'avenue Victor-Hugo.

— J'ai l'Allemagne à la maison ! grommelait Marcel Desnoyers, d'un air morose.

L'Allemagne, c'était sa belle-sœur Héléna von Hartrott. Pourquoi n'était-elle pas retournée à Berlin avec son fils, le pédant professeur Julius ? À présent les frontières étaient fermées, et il n'y avait plus moyen de se débarrasser d'elle.

L'une des raisons qui rendaient pénible à Marcel la présence d'Héléna, c'était la nationalité de cette femme. Sans doute elle était argentine de naissance ; mais elle était devenue allemande par son mariage. Or le patriotisme français, surexcité par les événements, faisait la chasse aux espions avec une ardeur infatigable ; et, quoique la dolente et crédule « romantique » ne pût en aucune façon être soupçonnée d'espionnage, Marcel craignait beaucoup de la voir enfermée par l'autorité militaire dans un camp de concentration et d'être accusé lui-même de donner asile à des sujets ennemis.

Héléna semblait ne pas comprendre très bien la fausseté de sa situation et les sentiments de son beau-frère. Dans les premiers jours, alors que Marcel était encore pessimiste, elle avait pu faire ouvertement devant lui l'éloge de l'Allemagne sans qu'il s'en offusquât, puisqu'il était à peu près du même avis qu'elle. Mais, lorsque la contagion de l'enthousiasme public eut réveillé en lui l'amour de la France et le remords de la faute ancienne, l'attitude d'Héléna lui devint insupportable.

Au déjeuner ou au dîner, après avoir décrit avec une éloquence lyrique le départ des troupes et les scènes émouvantes dont il avait été le témoin, il s'écriait en agitant sa serviette :

— Ce n'est plus comme en 1870 ! Les troupes françaises sont déjà entrées victorieusement en Alsace. L'heure approche où les hordes teutonnes seront rejetées sur l'autre rive du Rhin.

Alors Héléna prenait une mine boudeuse, pinçait les lèvres et levait les yeux au plafond, pour protester silencieusement contre de si grossières erreurs. Puis, sans mot dire, elle se retirait dans sa chambre où la bonne

Luisa la suivait, pour la consoler de l'ennui qu'elle venait d'avoir. Mais Héléna ne se croyait pas tenue d'observer avec sa sœur la même réserve qu'avec Marcel, et elle se dédommageait du mutisme qu'elle s'était imposé à table en pérorant sur les forces colossales de l'Allemagne, sur les millions d'hommes et les milliers de canons que les Empires centraux emploieraient contre l'Entente, sur les mortiers gros comme des tours, qui auraient vite fait de réduire en poussière les fortifications de Paris.

– Les Français, concluait-elle, ignorent ce qu'ils ont devant eux. Il suffira aux Allemands de quelques semaines pour les anéantir.

Lorsque les armées allemandes eurent envahi la Belgique, ce crime arracha au vieux Desnoyers des cris d'indignation. Selon lui, c'était la trahison la plus inouïe qui eût été enregistrée par l'histoire. Quand il se souvenait que, dans les premiers jours, il avait rejeté sur les patriotes exaltés de son propre pays la responsabilité de la guerre, il avait honte de son injuste erreur. Ah ! quelle perfidie méthodiquement préparée pendant des années ! Les récits de pillages, d'incendies, de massacres le faisaient frémir et grincer des dents. Toutes ces horreurs d'une guerre d'épouvante appelaient vengeance, et il affirmait avec force que la vengeance ne manquerait pas. L'atrocité même des événements lui inspirait un étrange optimisme, fondé sur la foi instinctive en la justice. Il n'était pas possible que de telles horreurs demeurassent impunies.

– L'invasion de la Belgique est une abominable félonie, disait-il, et toujours une félonie a disqualifié son auteur.

Il disait cela avec conviction, comme si la guerre était un duel où le traître, mis au ban des honnêtes gens, se voit dans l'impossibilité de continuer ses forfaits.

L'héroïque résistance des Belges le confirma dans ses chimères et lui inspira de vaines espérances. Les Belges lui parurent des hommes surnaturels, destinés aux plus merveilleuses prouesses. Pendant quelques jours, Liège fut pour lui une ville sainte contre les remparts de laquelle se briserait toute la puissance germanique. Puis, quand Liège eut succombé, sa foi inébranlable s'accrocha à une autre illusion : il y avait dans l'intérieur du pays beaucoup de Lièges ; les Allemands pouvaient avancer ; la difficulté serait pour eux de sortir. La reddition de Bruxelles ne lui donna aucune inquiétude : c'était une ville ouverte dont l'abandon était prévu, et les Belges n'en défendraient que mieux Anvers. L'avance des Allemands vers la frontière française ne l'alarma pas davantage : l'envahisseur trouverait bientôt à qui parler. Les armées françaises étaient dans l'Est, c'est-à-dire à l'endroit où elles devaient être, sur la véritable frontière, à la porte de la maison. Mais cet ennemi lâche et perfide, au lieu d'attaquer de face, avait attaqué par derrière en escaladant les murs comme un voleur. Infâme traîtrise qui ne lui servirait à rien : car Joffre saurait lui barrer le passage. Déjà quelques troupes avaient été envoyées au secours de la Belgique, et elles auraient vite fait de régler le compte des Allemands. On les écraserait, ces bandits, pour qu'il ne leur fût plus possible de troubler la paix du monde, et leur empereur aux moustaches en pointe, on l'exposerait dans une cage sur la place de la Concorde.

Chichi, encouragée par les propos paternels, renchérissait encore sur cet optimisme puéril. Une ardeur belliqueuse s'était emparée d'elle. Ah ! si les femmes pouvaient aller à la guerre ! Elle se voyait dans un régiment de dragons, chargeant l'ennemi en compagnie d'autres amazones aussi hardies et aussi belles qu'elle-même. Ou encore elle se figurait être un de ces chasseurs alpins qui, la carabine en bandoulière et l'alpenstock au poing, glissaient sur leurs longs skis dans les neiges des Vosges. Mais ensuite elle ne voulait plus être ni dragon, ni chasseur alpin ; elle voulait être une de ces femmes héroïques qui ont tué pour accomplir une œuvre de salut. Elle rêvait qu'elle rencontrait le Kaiser seul à seule, qu'elle lui plantait dans la poitrine une petite dague à poignée d'argent et à fourreau ciselé, cadeau de son grand-père ; et, cela fait, il lui semblait qu'elle entendait l'énorme soupir des millions de femmes délivrées par elle de cet abominable cauchemar. Sa furie vengeresse ne s'arrêtait pas en si beau chemin ; elle poignardait aussi le Kronprinz ; elle poignardait les généraux et les amiraux ; elle aurait volontiers poignardé ses cousins les Hartrott : car ils étaient du côté des agresseurs, et, à ce titre, ils ne méritaient aucune pitié.

– Tais-toi donc ! lui disait sa mère. Tu es folle. Comment une jeune fille bien élevée peut-elle dire de pareilles sottises ?

Lorsque le fiancé de Chichi, René Lacour, se présenta pour la première fois devant elle en uniforme, le lendemain du jour où il avait été mobilisé, elle lui fit un accueil enthousiaste, l'appela « son petit soldat de sucre » ; et, les jours suivants, elle fut fière de sortir dans la rue en compagnie de ce guerrier dont l'aspect était pourtant assez peu martial. Grand et blond, doux et souriant, René avait dans toute sa personne une délicatesse quasi féminine, à laquelle l'habit militaire donnait un faux air de travesti. Par le fait, il n'était soldat qu'à moitié : car son illustre père, craignant que la guerre n'éteignît à jamais la dynastie des Lacour, si précieuse pour l'État, l'avait fait verser dans les services auxiliaires. En sa qualité d'élève de l'École centrale, René aurait pu être nommé sous-lieutenant ; mais alors il aurait été obligé d'aller au front. Comme auxiliaire, il ne pouvait prétendre qu'au modeste titre de simple soldat et n'avait à s'acquitter que de vulgaires besognes d'intendance, par exemple de compter des pains ou de mettre en paquet des capotes ; mais il ne sortirait pas de Paris.

Un jour, Marcel Desnoyers put apprécier à Paris même les horreurs de la guerre. Trois mille fugitifs belges étaient logés provisoirement dans un cirque, en attendant qu'on les envoyât dans les départements. Il alla les voir.

Le vestibule était encore tapissé des affiches des dernières représentations données avant la guerre ; mais, dès que Marcel eut franchi la porte, il fut pris aux narines par un miasme de foule malade et misérable : à peu près l'odeur infecte que l'on respire dans un bagne ou dans un hôpital pauvre. Les gens qu'il trouva là semblaient affolés ou hébétés par la souffrance. L'affreux spectacle de l'invasion persistait dans leur mémoire, l'occupait tout entière, n'y laissait aucune place pour les événements qui avaient suivi. Ils croyaient voir encore l'irruption des hommes casqués dans leurs villages paisibles, les maisons flambant tout à coup, la soldatesque tirant sur les fuyards, les enfants aux poignets coupés, les femmes agonisant sous la brutalité des outrages, les nourrissons déchiquetés à coups de sabre dans leurs berceaux, les mères aux entrailles ouvertes, tous les sadismes de la bête humaine excitée par l'alcool et sûre de l'impunité. Quelques octogénaires racontaient, les larmes aux yeux, comment les soldats d'un peuple qui se prétend civilisé coupaient les seins des femmes pour les clouer aux portes, promenaient en guise de trophée un nouveau-né embroché à une baïonnette, fusillaient les vieux dans le fauteuil où leur vieillesse impotente les retenait immobiles, après les avoir torturés par de burlesques supplices.

Ils s'étaient sauvés sans savoir où ils allaient, poursuivis par l'incendie et la mitraille, fous de terreur, de la même manière qu'au moyen âge les populations fuyaient devant les hordes des Huns et des Mongols ; et cet exode lamentable, ils l'avaient accompli au milieu de la nature en fête, dans le mois le plus riant de l'année, alors que la terre était dorée d'épis, alors que le ciel d'août resplendissait de joyeuse lumière et que les oiseaux célébraient par l'allégresse de leurs chants l'opulence des moissons. L'aspect des fugitifs entassés dans ce cirque portait témoignage contre l'atrocité du crime commis. Les bébés gémissaient comme des agneaux qui bêlent ; les hommes regardaient autour d'eux d'un air égaré ; quelques femmes hurlaient comme des démentes. Dans la confusion de la fuite, les familles s'étaient dispersées. Une mère de cinq petits n'en avait plus qu'un. Des pères, demeurés seuls, pensaient avec angoisse à leur femme et à leurs enfants disparus. Les retrouveraient-ils jamais ? Ces malheureux n'étaient-ils pas morts de fatigue et de faim ?

Ce soir-là, Marcel, encore tout ému de ce qu'il venait de voir, ne put s'empêcher de prononcer contre l'empereur Guillaume des paroles véhémentes qui, à la grande surprise de tout le monde, firent sortir Héléna de son mutisme.

– L'Empereur est un homme excellent et chevaleresque, déclara-t-elle. Il n'est coupable de rien, lui. Ce sont ses ennemis qui l'ont provoqué.

Alors Marcel s'emporta, maudit l'hypocrite Kaiser, souhaita l'extermination de tous les bandits qui venaient d'incendier Louvain, de martyriser des vieillards, des femmes et des enfants. Sur quoi, Héléna fondit en larmes.

— Tu oublies donc, gémit-elle d'une voix entrecoupée par les sanglots, tu oublies donc que je suis mère et que mes fils sont du nombre de ceux sur qui tu appelles la mort !

Ces mots firent mesurer soudain à Marcel la largeur de l'abîme qui le séparait de cette femme, et, dans son for intérieur, il pesta contre la destinée qui l'obligeait à la garder sous son toit. Mais comme, au fond, il avait bon cœur et ne trouvait aucun plaisir à molester inutilement les personnes de son entourage :

— C'est bien, répondit-il. Je croyais les victimes plus dignes de pitié que les bourreaux. Mais ne parlons plus de cela. Nous n'arriverons jamais à nous entendre.

Et désormais il se fit une règle de ne rien dire de la guerre en présence de sa belle-sœur.

Cependant la guerre avait réveillé le sentiment religieux chez nombre de personnes qui depuis longtemps n'avaient pas mis les pieds dans une église, et elle exaltait surtout la dévotion des femmes. Luisa ne se contentait plus d'entrer chaque matin, comme d'habitude, à Saint-Honoré d'Eylau, sa paroisse. Avant même de lire dans les journaux les dépêches du front, elle y cherchait un autre renseignement : Où irait aujourd'hui Monseigneur Amette ? Et elle s'en allait jusqu'à la Madeleine, jusqu'à Notre-Dame, jusqu'au lointain Sacré-Cœur, en haut de la butte Montmartre ; puis, sous les voûtes du temple honoré de la visite de l'archevêque, elle unissait sa voix au chœur qui implorait une intervention divine : « Seigneur, sauvez la France ! »

Sur le maître-autel de toutes les églises figuraient, assemblés en faisceaux, les drapeaux de la France et des nations alliées. Les nefs étaient pleines de fidèles, et la foule pieuse ne se composait pas uniquement de femmes : il y avait aussi des hommes d'âge, debout, graves, qui remuaient les lèvres et fixaient sur le tabernacle des yeux humides où se reflétaient, pareilles à des étoiles perdues, les flammes des cierges. C'étaient des pères qui, en pensant à leurs fils envoyés sur le front, se rappelaient les prières de leur enfance. Jusqu'alors la plupart d'entre eux avaient été indifférents en matière religieuse ; mais, dans ces conjonctures tragiques, il leur avait semblé tout à coup que la foi, qu'ils ne possédaient point, était un bien et une force, et ils balbutiaient de vagues oraisons, dont les paroles étaient incohérentes et presque dépourvues de sens, à l'intention des êtres chers qui luttaient pour l'éternelle justice. Les cérémonies religieuses devenaient aussi passionnées que des assemblées populaires ; les prédicateurs étaient des tribuns, et parfois l'enthousiasme patriotique coupait d'applaudissements les sermons. Quand Luisa revenait de l'office, elle était palpitante de foi et espérait du ciel un miracle semblable à celui par lequel sainte Geneviève avait chassé loin de Paris les hordes d'Attila.

Dans les grandes circonstances, lorsque Luisa insistait pour emmener sa sœur dans ces dévotes excursions, Héléna courait avec elle aux quatre coins de Paris. Mais, si aucun office extraordinaire n'était annoncé, la « romantique », plus terre-à-terre en cela que l'autre, préférait aller tout simplement à Saint-Honoré d'Eylau. Là, elle rencontrait parmi les habitués beaucoup de personnes originaires des diverses républiques du Nouveau Monde, gens riches qui, après fortune faite, étaient venus manger leurs rentes à Paris et s'étaient installés dans le quartier de l'Étoile, cher aux cosmopolites. Elle avait lié connaissance avec plusieurs de ces personnes, ce qui lui procurait le vif plaisir d'échanger force saluts lorsqu'elle arrivait, et, à la sortie, d'engager sur le parvis de longues conversations où elle recueillait une infinité de nouvelles vraies ou fausses sur la guerre et sur cent autres choses.

Bientôt des jours vinrent où, à en juger d'après les apparences, il ne se passait plus rien d'extraordinaire. On ne trouvait dans les journaux que des anecdotes destinées à entretenir la confiance du public, et aucun renseignement positif n'y était publié. Les communiqués du Gouvernement n'étaient que de la rhétorique vague et sonore.

Ce manque de nouvelles coïncida avec une subite agitation de la belle-sœur. Héléna s'absentait chaque après-midi, quelquefois même dans la matinée, et elle ne manquait jamais de rapporter à la maison des nouvelles alarmantes qu'elle semblait se faire un malin plaisir de communiquer sournoisement à ses hôtes, non comme des vérités certaines, mais comme des bruits répandus. *On disait* que les Français avaient été défaits simultanément en Lorraine et en Belgique ; *on disait* qu'un corps de l'armée française s'était débandé ; *on disait* que les Allemands avaient fait beaucoup de prisonniers et enlevé beaucoup de canons. Quoique Marcel eût entendu lui-même dire quelque chose d'approchant, il affectait de n'en rien croire, protestait qu'à tout le moins il y avait dans ces bruits beaucoup d'exagération.

– C'est possible, répliquait doucement l'agaçante Héléna. Mais je vous répète ce que m'ont dit des personnes que je crois bien informées.

Au fond, Marcel commençait à être très inquiet, et son instinct d'homme pratique lui faisait deviner un péril. « Il y a quelque chose qui ne marche pas », pensait-il, soucieux.

La chute du ministère et la constitution d'un Gouvernement de défense nationale lui démontra la gravité de la situation. Alors il alla voir le sénateur Lacour. Celui-ci connaissait tous les ministres, et personne n'était mieux renseigné que lui.

– Oui, mon ami, répondit le personnage aux questions anxieuses de Marcel, nous avons subi de gros échecs à Morhange et à Charleroi, c'est-à-dire à l'Est et au Nord. Les Allemands vont envahir le territoire de la France. Mais notre armée est intacte et se retire en bon ordre. La fortune peut changer encore. C'est un grand malheur ; néanmoins tout n'est pas perdu.

On poussait activement – un peu tard ! – les préparatifs de la défense de Paris. Les forts s'armaient de nouveaux canons ; dans la zone de tir, les pioches des démolisseurs faisaient disparaître les maisonnettes élevées durant les années de paix ; les ormes des avenues extérieures tombaient sous la hache, pour élargir l'horizon ; des barricades de sacs de terre et de troncs d'arbres obstruaient les portes des remparts. Beaucoup de curieux allaient dans la banlieue admirer les tranchées récemment ouvertes et les barrages de fils de fer barbelés. Le Bois de Boulogne s'emplissait de troupeaux, et, autour des montagnes de fourrage sec, bœufs et brebis se groupaient sur les prairies de fin gazon. Le souci d'avoir des approvisionnements suffisants inquiétait une population qui gardait vif encore le souvenir des misères souffertes en 1870. D'une nuit à l'autre, l'éclairage des rues diminuait ; mais, en compensation, le ciel était continuellement rayé par les jets lumineux des réflecteurs. La crainte d'une agression aérienne augmentait encore l'anxiété publique ; les gens peureux parlaient des *zeppelins*, et, comme on exagère toujours les dangers inconnus, on attribuait à ces engins de guerre une puissance formidable.

Luisa, naturellement timide, était affolée par les entretiens particuliers qu'elle avait avec sa sœur, et elle étourdissait de ses émois son mari qui ne réussissait pas à l'apaiser.

– Tout est perdu ! lui disait-elle en pleurant. Héléna est la seule qui connaît la vérité.

Si Luisa avait une grande confiance dans les affirmations d'Héléna, il y avait pourtant un point sur lequel il lui était impossible de croire sa sœur aveuglément. Les atrocités commises en Belgique sur les femmes et sur les jeunes filles démentaient trop positivement ce qu'Héléna racontait de la haute courtoisie des officiers et de la sévère moralité des soldats allemands.

– *Ils* vont venir, Marcel, *ils* vont venir. Je ne vis plus... Notre fille... notre fille...

Mais Chichi riait des alarmes de sa mère, et, avec la belle audace de la jeunesse :

– Qu'ils viennent donc, ces coquins ! s'écriait-elle. Je ne serais pas fâchée de les voir en face !

Et elle faisait le geste de frapper, comme si elle avait tenu dans sa main le poignard vengeur.

Marcel finit par se lasser de cette situation et résolut d'envoyer sa femme, sa fille et sa belle-sœur à Biarritz, où beaucoup de Sud-Américains s'étaient déjà rendus. Quant à lui, il avait décidé de rester à Paris, pour une raison dont il n'avait d'ailleurs qu'une conscience un peu confuse. Il s'imaginait n'y être retenu que par la curiosité ; mais, au fond, il avait une honte inavouée de fuir une seconde fois devant l'ennemi. Sa femme essaya bien de l'emmener avec elle : depuis bientôt trente ans de mariage, ils ne s'étaient pas séparés une seule fois ! Mais il déclara sa volonté sur un ton qui n'admettait pas de réplique.

Jules, pour demeurer près de Marguerite, s'obstina aussi à demeurer dans la capitale.

Bref, un beau matin, Luisa, Héléna et Chichi s'embarquèrent dans une grande automobile à destination de la Côte d'Argent : la première, navrée de laisser à Paris son mari et son fils ; la seconde, bien aise, en somme, de n'être pas là quand les troupes de son cher empereur entreraient dans Paris ; la troisième, toute réjouie de voyager dans un pays nouveau pour elle et de visiter une des plages les plus à la mode.

VI

En retraite

Après ce départ, Marcel fut d'abord un peu désorienté par sa solitude. Les salles désertes de son appartement lui semblaient énormes et pleines d'un silence d'autant plus profond que tous les autres appartements du luxueux immeuble étaient vides comme le sien. Ces appartements avaient pour locataires, soit des étrangers qui s'étaient discrètement éloignés de Paris, soit des Français qui, surpris par la guerre, étaient demeurés dans leurs domaines ruraux.

D'ailleurs il était satisfait de la résolution qu'il avait prise. L'absence des siens, en le rassurant, lui avait rendu presque tout son optimisme. « Non, *ils* ne viendront pas à Paris », se répétait-il vingt fois par jour. Et il ajoutait mentalement : « Au surplus, s'ils y viennent, je n'ai pas peur : je suis encore bon pour faire le coup de feu dans une tranchée. » Il lui semblait que cette velléité de faire le coup de feu réparait dans quelque mesure la honte de la fuite en Amérique.

Dans ses promenades à travers Paris, il rencontrait des bandes de réfugiés. C'étaient des habitants du Nord et de l'Est qui avaient fui devant l'invasion. Cette multitude douloureuse ne savait où aller, n'avait d'autre ressource que la charité publique ; et elle racontait mille horreurs commises par les Allemands dans les pays envahis : fusillements, assassinats, vols autorisés par les chefs, pillages exécutés par ordre supérieur, maisons et villages incendiés. Ces récits lui remuaient le cœur et faisaient naître peu à peu dans son esprit une idée naïve, mais généreuse. Le devoir des riches, des propriétaires qui possédaient de grands biens dans les provinces menacées, n'était-il pas d'être présents sur leurs terres pour soutenir le moral des populations, pour les aider de leurs conseils et de leur argent, pour tâcher de les protéger, lorsque l'ennemi arriverait ? Or ce devoir s'imposait à lui-même d'une façon d'autant plus impérieuse qu'il lui semblait avoir moins de danger personnel à courir : devenu quasi Argentin, il serait considéré par les officiers allemands comme un neutre ; à ce titre il pourrait faire respecter son château, où, le cas échéant, les paysans du village et des alentours trouveraient un refuge. Dès lors, le projet de se rendre à Villeblanche hanta son esprit.

Cependant chaque jour apportait un flot de mauvaises nouvelles. Les journaux ne disaient pas grand-chose ; le Gouvernement ne parlait qu'en termes obscurs, qui inquiétaient sans renseigner. Néanmoins la triste vérité s'ébruitait, répandue sourdement par les alarmistes et par les espions demeurés dans Paris. On se communiquait à l'oreille des bruits sinistres : « Ils ont passé la frontière… Ils sont à Lille… » Et le fait est que les Allemands avançaient avec une effrayante rapidité.

Anglais et Français reculaient devant le mouvement enveloppant des envahisseurs. Quelques-uns s'attendaient à un nouveau Sedan. Pour se rendre compte de l'avance de l'ennemi, il suffisait d'aller à la gare du Nord : toute les vingt-quatre heures, on y constatait le rétrécissement du rayon dans lequel circulaient les trains. Des avis annonçaient qu'on ne délivrait plus de billets pour telles et telles localités du réseau, et cela signifiait que ces localités étaient tombées au pouvoir de l'ennemi. Le rapetissement du territoire national s'accomplissait avec une régularité mathématique, à raison d'une quarantaine de kilomètres par jour, de sorte que, montre en main, on pouvait prédire l'heure à laquelle les premiers uhlans salueraient de leurs lances l'apparition de la Tour Eiffel.

Ce fut à ce moment d'universelle angoisse que Marcel retourna chez son ami Lacour pour lui adresser la plus extraordinaire des requêtes : il voulait aller tout de suite à son château de Villeblanche, et il priait le sénateur de lui obtenir les papiers nécessaires.

— Vous êtes fou ! s'écria le personnage, qui ne pouvait en croire ses oreilles. Sortir de Paris, oui, mais pour aller vers le sud et non vers l'est ! Je vous le dis sous le sceau du secret : d'un instant à l'autre tout le monde partira, président de la République, ministres, Chambres. Nous nous installerons à Bordeaux, comme en 1870. Nous savons mal ce qui se passe, mais toutes les nouvelles sont mauvaises. L'armée reste solide, mais elle se retire, abandonne continuellement du terrain. Croyez-moi : ce que vous avez de mieux à faire, c'est de quitter Paris avec nous. Gallieni défendra la capitale ; mais la défense sera difficile. D'ailleurs, même si Paris succombe, la France ne succombera point pour cela. S'il est nécessaire, nous continuerons la guerre jusqu'à la frontière d'Espagne. Ah ! tout cela est triste, bien triste !

Marcel hocha la tête. Ce qu'il voulait, c'était se rendre à son château de Villeblanche.

— Mais on vous fera prisonnier ! objecta Lacour. On vous tuera peut-être !

L'obstination de Marcel triompha des résistances de son ami. Ce n'était point le moment des longues discussions, et chacun devait songer à son propre sort. Le sénateur finit donc par céder au désir de Marcel et lui obtint l'autorisation de partir le soir même, par un train militaire qui se dirigeait vers la Champagne.

Ce voyage permit à Marcel de voir le trafic extraordinaire que la guerre avait développé sur les voies ferrées. Son train mit quatorze heures pour franchir une distance qui, en temps normal, n'exigeait que deux heures. Aux stations de quelque importance, toutes les voies étaient occupées par des rames de wagons. Les machines sous pression sifflaient, impatientes de partir. Les soldats hésitaient devant les différents trains, se trompaient, descendaient d'un wagon pour remonter dans un autre. Les employés, calmes, mais visiblement fatigués, allaient de côté et d'autre pour renseigner les hommes, pour leur donner des explications, pour faire charger des montagnes de colis.

Dans le train qui portait Marcel, les territoriaux d'escorte dormaient, accoutumés à la monotonie de ce service. Les soldats chargés des chevaux ouvraient les portes à coulisse et s'asseyaient sur le plancher du wagon, les jambes pendantes. La nuit, le train marchait avec lenteur à travers les campagnes obscures, s'arrêtait devant les signaux rouges et avertissait de sa présence par de longs sifflets. Dans quelques stations, il y avait des jeunes filles vêtues de blanc, avec des cocardes et de petits drapeaux épinglés sur la poitrine. Jour et nuit elles étaient là, se remplaçant à tour de rôle, de sorte qu'aucun train ne passait sans recevoir leur visite. Dans des corbeilles ou sur des plateaux, elles offraient aux soldats du pain, du chocolat, des fruits. Beaucoup d'entre eux, rassasiés, refusaient en remerciant ; mais les jeunes filles se montraient si tristes de ce refus qu'ils finissaient par céder à leurs instances.

Marcel, casé dans un compartiment de seconde classe avec le lieutenant qui commandait l'escorte et avec quelques officiers qui s'en allaient rejoindre leur corps, passa la plus grande partie de la nuit à causer avec ses compagnons de voyage. Les officiers n'avaient que des renseignements vagues sur le lieu où ils pourraient retrouver leur régiment. D'un jour à l'autre, les opérations de la guerre modifiaient la position des troupes. Mais, fidèles à leur devoir, ils se portaient vers le front, avec le désir d'arriver assez tôt pour le combat décisif. Le chef de l'escorte, qui avait déjà fait plusieurs voyages, était le seul qui se rendît bien compte de la retraite : à chaque nouveau voyage, le parcours se raccourcissait. Tout le monde était déconcerté. Pourquoi se retirait-on ? Quoique l'armée eût éprouvé des revers, elle était intacte, et, selon l'opinion commune, elle aurait dû chercher sa revanche dans les lieux mêmes où elle avait eu le dessous. La retraite laissait à l'ennemi le chemin libre. Quinze jours auparavant, ces hommes discutaient dans leurs garnisons sur la région de la Belgique où l'ennemi recevrait le coup mortel et sur le point de la frontière par où les Français victorieux envahiraient l'Allemagne.

Toutefois la déception n'engendrait aucun découragement. Une espérance confuse, mais ferme, dominait les incertitudes. Le généralissime était le seul qui possédât le secret des opérations. Ce chef grave et tranquille finirait par tout arranger. Personne n'avait le droit de douter de la fortune. Joffre était de ceux qui disent toujours le dernier mot.

Marcel descendit du train à l'aube.

– Bonne chance, messieurs !

Il serra la main de ces braves gens qui allaient peut-être à la mort. Le train se remit en marche et Marcel se trouva seul dans la gare, à l'embranchement de la ligne d'intérêt local qui desservait Villeblanche ; mais, faute de personnel, le service était suspendu sur cette petite ligne dont les employés avaient été affectés aux grandes lignes pour les transports de guerre. De cette gare à Villeblanche il y avait encore quinze kilomètres. Malgré les offres les plus généreuses, le millionnaire ne put trouver une simple charrette pour achever son voyage : la mobilisation s'était approprié la plupart des véhicules et des bêtes de trait, et le reste avait été emmené par les fugitifs. Force lui fut donc d'entreprendre le trajet à pied, et, malgré son âge, il se mit en route.

Le chemin blanc, droit, poudreux, traversait une plaine qui semblait s'étendre à l'infini. Quelques bouquets d'arbres, quelques haies vives, les toits de quelques fermes rompaient à peine la monotonie du paysage. Les champs étaient couverts des chaumes de la moisson récemment fauchée. Les meules bossuaient le sol de leurs cônes roux, qui commençaient à prendre un ton d'or bruni. Les oiseaux voletaient dans les buissons emperlés par la rosée.

Marcel chemina toute la matinée. La route était tachetée de points mouvants qui, de loin, ressemblaient à des files de fourmis. C'étaient des gens qui allaient tous dans la direction contraire à la sienne : ils fuyaient vers le sud, et, lorsqu'ils croisaient ce citadin bien chaussé, qui marchait la canne à la main et le chapeau de paille sur la tête, ils faisaient un geste de surprise et s'imaginaient que c'était quelque fonctionnaire, quelque envoyé du Gouvernement venu pour inspecter le pays d'où la terreur les poussait à fuir.

Vers midi, dans une auberge située au bord de la route, Marcel put trouver un morceau de pain, du fromage et une bouteille de vin blanc. L'aubergiste était parti à la guerre, et sa femme, malade et alitée, gémissait de souffrance. Sur le pas de la porte, une vieille presque sourde, la grand-mère entourée de ses petits-enfants, regardait ce défilé de fugitifs qui durait depuis trois jours.

– Pourquoi fuient-ils, monsieur ? dit-elle au voyageur. La guerre ne concerne que les soldats. Nous autres paysans, nous ne faisons de mal à personne et nous n'avons rien à craindre.

Quatre heures plus tard, à la descente de l'une des collines boisées qui bordent la vallée de la Marne, Marcel aperçut enfin les toits de Villeblanche groupés autour de l'église et, un peu à l'écart, surgissant d'entre les arbres, les capuchons d'ardoise qui coiffaient les tours de son château.

Les rues du village étaient désertes. Une moitié de la population s'était enfuie ; l'autre moitié était restée, par routine casanière et par aveugle optimisme. Si les Prussiens venaient, que pourraient-ils leur faire ? Les habitants se soumettraient à leurs ordres, ne tenteraient aucune résistance. On ne châtie pas des gens qui obéissent. Les maisons du village avaient été construites par leurs pères, par leurs ancêtres, et tout valait mieux que d'abandonner ces demeures d'où eux-mêmes n'étaient jamais sortis. Quelques femmes se tenaient assises autour de la place, comme dans les paisibles après-midi des étés précédents. Ces femmes regardèrent l'arrivant avec surprise.

Sur la place, Marcel vit un groupe formé du maire et des notables. Eux aussi, ils regardèrent avec surprise le propriétaire du château. C'était pour eux la plus inattendue des apparitions. Un sourire bienveillant, un regard sympathique accueillirent ce Parisien qui venait les rejoindre et partager leur sort. Depuis longtemps Marcel vivait en assez mauvais termes avec les habitants du village : car il défendait ses droits avec âpreté, ne tolérait ni la maraude dans ses champs ni le pâtis dans ses bois. À plusieurs reprises, il avait menacé de procès et de prison quelques douzaines de délinquants. Ses ennemis, soutenus par la municipalité, avaient répondu à ces menaces en laissant le bétail envahir les cultures du château, en tuant le gibier, en adressant au préfet et au député de la circonscription des plaintes contre le châtelain. Ses démêlés avec la commune l'avaient rapproché du curé, qui vivait en hostilité ouverte avec le maire ; mais l'Église ne lui avait pas été beaucoup plus profitable que l'État. Le curé, ventru et débonnaire, ne perdait aucune occasion de soutirer à Marcel de grosses aumônes pour les pauvres ; mais, le cas échéant, il avait la charitable audace de lui parler en faveur de ses ouailles, d'excuser les braconniers, de trouver même des circonstances atténuantes aux maraudeurs qui, en hiver, volaient le bois du parc et, en été, les fruits du jardin. Or Marcel eut la stupéfaction de voir le curé, qui sortait du presbytère, saluer le maire au passage avec un sourire amical. Ces deux hommes s'étaient rencontrés, le 1er août, au pied du clocher dont la cloche sonnait le tocsin pour annoncer la mobilisation aux hommes qui étaient dans les champs ; et, par instinct, sans trop savoir pourquoi, ces vieux ennemis s'étaient serré la main avec cordialité. Il n'y avait plus que des Français.

Arrivé au château, Marcel eut le sentiment de n'avoir pas perdu sa peine. Jamais son parc ne lui avait semblé si beau, si majestueux qu'en cet après-midi d'été ; jamais les cygnes n'avaient promené avec tant de grâce sur le miroir d'eau leur image double ; jamais l'édifice lui-même, dans son enceinte de fossés, n'avait eu un aspect aussi seigneurial. Mais la mobilisation avait fait d'énormes vides dans les écuries, dans les étables, et presque tout le personnel manquait. Le régisseur et la plupart des domestiques étaient à l'armée ; il ne restait que le concierge, homme d'une cinquantaine d'années, malade de la poitrine, avec sa femme et sa fille qui prenaient soin des quelques vaches demeurées à la ferme.

Après une nuit de bon sommeil qui lui fit oublier la fatigue de la veille, le châtelain passa la matinée à visiter les prairies artificielles qu'il avait créées dans son parc, derrière un rideau d'arbres. Il eut le regret de voir que ces prairies manquaient d'eau, et il essaya d'ouvrir une vanne pour arroser la luzerne qui commençait à sécher. Puis il fit un tour dans les vignes, qui déployaient les masses de leurs pampres sur les rangées d'échalas et montraient entre les feuilles le violet encore pâle de leurs grappes mûrissantes. Tout était si tranquille que Marcel sentait son optimisme renaître et oubliait presque les horreurs de la guerre.

Mais, dans l'après-dîner, un mouvement soudain se produisit au village, et Georgette, la fille du concierge, vint dire qu'il passait dans la grande rue beaucoup de soldats français et d'automobiles militaires. C'étaient des camions réquisitionnés, qui conservaient sous une couche de poussière et de boue durcie les adresses des commerçants auxquels ils avaient appartenu ; et, mêlés à ces véhicules industriels, il y avait aussi d'autres voitures provenant d'un service public : les grands autobus de Paris, qui portaient encore l'indication des trajets auxquels ils avaient été affectés, *Madeleine-Bastille*, *Passy-Bourse*, etc. Marcel les regarda comme on regarde de vieux amis aperçus au milieu d'une foule. Peut-être avait-il voyagé maintes fois dans telle ou telle de ces voitures déteintes, vieillies par vingt jours de service incessant, aux tôles gondolées, aux ferrures tordues, qui grinçaient de toutes leur carcasse disjointe et qui étaient trouées comme des cribles.

Certains véhicules avaient pour marques distinctives des cercles blancs marqués d'une croix rouge au centre ; sur d'autres, on lisait des lettres et des chiffres qu'il était impossible de comprendre, quand on n'était pas initié aux secrets de l'administration militaire. Et tous ces véhicules, dont les moteurs seuls étaient en bon état, transportaient des soldats, quantité de soldats qui avaient des bandages à la tête ou aux jambes : – blessés aux visages pâles que la barbe poussée rendait encore plus tragiques, aux yeux de fièvre qui regardaient fixement, aux bouches que semblait tenir ouvertes la plainte immobilisée de la douleur. – Des médecins et des infirmiers occupaient plusieurs voitures de ce convoi, et quelques pelotons de cavaliers l'escortaient. Les voitures n'avançaient que très lentement, et, dans les intervalles qui les séparaient les unes des autres, des bandes de soldats, la capote déboutonnée ou jetée sur l'épaule comme une capa, faisaient route pédestrement. Eux aussi étaient des blessés ; mais, assez valides pour marcher, ils plaisantaient et chantaient, les uns avec un bras en écharpe, d'autres avec le front ou la nuque enveloppés de linges sur lesquels le suintement du sang mettait des taches rougeâtres.

Marcel voulut faire quelque chose pour ces pauvres gens. Mais à peine avait-il commencé à leur distribuer des pains et des bouteilles de vin, un major accourut et lui reprocha cette libéralité comme un crime : cela pouvait être fatal aux blessés. Il resta donc sur le bord de la route, impuissant et triste, à suivre des yeux ce défilé de nobles souffrances.

À la nuit tombante, ce furent des centaines de camions qui passèrent, les uns fermés hermétiquement, avec la prudence qui s'impose pour les matières explosives, les autres chargés de ballots et de caisses qui exhalaient une fade odeur de nourriture. Puis ce furent de grands troupeaux de bœufs, qui s'arrêtaient avec des remous aux endroits où le chemin se rétrécissait, et qui se décidaient enfin à passer sous le bâton et aux cris des pâtres coiffés de képis.

Marcel, tourmenté par ses pensées, ne ferma pas l'œil de la nuit. Ce qu'il venait de voir, c'était la retraite dont on parlait à Paris, mais à laquelle beaucoup de gens refusaient de croire : la retraite déjà poussée si loin et qui continuait plus loin encore son mouvement rétrograde, sans que personne pût dire l'endroit où elle s'arrêterait.

À l'aube, il s'endormit de fatigue et ne se réveilla que très tard dans la matinée. Son premier regard fut pour la route. Il la vit encombrée d'hommes et de chevaux ; mais, cette fois, les hommes armés de fusils formaient des bataillons, et ce que les chevaux traînaient, c'était de l'artillerie.

Hélas ! ces troupes étaient de celles qu'il avait vues naguère partir de Paris, mais combien changées ! Les capotes bleues s'étaient converties en nippes loqueteuses et jaunâtres ; les pantalons rouges avaient pris une teinte délavée de brique mal cuite ; les chaussures étaient des mottes de boue. Les visages avaient une expression farouche sous les ruisseaux de poussière et de sueur qui en accusaient toutes les rides et toutes les cavités, avec ces barbes hirsutes dont des poils étaient raides comme des épingles, avec cet air de lassitude qui révélait l'immense désir de faire halte, de s'arrêter là définitivement, d'y tuer ou d'y mourir sur place. Et pourtant ces soldats marchaient, marchaient toujours. Certaines étapes avaient duré trente heures. L'ennemi suivait pas à pas, et l'ordre était de se retirer sans repos ni trêve, de se dérober par la rapidité des pieds au mouvement enveloppant que tentait l'envahisseur. Les chefs devinaient l'état d'âme de leurs hommes ; ils pouvaient exiger d'eux le sacrifice de la vie ; mais il était bien plus dur de leur ordonner de marcher jour et nuit dans une fuite interminable, alors que ces hommes ne se considéraient pas comme battus, alors qu'ils sentaient gronder en eux la colère furieuse, mère de l'héroïsme. Les regards désespérés des soldats cherchaient l'officier le plus voisin, le lieutenant, le capitaine. On n'en pouvait plus ! Une marche énorme, exténuante, en si peu de jours ! Et pourquoi ? Les supérieurs n'en savaient pas plus que les inférieurs ; mais leurs yeux semblaient répondre : « Courage ! Encore un effort ! Cela va bientôt finir. »

Les bêtes, vigoureuses mais dépourvues d'imagination, étaient moins résistantes que les hommes. Leur aspect faisait pitié. Était-il possible que ce fussent les mêmes chevaux musclés et lustrés que Marcel avait vus à Paris dans les premiers jours du mois d'août ? Une campagne de trois semaines les avait vieillis et fourbus. Leurs regards troubles semblaient implorer la compassion. Ils étaient si maigres que les arêtes de leurs os ressortaient et que leurs yeux en paraissaient plus gros. Les harnais, en se déplaçant dans la marche, laissaient voir sur la peau des places dénudées et des plaies saignantes. Quelques animaux, à bout de forces, s'écroulaient tout à coup, morts de fatigue. Alors les artilleurs les dépouillaient rapidement de leurs harnais et les roulaient sur le bord du chemin, pour que les cadavres ne gênassent pas la circulation ; et les pauvres bêtes restaient là dans leur nudité squelettique, les pattes rigides, semblant épier de leurs yeux vitreux et fixes les premières mouches qu'attirerait la triste charogne.

Les canons peints en gris, les affûts, les caissons, Marcel avait vu tout cela propre et luisant, grâce aux soins que, depuis les âges les plus reculés, l'homme a toujours pris de ses armes, soins plus minutieux encore que ceux que la femme prend des objets domestiques. Mais à présent, par l'usure qui résulte d'un emploi excessif, par la dégradation que produit une inévitable négligence, tout cela était sale et flétri : les roues déformées extérieurement par la fange, le métal obscurci par les vapeurs des détonations, la peinture souillée d'ordures ou éraflée par des accrocs.

Dans les espaces qui parfois restaient libres entre une batterie et un régiment, des paysans se hâtaient, hordes misérables que l'invasion chassait devant elle, villages entiers qui s'étaient mis en route pour suivre l'armée dans sa retraite. L'arrivée d'un nouveau régiment ou d'une nouvelle batterie les obligeait à quitter le chemin et à continuer leur pérégrination dans les champs. Mais, dès qu'un intervalle se reproduisait dans le défilé des troupes, ils encombraient de nouveau la chaussée blanche et unie. Il y avait des hommes qui poussaient de petites charrettes sur lesquelles étaient entassées des montagnes de meubles ; des femmes qui portaient de jeunes enfants ; des grands-pères qui avaient sur leurs épaules des bébés ; des vieux endoloris qui ne pouvaient se traîner qu'avec un bâton ; des vieilles qui remorquaient des grappes de mioches accrochés à leurs jupes ; d'autres vieilles, ridées et immobiles comme des momies, que l'on charriait sur des voitures à bras.

Désormais personne ne s'opposa plus à la libéralité du châtelain, dont la cave déborda sur la route. Aux tonneaux de la dernière vendange, roulés devant la grille, les soldats emplissaient sous le jet rouge la tasse de métal décrochée de leur ceinture. Marcel contemplait avec satisfaction les effets de sa munificence : le sourire reparaissait sur les visages, la plaisanterie française courait de rang en rang. Lorsque les soldats s'éloignaient, ils entonnaient une chanson.

À mesure que le soir approchait, les troupes avaient l'air de plus en plus épuisé. Ce qui défilait maintenant, c'étaient les traînards, dont les pieds étaient à vif dans les brodequins. Quelques-uns s'étaient débarrassés de cette gaine torturante et marchaient pieds nus, avec leurs lourdes chaussures pendues à l'épaule. Mais tous, malgré la fatigue mortelle, conservaient leurs armes et leurs cartouches, en pensant à l'ennemi qui les suivait.

La seconde nuit que le millionnaire passa dans son lit de parade à colonnes et à panaches, un lit qui, selon la déclaration des vendeurs, avait appartenu à Henri IV, fut encore une mauvaise nuit. Obsédé par les images de l'incompréhensible retraite, il croyait voir et entendre toujours le torrent des soldats, des canons, des équipages. Mais, par le fait, le passage des troupes avait presque cessé. De temps à autre défilaient bien encore un bataillon, une batterie, un peloton de cavaliers : mais c'étaient les derniers éléments de l'arrière-garde qui, après avoir pris position près du village pour couvrir la retraite, commençaient à se retirer.

Le lendemain matin, lorsque Marcel descendit à Villeblanche, ce fut à peine s'il y vit des soldats. Il ne restait qu'un escadron de dragons qui battaient les bois à droite et à gauche de la route et qui ramassaient les retardataires. Le châtelain alla jusqu'à l'entrée du village, où il trouva une barricade faite de voitures et de meubles, qui obstruait la chaussée. Quelques dragons la gardaient, pied à terre et carabine au poing, surveillant le ruban blanc de la route qui montait entre deux collines couvertes d'arbres. Par instants résonnaient des coups de fusil isolés, semblables à des coups de fouet. « Ce sont les nôtres », disaient les dragons. La cavalerie avait ordre de conserver le contact avec l'ennemi, de lui opposer une résistance continuelle, de repousser les détachements allemands qui cherchaient à s'infiltrer le long des colonnes et de tirailler sans cesse contre les reconnaissances de uhlans.

Marcel considéra avec une profonde pitié les éclopés qui trimaient encore sur la route. Ils ne marchaient pas, ils se traînaient, avec la ferme volonté d'avancer, mais trahis par leurs jambes molles, par leurs pieds en sang. Ils s'asseyaient une minute au bord du chemin, harassés, agonisant de lassitude, pour respirer un peu sans avoir la poitrine écrasée par le poids du sac, pour délivrer un instant leurs pieds de l'étau des brodequins ; et, quand ils voulaient repartir, il leur était impossible de se remettre debout : la courbature leur ankylosait tout le corps, les mettait dans un état semblable à la catalepsie. Les dragons, revolver en main, étaient obligés de recourir à la menace pour les tirer de cette mortelle torpeur. Seule la certitude de l'approche de l'ennemi avait le pouvoir de rendre momentanément un peu de force à ces malheureux, qui réussissaient enfin à se dresser sur leurs jambes flageolantes et qui se remettaient à marcher en s'appuyant sur leur fusil comme sur un bâton.

Villeblanche était devenu de plus en plus désert. La nuit précédente, beaucoup d'habitants avaient encore pris la fuite ; mais le maire et le curé étaient demeurés à leur poste. Le fonctionnaire municipal, réconcilié avec le châtelain, s'approcha de celui-ci afin de lui donner un avis. Le génie minait le pont de la Marne, à la sortie du village ; mais on attendait, pour le faire sauter, que les dragons se fussent retirés sur l'autre rive. Dans le cas où M. Desnoyers aurait l'intention de partir, il en avait encore le temps. Marcel remercia le maire, mais déclara qu'il était décidé à rester.

Les derniers pelotons de dragons, sortis de divers points du bois, arrivaient par la route. Ils avaient mis leurs chevaux au pas, comme s'ils reculaient à regret. Ils regardaient souvent en arrière, prêts à faire halte et à tirer. Ceux qui gardaient la barricade étaient déjà en selle. L'escadron se reforma, les commandements des officiers retentirent, et un trot vif, accompagné d'un cliquetis métallique, emporta rapidement ces hommes vers le gros de la colonne.

Marcel, près de la barricade, se trouva dans une solitude et dans un silence aussi profonds que si le monde s'était soudain dépeuplé. Deux chiens, abandonnés par leurs maîtres dont ils ne pouvaient suivre la piste sur ce sol piétiné et bouleversé par le passage de milliers d'hommes et de voitures, rôdaient et flairaient autour de lui, comme pour implorer sa protection. Un chat famélique épiait les moineaux qui recommençaient à s'ébattre et à picorer le crottin laissé sur la route par les chevaux des dragons. Une poule sans propriétaire, qui jusqu'alors s'était tenue cachée sous un auvent, vint à son tour disputer ce festin à la marmaille aérienne. Le silence faisait renaître le murmure de la feuillée, le bourdonnement des insectes, la respiration du sol brûlé par le soleil, tous les bruits de la nature qui s'étaient assoupis craintivement au passage des gens de guerre.

Tout à coup Marcel remarqua quelque chose qui remuait à l'extrémité de la route, sur le haut de la colline, à l'endroit où le ruban blanc touchait l'azur du ciel. C'étaient deux hommes à cheval, si petits qu'ils avaient l'apparence de soldats de plomb échappés d'une boîte de jouets. Avec les jumelles qu'il avait apportées dans sa poche, il vit que ces cavaliers, vêtus de gris verdâtre, étaient armés de lances, et que leurs casques étaient surmontés d'une sorte de plateau horizontal. C'était *eux*! Impossible de douter: le châtelain avait devant lui les premiers uhlans.

Pendant quelques minutes, les deux cavaliers se tinrent immobiles, comme pour explorer l'horizon. Puis d'autres sortirent encore des sombres masses de verdure qui garnissaient les bords du chemin, se joignirent aux premiers et formèrent un groupe qui se mit en marche sur la route blanche. Ils avançaient avec lenteur, craignant des embuscades et observant tout ce qui les entourait.

Marcel comprit qu'il était temps de se retirer et qu'il y aurait du danger pour lui à être surpris près de la barricade. Mais, au moment où ses yeux se détachaient de ce spectacle lointain, une vision inattendue s'offrit à lui, toute voisine. Une bande de soldats français, à demi dissimulée par des rideaux d'arbres, s'approchait de la barricade. C'étaient des traînards à l'aspect lamentable, dans une pittoresque variété d'uniformes: fantassins, zouaves, dragons sans chevaux; et, pêle-mêle avec eux, des gardes forestiers, des gendarmes appartenant à des communes qui avaient été avisées tardivement de la retraite. En tout, une cinquantaine d'hommes. Il y en avait de frais et de vigoureux, et il y en avait qui ne tenaient debout que par un effort surhumain. Aucun de ces hommes n'avait jeté ses armes.

Ils marchaient en se retournant sans cesse, pour surveiller la lente avance des uhlans. À la tête de cette troupe hétéroclite était un officier de gendarmerie vieux et obèse, à la moustache hirsute, et dont les yeux, quoique voilés par de lourdes paupières, brillaient d'un éclat homicide. Comme ces gens passaient à côté de la barricade sans faire attention au quidam qui les regardait curieusement, une énorme détonation retentit, qui fit courir un frisson sur la campagne et dont les maisons tremblèrent.

– Qu'est-ce ? demanda l'officier à Marcel.

Celui-ci expliqua qu'on venait de faire sauter le pont. Un juron du chef accueillit ce renseignement ; mais la troupe qu'il commandait demeura indifférente, comme si elle avait perdu tout contact avec la réalité.

– Autant mourir ici qu'ailleurs ! murmura l'officier. Défendons la barricade.

La plupart des hommes se mirent en devoir d'exécuter avec une prompte obéissance cette décision qui les délivrait du supplice de la marche. Machinalement ils se postèrent aux endroits les mieux protégés. L'officier allait d'un groupe à l'autre, donnait des ordres. On ne ferait feu qu'au commandement.

Marcel, immobile de surprise, assistait à ces préparatifs sans plus penser au péril de sa propre situation, et, lorsque l'officier lui cria rudement de fuir, il demeura en place, comme s'il n'avait pas entendu.

Les uhlans, persuadés que le village était abandonné, avaient pris le galop.

– Feu !

L'escadron s'arrêta net. Plusieurs uhlans roulèrent sur le sol ; quelques-uns se relevèrent et, se courbant pour offrir aux balles une moindre cible, essayèrent de sortir du chemin ; d'autres restèrent étendus sur le dos ou sur le ventre, les bras en avant. Les chevaux sans cavalier partirent à travers champs dans une course folle, les rênes traînantes, les flancs battus par les étriers. Les survivants, après une brusque volte-face commandée par la surprise et par la mort, disparurent résorbés dans le sous-bois.

VII

Près de la grotte sacrée

Tous les soirs, de quatre à cinq, avec la ponctualité d'une personne bien élevée qui ne se fait pas attendre, un aéroplane allemand venait survoler Paris et jeter des bombes. Cela ne produisait aucune terreur, et les Parisiens acceptaient cette visite comme un spectacle extraordinaire et plein d'intérêt. Les aviateurs allemands avaient beau laisser tomber sur la ville des drapeaux ennemis accompagnés de messages ironiques où ils rendaient compte des échecs de l'armée française et des revers de l'offensive russe ; pour les Parisiens tout cela n'était que mensonges. Ils avaient beau lancer des obus qui brisaient des mansardes, tuaient ou blessaient des vieillards, des femmes, des enfants. « Ah ! les bandits ! » criait la foule en menaçant du poing le moucheron malfaisant, presque invisible à deux mille mètres de hauteur ; puis elle courait de rue en rue pour le suivre des yeux, ou s'immobilisait sur les places d'où elle observait à loisir ses évolutions.

Argensola était un habitué de ce spectacle. Dès quatre heures il arrivait sur la place de la Concorde, le nez en l'air et les regards fixés vers le ciel, en compagnie de plusieurs badauds avec lesquels une curiosité commune l'avait mis en relations, à peu près comme les abonnés d'un théâtre qui, à force de se voir, finissent par se lier d'amitié. « Viendra-t-il ? Ne viendra-t-il pas ? » Les femmes étaient les plus impatientes, et quelques-unes avaient la face rouge et la respiration oppressée pour être accourues trop vite. Tout à coup éclatait un immense cri : « Le voilà ! » Et mille mains indiquaient un point vague à l'horizon. Les marchands ambulants offraient aux spectateurs des instruments d'optique, et les jumelles, les longues-vues se braquaient dans la direction signalée.

Pendant une heure l'attaque aérienne se poursuivait, aussi acharnée qu'inutile. L'insecte ailé cherchait à s'approcher de la Tour Eiffel ; mais aussitôt des détonations éclataient à la base, et les diverses plates-formes crachaient les furibondes crépitations de leurs mitrailleuses. Alors il virait au-dessus de la ville, et soudain la fusillade retentissait sur les toits et dans les rues. Chacun tirait : les locataires des étages supérieurs, les hommes de garde, les soldats anglais et belges qui se trouvaient de passage à Paris. On savait bien que ces coups de fusil ne servaient à rien ; mais on tirait tout de même, pour le plaisir de faire acte d'hostilité contre l'ennemi, ne fût-ce qu'en intention, et avec l'espérance qu'un caprice du hasard réaliserait peut-être un miracle. Le seul miracle était que les tireurs ne se tuassent pas les uns les autres et que les passants ne fussent pas blessés par des balles de provenance inconnue. Enfin le *taube*, fatigué d'évoluer, disparaissait.

– Bon voyage ! grommelait Argensola. Celui de demain sera peut-être plus intéressant.

Une autre distraction de l'Espagnol, aux heures de liberté que lui laissaient les visites des avions, c'était de rôder au quai d'Orsay et d'y regarder la foule des voyageurs qui sortaient de Paris. La révélation soudaine de la vérité après les illusions créées par l'optimisme du Gouvernement, la certitude de l'approche des armées allemandes que, la semaine précédente, beaucoup de gens croyaient en pleine déroute, ces *taubes* qui volaient sur la capitale, la mystérieuse menace des *zeppelins*, affolaient une partie de la population. Les gares, occupées militairement, ne recevaient que ceux qui avaient pris d'avance un billet, et maintes personnes attendaient pendant des jours entiers leur tour de départ. Les plus pressés de partir commençaient le voyage à pied ou en voiture, et les chemins étaient noirs de gens, de charrettes, de landaus et d'automobiles.

Argensola considérait cette fugue avec sérénité. Lui, il était de ceux qui restaient. Il avait admiré certaines personnes parce qu'elles avaient été présentes au siège de Paris, en 1870, et il était heureux de la bonne fortune qui lui procurait la chance d'assister à un nouveau drame plus curieux encore. La seule chose qui le contrariait, c'était l'air distrait de ceux auxquels il faisait part de ses observations et de ses informations. Il rentrait à l'atelier avec une abondante récolte de nouvelles qu'il communiquait à Jules avec un empressement fébrile, et celui-ci l'écoutait à peine. Le bohème s'étonnait de cette indifférence et reprochait mentalement au « peintre d'âmes » de n'avoir pas le sens des grands drames historiques.

Jules avait alors des soucis personnels qui l'empêchaient de se passionner pour l'histoire des nations. Il avait reçu de Marguerite quelques lignes tracées à la hâte, et ces lignes lui avaient apporté la plus désagréable des surprises. Elle était obligée de partir. Elle quittait Paris à l'instant même, en compagnie de sa mère. Elle lui disait adieu. C'était tout. Un tel laconisme avait beaucoup inquiété Jules. Pourquoi ne l'informait-elle pas du lieu où elle se retirait ? Il est vrai que la panique fait oublier bien des choses ; mais il n'en était pas moins étrange qu'elle eût négligé de lui donner son adresse.

Pour tirer la situation au clair, Jules n'hésita pas à accomplir une démarche qu'elle lui avait toujours interdite : il alla chez elle. La concierge, dont la loquacité naturelle avait été mise à une rude épreuve par le départ de tous les locataires, ne se fit pas prier pour dire à l'amoureux tout ce qu'elle savait ; mais d'ailleurs elle savait peu de chose. Marguerite et sa mère étaient parties la veille par la gare d'Orléans ; elles avaient dû fuir vers le Midi, comme la plupart des gens riches ; mais elles n'avaient pas dit l'endroit où elles allaient. La concierge avait cru comprendre aussi que quelqu'un de la famille avait été blessé, mais elle ignorait qui : c'était peut-être le fils de la vieille dame.

Ces renseignements, quoique vagues, suffirent pour inspirer à Jules une résolution. Elle n'avait pas voulu lui donner son adresse ? Eh bien, c'était une raison de plus pour qu'il voulût connaître le véritable motif de ce départ quasi clandestin. Il irait donc chercher Marguerite dans le Midi, où il n'aurait probablement pas grand-peine à la découvrir : car les villes où se réfugiaient les gens riches n'étaient pas nombreuses, et il y rencontrerait des amis qui pourraient lui fournir des renseignements.

Outre cette raison principale, Jules en avait une autre pour quitter Paris. Depuis le départ de sa famille, le séjour dans la capitale lui était à charge, lui inspirait même des sentiments qui ressemblaient un peu à du remords. Il ne pouvait plus se promener aux Champs-Élysées ou sur les boulevards sans que des regards significatifs lui donnassent à entendre qu'on s'étonnait de voir encore là un jeune homme bien portant et robuste comme lui. Un soir, dans un wagon du Métro, la police lui avait demandé à voir ses papiers, pour s'assurer qu'il n'était pas un déserteur. Enfin, dans l'après-midi du jour où il avait causé avec la concierge de Marguerite, il avait croisé sur le boulevard un homme d'un certain âge, membre de son cercle d'escrime, et il avait eu par lui des nouvelles de leurs camarades.

– Qu'est devenu un tel ?

– Il a été blessé en Lorraine ; il est dans un hôpital, à Toulouse.

– Et un tel ?

– Il a été tué dans les Vosges.

– Et un tel ?

– Il a disparu à Charleroi.

Ce dénombrement de victimes héroïques avait été long. Ceux qui vivaient encore continuaient à réaliser des prouesses. Plusieurs étrangers membres du cercle, des Polonais, des Anglais résidant à Paris, des Américains des Républiques du Sud, venaient de s'enrôler comme volontaires.

– Le cercle, lui avait dit son collègue, peut être fier de ces jeunes gens qu'il a exercés pendant la paix à la pratique des armes. Tous sont sur le front et y exposent leur vie.

Ces paroles avaient gêné Jules, lui avaient fait détourner les yeux, par crainte de rencontrer sur le visage de son interlocuteur une expression sévère ou ironique. Pourquoi n'allait-il pas, lui aussi, défendre la terre qui lui donnait asile ?

Le lendemain matin, Argensola se chargea de prendre pour Jules un billet de chemin de fer à destination de Bordeaux. Ce n'était pas chose facile, à raison du grand nombre de ceux qui voulaient partir et qui souvent étaient obligés d'attendre plusieurs jours ; mais cinquante francs glissés à propos opérèrent le miracle de lui faire obtenir le petit morceau de carton dont le numéro permettrait au « peintre d'âmes » de partir dans la soirée.

Jules, muni pour tout bagage d'une simple valise, parce que les trains n'admettaient que les colis portés à la main, prit place dans un compartiment de première classe et s'étonna du bon ordre avec lequel la compagnie avait réglé les départs : chaque voyageur avait sa place, et il ne se produisait aucun encombrement. Mais à la gare d'Austerlitz ce fut une autre affaire : une avalanche humaine assaillit le train. Les portières étaient ouvertes avec une violence qui menaçait de les rompre ; les paquets et même les enfants faisaient irruption par les fenêtres comme des projectiles ; les gens se poussaient avec la brutalité d'une foule qui fuit d'un théâtre incendié. Dans l'espace destiné à huit personnes il s'en installait douze ou quatorze ; les couloirs s'obstruaient irrémédiablement d'innombrables colis qui servaient de sièges aux nouveaux voyageurs. Les distances sociales avaient disparu ; les gens du peuple envahissaient de préférence les wagons de luxe, croyant y trouver plus de place ; et ceux qui avaient un billet de première classe cherchaient au contraire les wagons des classes inférieures, dans la vaine espérance d'y voyager plus à l'aise. Mais si les assaillants se bousculaient, ils ne s'en montraient pas moins tolérants les uns à l'égard des autres et se pardonnaient en frères. « À la guerre comme à la guerre ! », disaient-ils en manière de suprême excuse. Et chacun poussait son voisin pour lui prendre quelques pouces de banquette, pour introduire son maigre bagage entre les paquets qui surplombaient déjà les têtes dans le plus menaçant équilibre.

Sur les voies de garage, il y avait d'immenses trains qui attendaient depuis vingt-quatre heures le signal du départ. Ces trains étaient composés en partie de wagons à bestiaux, en partie de wagons de marchandises pleins de gens assis à même sur le plancher ou sur des chaises apportées du logis. Chacun de ces trains ressemblait à un campement prêt à se mettre en marche, et, depuis le temps qu'il restaient immobiles, une couche de papiers gras et de pelures de fruits s'était formée le long des demeures roulantes.

Jules éprouvait une profonde pitié pour ses nouveaux compagnons de voyage. Les femmes gémissaient de fatigue, debout dans le couloir, considérant avec une envie féroce ceux qui avaient la chance d'avoir une place sur la banquette. Les petits pleuraient avec des bêlements de chèvre affamée. Aussi le peintre renonça-t-il bientôt à ses avantages de premier occupant : il céda sa place à une vieille dame ; puis il partagea entre les imprévoyants et les nécessiteux l'abondante provision de comestibles dont Argensola avait eu soin de le munir.

Il passa la nuit dans le couloir, assis sur une valise, tantôt regardant à travers la glace les voyageurs qui dormaient dans l'abrutissement de la fatigue et de l'émotion, tantôt regardant au dehors les trains militaires qui passaient à côté du sien, dans une direction opposée. À chaque station on voyait quantité de soldats venus du Midi, qui attendaient le moment de continuer leur route vers la capitale. Ces soldats se montraient gais et désireux d'arriver vite aux champs de bataille ; beaucoup d'entre eux se tourmentaient parce qu'ils avaient peur d'être en retard. Jules, penché à une fenêtre, saisit quelques propos échangés par ces hommes qui témoignaient une inébranlable confiance.

– Les Boches ? Ils sont nombreux, ils ont de gros canons et beaucoup de mitrailleuses. Mais n'importe : on les aura.

La foi de ceux qui allaient au-devant de la mort contrastait avec la panique et les appréhensions de ceux qui s'enfuyaient de Paris. Un vieux monsieur décoré, type du fonctionnaire en retraite, demandait anxieusement à ses voisins :

– Croyez-vous qu'*ils* viendront jusqu'à Tours ?... Croyez-vous qu'*ils* viendront jusqu'à Poitiers ?...

Et, dans son désir de ne pas s'arrêter avant d'avoir trouvé pour sa famille et pour lui-même un refuge absolument sûr, il accueillait comme un oracle la vaine réponse qu'on lui adressait.

À l'aube, Jules put distinguer, le long de la ligne, les territoriaux qui gardaient les voies. Ils étaient armés de vieux fusils et portaient pour unique insigne militaire un képi rouge.

À la gare de Bordeaux, la foule des civils, en bataillant pour descendre des wagons ou pour y monter, se mêlait à la multitude des militaires. À chaque instant les trompettes sonnaient, et les soldats qui s'étaient écartés un instant pour aller chercher de l'eau ou pour se dégourdir les jambes, accouraient à l'appel. Parmi ces soldats il y avait beaucoup d'hommes de couleur : c'étaient des tirailleurs algériens ou marocains aux amples culottes grises, aux bonnets rouges coiffant des faces noires ou bronzées. Et les bataillons armés se mettaient à rouler vers le Nord dans un assourdissant bruit de fer.

Jules vit aussi arriver un train de blessés qui revenaient des combats de Flandre et de Lorraine. Ces hommes aux bouches livides et aux yeux fébriles saluaient d'un sourire les premières terres du Midi aperçues à travers la brume matinale, terres égayées de soleil, royalement parées de leurs pampres ; et, tendant les mains vers les fruits que leur offraient des femmes, ils picoraient avec délices les raisins sucrés de la Gironde.

Bordeaux, ville de province convertie soudain en capitale, était enfiévrée par une agitation qui la rendait méconnaissable. Le président de la République était logé à la préfecture ; les ministères s'étaient installés dans des écoles et dans des musées ; deux théâtres étaient aménagés pour les séances du Sénat et de la Chambre. Tous les hôtels étaient pleins, et d'importants personnages devaient se contenter d'une chambre de domestique.

Jules réussit à se loger dans un hôtel sordide, au fond d'une ruelle. Un petit Amour ornait la porte vitrée ; dans la chambre qu'on lui donna, la glace portait des noms de femmes gravés avec le diamant d'une bague, des phrases qui commémoraient des séjours d'une heure. Et pourtant des dames de Paris, en quête d'un logement, lui enviaient la chance d'avoir trouvé celui-là.

Il essaya de se renseigner sur Marguerite auprès de quelques Parisiens de ses amis qu'il rencontra dans la cohue des fugitifs. Mais ils ne savaient rien de ce qui intéressait Jules. D'ailleurs ils ne s'occupaient guère que de leur propre sort, ne parlaient que des incidents de leur propre installation. Seule une de ses anciennes élèves de *tango* put lui donner une indication utile :

— La petite madame Laurier ? Mais oui, elle doit être dans la région, probablement à Biarritz.

Cela suffit pour que, dès le lendemain, Jules poussât jusqu'à la Côte d'Argent.

En arrivant à Biarritz, la première personne qu'il rencontra dans la rue fut Chichi.

— Un pays inhabitable ! déclara-t-elle à son frère dès les premiers mots. Les riches Espagnols qui sont ici en villégiature me donnent sur les nerfs. Tous *boches* ! Je passe mes journées à me quereller avec eux. Si cela continue, je devrai bientôt me résigner à vivre seule.

Sur la plage, où Chichi conduisit Jules, Luisa jeta les bras au cou de son fils et voulut l'emmener tout de suite à l'hôtel. Il y trouva dans un salon sa tante Héléna au milieu d'une nombreuse compagnie. La

« romantique » était enchantée du pays et des étrangers qui y passaient la saison. Avec eux elle pouvait discourir à son aise sur la décadence de la France. Ces fiers hidalgos attendaient tous, d'un moment à l'autre, la nouvelle de l'entrée du Kaiser à Paris. Des hommes graves qui dans toute leur existence n'avaient jamais fait quoi que ce soit, critiquaient aigrement l'incurie de la République et vantaient l'Allemagne comme le modèle de la prévoyance laborieuse et de la bonne organisation des forces sociales. Des jeunes gens d'un *chic* suprême éclataient en véhémentes apostrophes contre la corruption de Paris, corruption qu'ils avaient étudiée avec zèle dans les vertueuses écoles de Montmartre, et déclaraient avec une emphase de prédicateurs que la moderne Babylone avait un urgent besoin d'être châtiée. Tous, jeunes et vieux, adoraient cette lointaine Germanie où la plupart d'entre eux n'étaient jamais allés et que les autres, dans un rapide voyage, avaient vue seulement comme une succession d'images cinématographiques.

— Pourquoi ne vont-ils pas raconter cela chez eux, de l'autre côté des Pyrénées ? protestait Chichi exaspérée. Mais non, c'est en France qu'ils viennent débiter leurs sornettes calomnieuses. Et dire qu'ils se croient des gens de bonne éducation !

Jules, qui n'était pas venu à Biarritz pour y vivre en famille, employa l'après-dîner à chercher des renseignements sur Marguerite. Il eut la chance d'apprendre d'un ami que la mère de madame Laurier était descendue à l'hôtel de l'Atalaye avec sa fille. Il courut donc à l'hôtel de l'Atalaye ; mais le concierge lui dit que la mère y était seule et que la jeune dame était partie depuis trois ou quatre jours pour un hôpital de Pau, auquel elle avait été attachée en qualité d'infirmière.

Le soir même, Jules reprit le train pour se rendre à Pau.

Là, il explora sans succès plusieurs ambulances : personne n'y connaissait madame Marguerite Laurier. Enfin une religieuse, croyant qu'il cherchait une parente, fit un effort de mémoire et lui fournit un renseignement précieux. Madame Laurier n'avait fait que passer à Pau, et elle s'en était allée avec un blessé. Il y avait à Lourdes beaucoup de blessés et beaucoup d'infirmières laïques : c'était dans cette ville qu'il avait chance de retrouver cette dame, à moins qu'on ne l'eût encore une fois changée de service.

Jules arriva à Lourdes par le premier train. Il ne connaissait pas encore la pieuse localité dont sa mère répétait si fréquemment le nom. Pour Luisa, Lourdes était le cœur de la France, et l'excellente femme en tirait même un argument contre les germanophiles qui soutenaient que la France devait être exterminée à cause de son impiété.

– De nos jours, disait-elle, lorsque la Vierge a daigné faire une apparition, c'est la ville française qu'elle a choisie pour y accomplir ce miracle. Cela ne prouve-t-il pas que la France est moins mauvaise qu'on ne le prétend ? Je ne sache pas que la Vierge ait jamais fait d'apparition à Berlin...

À peine installé dans un hôtel, près de la rivière, Jules courut à la Grande Hôtellerie transformée en hôpital. Il y apprit qu'il ne pourrait parler au directeur que dans l'après-midi. Afin de tromper son impatience, il alla se promener du côté de la Basilique.

La rue principale qui y conduit était bordée de baraquements et de magasins où l'on vendait des images et des souvenirs pieux, de sorte qu'elle ressemblait à un immense bazar. Dans les jardins qui entourent l'église, le voyageur ne vit que des blessés en convalescence, dont les uniformes gardaient les traces de la guerre. En dépit des coups de brosse répétés, les capotes étaient malpropres ; la boue, le sang, la pluie y avaient laissé des taches ineffaçables, avaient donné à l'étoffe une rigidité de carton. Quelques hommes en avaient arraché les manches pour épargner à leurs bras meurtris un frottement pénible. D'autres avaient encore à leurs pantalons les trous faits par des éclats d'obus. C'étaient des combattants de toutes armes et de races diverses : fantassins, cavaliers, artilleurs ; soldats de la métropole et des colonies ; faces blondes de Champenois, faces brunes de Musulmans, faces noires de Sénégalais aux lèvres bleuâtres ; corps d'aspect bonasse, avec l'obésité du bourgeois sédentaire inopinément métamorphosé en guerrier ; corps secs et nerveux, nés pour la bataille et déjà exercés dans les campagnes coloniales.

La ville où une espérance surnaturelle attire les malades du monde catholique, était envahie maintenant par une foule non moins douloureuse, mais dont les costumes multicolores ne laissaient pas d'offrir un bariolage quelque peu carnavalesque. Cette foule héroïque, avec ses longues capotes ornées de décorations, avec ses burnous qui ressemblaient à des costumes de théâtre, avec ses képis rouges et ses chéchias africaines, avait un air lamentable. Rares étaient les blessés qui conservaient l'attitude droite, orgueil de la supériorité humaine. La plupart marchaient courbés, boitant, se traînant, s'appuyant sur une canne ou sur des béquilles. D'autres étaient roulés dans les petites voitures qui, naguère encore, servaient à transporter vers la grotte de la Vierge les pieux malades. Les éclats d'obus, ajoutant à la violence destructive une sorte de raillerie féroce, avaient grotesquement défiguré beaucoup d'individus. Certains de ces hommes n'étaient plus que d'effrayantes caricatures, des haillons humains disputés à la tombe par l'audace de la science chirurgicale : êtres sans bras ni jambes, qui reposaient au fond d'une voiturette comme des morceaux de sculpture ou comme des pièces anatomiques ; crânes incomplets, dont le cerveau était protégé par un couvercle artificiel ; visages sans nez, qui, comme les têtes de mort, montraient les noires cavités de leurs fosses nasales. Et ces pauvres débris qui s'obstinaient à vivre et qui promenaient au soleil leurs énergies renaissantes, causaient, fumaient, riaient, contents de voir encore le ciel bleu, de sentir encore la caresse du soleil, de jouir encore de la vie. En somme, ils étaient du nombre des heureux ; car, après avoir vu la mort de si près, ils avaient échappé à son étreinte, tandis que des milliers et des milliers de camarades gisaient dans des lits d'où ils ne se relèveraient plus, tandis que des milliers et des milliers d'autres dormaient à jamais sous la terre arrosée de leur sang, terre fatale qui, ensemencée de projectiles, donnait pour récolte des moissons de croix.

Ce spectacle fit sur Jules une impression si forte qu'il en oublia un moment le but de son voyage. Ah ! si ceux qui provoquent la guerre du fond de leurs cabinets diplomatiques ou autour de la table d'un état-major, pouvaient la voir, non sur les champs de bataille où l'ivresse de l'enthousiasme trouble les idées, mais froidement, telle qu'elle se montre dans les hôpitaux et dans les cimetières ! À la vue de ces tristes épaves des combats, le jeune homme se représenta en imagination le globe terrestre comme un énorme navire voguant sur un océan infini. Les pauvres humains qui en formaient l'équipage ne savaient pas même ce qui existait sous leurs pieds, dans les profondeurs ; mais chaque groupe prétendait occuper sur le pont la meilleure place. Des hommes considérés comme supérieurs excitaient les groupes à se haïr, afin d'obtenir eux-mêmes le commandement, de saisir la barre et de donner au navire la direction qui leur plaisait ; mais ces prétendus hommes supérieurs en savaient tout juste autant que les autres, c'est-à-dire qu'ils ne savaient absolument rien. Aucun d'eux ne pouvait dire avec certitude ce qu'il y avait au-delà de l'horizon visible, ni vers quel port se dirigeait le navire. La sourde hostilité du mystère les enveloppait tous ; leur vie était précaire, avait besoin de soins incessants pour se conserver ; et néanmoins, depuis des siècles et des siècles, l'équipage n'avait pas eu un seul instant de bon accord, de travail concerté, de raison claire ; il était divisé en partis ennemis qui s'entretuaient pour s'asservir les uns les autres, qui luttaient pour se jeter les uns les autres par-dessus bord, et le sillage se couvrait de cadavres. Au milieu de cette sanguinaire démence, on entendait parfois de sinistres sophistes déclarer que cela était parfait, qu'il convenait de continuer ainsi éternellement, et que c'était un mauvais rêve de souhaiter que ces marins, se regardant comme des frères, poursuivissent en commun une même destinée et s'entendissent pour surveiller autour d'eux les embûches des ondes hostiles.

Jules erra longtemps aux alentours de la basilique. Dans les jardins et sur l'esplanade, il fut distrait de ses sombres réflexions par la gaieté puérile que montraient quelques petits groupes de convalescents. C'étaient des Musulmans, tirailleurs algériens ou marocains, auxquels des civils, par attendrissement patriotique, offraient des cigares et des friandises. En se voyant si bien fêtés et régalés par la race qui tenait leur pays sous sa domination, ils s'enorgueillissaient, devenaient hardis comme des enfants gâtés. Heureuse guerre qui leur permettait d'approcher de ces femmes si blanches, si parfumées, et d'être accueillis par elles avec des sourires ! Il leur semblait avoir devant eux les houris du paradis de Mahomet, promises aux braves. Leur plus grand plaisir était de se faire donner la main. « Madame !... Madame !... » Et ils tendaient leur longue patte noire. La dame, amusée, un peu effrayée aussi, hésitait un instant, donnait une rapide poignée de main ; et les bénéficiaires de cette faveur s'éloignaient satisfaits.

Un peu plus loin, sous les arbres, les voiturettes des blessés stationnaient en files. Officiers et soldats restaient de longues heures dans l'ombre bleue, à regarder passer des camarades qui pouvaient se servir encore de leurs jambes. La grotte miraculeuse resplendissait de centaines de cierges allumés. Une foule pieuse, agenouillée en plein air, fixait sur les roches sacrées des yeux suppliants, tandis que les esprits s'envolaient au loin vers les champs de bataille avec cette confiance en Dieu qu'inspire toujours l'anxiété. Dans cette foule en prières il y avait des soldats à la tête enveloppée de linges, qui tenaient leurs képis à la main et qui avaient les paupières mouillées de larmes.

Comme Jules se promenait dans une allée, près de la rivière, il aperçut un officier dont les yeux étaient bandés et qui se tenait assis sur un banc. À côté de lui, blanche comme un ange gardien, se tenait une infirmière. Jules allait passer son chemin, lorsque l'infirmière fit un mouvement brusque et détourna la tête, comme si elle craignait d'être vue. Ce mouvement attira l'attention du jeune homme qui reconnut Marguerite, encore qu'elle fût extraordinairement changée. Ce visage pâle et grave ne gardait rien de la frivolité d'autrefois, et ces yeux un peu las semblaient plus larges, plus profonds.

L'un et l'autre, hypnotisés par la surprise, se considérèrent un instant. Puis, comme Jules faisait un pas vers elle, Marguerite montra une vive inquiétude, protesta silencieusement des yeux, des mains, de tout le corps ; et soudain elle prit une résolution, dit quelques mots à l'officier, se leva et marcha droit vers Jules, mais en lui faisant signe de prendre une allée latérale d'où elle pourrait surveiller l'aveugle sans que celui-ci entendit les paroles qu'ils échangeraient.

Dans l'allée, face à face, ils restèrent quelques instants sans rien dire. Jules était si ému qu'il ne trouvait pas de mots pour exprimer ses reproches, ses supplications, son amour. Ce qui lui vint enfin aux lèvres, ce fut une question acerbe et brutale :

– Qui est cet homme ?

L'accent rageur, la voix rude avec lesquels il avait parlé, le surprirent lui-même. Mais Marguerite n'en fut point déconcertée. Elle fixa sur le jeune homme des yeux limpides, sereins, qui semblaient affranchis pour toujours des effarements de la passion et de la peur, et elle répondit :

– C'est mon mari.

Laurier ! Était-il possible que ce fût Laurier, cet aveugle immobile sur ce banc comme un symbole de la douleur héroïque ? Il avait la peau tannée, avec des rides qui convergeaient comme des rayons autour des cavités de son visage. Ses cheveux commençaient à blanchir aux tempes et des poils gris se montraient dans la barbe qui croissait sur ses joues. En un mois il avait vieilli de vingt ans. Et, par une inexplicable contradiction, il paraissait plus jeune, d'une jeunesse qui semblait jaillir du fond de son être, comme si son âme vigoureuse, après avoir été soumise aux émotions les plus violentes, ne pouvait plus désormais connaître la crainte et se reposait dans la satisfaction ferme et superbe du devoir accompli. À contempler Laurier, Jules éprouva tout à la fois de l'admiration et de l'envie. Il eut honte du sentiment de haine que venait de lui inspirer cet homme si cruellement frappé par le malheur : cette haine était une lâcheté. Mais, quoique il eût la claire conscience d'être lâche, il ne put s'empêcher de dire encore à Marguerite :

– C'est donc pour cela que tu es partie sans me donner ton adresse ? Tu m'as quitté pour le rejoindre. Pourquoi es-tu venue ? Pourquoi m'as-tu quitté ?

– Parce que je le devais, répondit-elle.

Et elle lui expliqua sa conduite. Elle avait reçu la nouvelle de la blessure de Laurier au moment où elle se disposait à quitter Paris avec sa mère. Elle n'avait pas hésité une seconde : son devoir était d'accourir auprès de son mari. Depuis le début de la guerre elle avait beaucoup réfléchi, et la vie lui était apparue sous un aspect nouveau. Elle avait maintenant le besoin de travailler pour son pays, de supporter sa part de la douleur commune, de se rendre utile comme les autres femmes. Disposée à donner tous ses soins à des inconnus, n'était-il pas naturel qu'elle préférât se dévouer à cet homme qu'elle avait tant fait souffrir ? La pitié qu'elle éprouvait déjà spontanément pour lui s'était accrue, lorsqu'elle avait connu les circonstances de son infortune. Un obus, éclatant près de sa batterie, avait tué tous ceux qui l'entouraient ; il avait reçu lui-même plusieurs blessures ; mais une seule, celle du visage, était grave : il avait un œil irrémédiablement perdu. Quant à l'autre, les médecins ne désespéraient pas de le lui conserver ; mais Marguerite avait des doutes à cet égard.

Elle dit tout cela d'une voix un peu sourde, mais sans larmes. Les larmes, comme beaucoup d'autres choses d'avant la guerre, étaient devenues inutiles en raison de l'immensité de la souffrance universelle.

– Comme tu l'aimes ! s'écria Jules.

Elle parut se troubler un peu, baissa la tête, hésita une seconde ; puis, avec un visible effort :

– Oui, je l'aime, déclara-t-elle, mais autrement que je ne t'aimais.

– Ah ! Marguerite...

La franche réponse qu'il venait d'entendre lui avait donné un coup en plein cœur ; mais, par un effet étrange, elle avait aussi apaisé brusquement sa colère : il s'était senti en présence d'une situation tragique où les jalousies et les récriminations ordinaires des amants n'étaient plus de mise. Au lieu de lui adresser des reproches, il lui demanda simplement :

— Ton mari accepte-t-il tes soins et ta tendresse ?

— Il ignore encore qui je suis. Il croit que je suis une infirmière quelconque, et que, si je le soigne avec zèle, c'est seulement parce que j'ai compassion de son état et de sa solitude : car personne ne lui écrit ni ne le visite... Je lui ai raconté que je suis une dame belge qui a perdu les siens, qui n'a plus personne au monde. Lui, il ne m'a dit que quelques mots de sa vie antérieure, comme s'il redoutait d'insister sur un passé odieux ; mais je n'ai entendu de sa bouche aucune parole sévère contre la femme qui l'a trahi... Je souhaite ardemment que les médecins réussissent à sauver un de ses yeux, et en même temps cela me fait peur. Que dira-t-il, quand il saura qui je suis ?... Mais qu'importe ? Ce que je veux, c'est qu'il recouvre la vue. Advienne ensuite que pourra !...

Elle se tut un instant ; puis elle reprit :

— Ah ! la guerre ! Que de bouleversements elle a causés dans notre existence !... Depuis une semaine que je suis à ses côtés, je déguise ma voix autant que je peux, j'évite toute parole révélatrice. Je crains tant qu'il me reconnaisse et qu'il s'éloigne de moi ! Mais, malgré tout, je désire être reconnue et être pardonnée... Hélas ! par moments, je me demande s'il ne soupçonne pas la vérité, je m'imagine même qu'il m'a reconnue dès la première heure et que, s'il feint l'ignorance, c'est parce qu'il me méprise. J'ai été si mauvaise avec lui ! Je lui ai fait tant de mal !...

— Il n'est pas le seul, repartit sèchement Jules. Tu m'as fait du mal, à moi aussi.

Elle le regarda avec des yeux étonnés, comme s'il venait de dire une parole imprévue et malséante ; puis, avec la résolution de la femme qui a pris définitivement son parti :

— Toi, reprit-elle, tu souffriras un moment, mais bientôt tu rencontreras une autre femme qui me remplacera dans ton cœur. Moi, au contraire, j'ai assumé pour toute ma vie une charge très lourde et néanmoins très douce : jamais plus je ne me séparerai de cet homme que j'ai si cruellement offensé, qui maintenant est seul au monde et qui aura peut-être besoin jusqu'à son dernier jour d'être soigné et servi comme un enfant. Séparons-nous donc et suivons chacun notre chemin ; le mien, c'est celui du sacrifice et du repentir ; le tien, c'est celui de la joie et de l'honneur. Ni toi ni moi, nous ne voudrions outrager cet homme au noble cœur, que la cécité rend incapable de se défendre. Notre amour serait une vilenie.

Jules baissait les yeux, perplexe, vaincu.

— Écoute, Marguerite, déclara-t-il enfin. Je lis dans ton âme. Tu aimes ton mari et tu as raison : il vaut mieux que moi. Avec toute ma jeunesse et toute ma force, je n'ai été jusqu'ici qu'un inutile ; mais je puis réparer le temps perdu. La France est le pays de mon père et le tien : je me battrai pour elle. Je suis las de ma paresse et de mon oisiveté, à une époque où les héros se comptent par millions. Si le sort me favorise, tu entendras parler de moi.

Ils avaient tout dit. À quoi bon prolonger cette entrevue pénible ?

— Adieu, prononça-t-elle, plus résolue que lui, mais tout à coup devenue pâle. Il faut que je retourne auprès de mon blessé.

— Adieu, répondit-il en lui tendant une main qu'elle prit et serra sans hésitation, d'une étreinte virile.

Et il s'éloigna sans regarder en arrière, tandis qu'elle revenait vers le banc.

Il semblait à Jules que sa personnalité s'était dédoublée et qu'il se considérait lui-même avec des yeux de juge. La vanité, la stérilité, la malfaisance de sa vie passée lui apparaissaient nettement, à la lumière des paroles qu'elle lui avait dites. Alors que l'humanité tout entière pensait à de grandes choses, il n'avait connu que les désirs égoïstes et mesquins. L'étroitesse et la vulgarité de ses aspirations l'irritaient contre lui-même. Un miracle s'accomplissait en lui, et il n'hésitait plus sur la route à suivre.

Il se rendit à la gare, consulta l'indicateur, prit le premier train à destination de Paris.

VIII

L'invasion

Comme Marcel fuyait pour se réfugier au château, il rencontra le maire de Villeblanche. Lorsque celui-ci, que le bruit de la décharge avait fait accourir vers la barricade, fut informé de la présence des traînards, il leva les bras désespérément.

– Ces gens sont fous !... Leur résistance va être fatale au village !

Et il reprit sa course pour tâcher d'obtenir des soldats qu'ils cessassent le feu.

Un long temps se passa sans que rien vînt troubler le silence de la matinée. Marcel était monté sur l'une des tours du château, et il explorait la campagne avec ses jumelles. Il ne pouvait voir la route : les bordures d'arbres la lui masquaient. Toutefois son imagination devinait sous le feuillage une activité occulte, des masses d'hommes qui faisaient halte, des troupes qui se préparaient pour l'attaque. La résistance inattendue des traînards avait dérangé la marche de l'invasion.

Ensuite Marcel, ayant retourné ses jumelles vers les abords du village, y aperçut des képis dont les taches rouges, semblables à des coquelicots, glissaient sur le vert des prés. C'étaient les traînards qui se retiraient, convaincus de l'inutilité de la résistance. Sans doute le maire leur avait indiqué un gué ou une barque oubliée qui leur permettrait de passer la Marne, et ils continuaient leur retraite le long de la rivière.

Soudain le bois vomit quelque chose de bruyant et de léger, une bulle de vapeur qu'accompagna une sourde explosion, et quelque chose passa dans l'air en décrivant une courbe sifflante. Après quoi, un toit du village s'ouvrit comme un cratère et vomit des solives, des pans de murs, des meubles rompus. Tout l'intérieur de l'habitation s'échappait dans un jet de fumée, de poussière et de débris. C'étaient les Allemands qui bombardaient Villeblanche avant l'attaque : ils craignaient sans doute de rencontrer dans les rues une défense opiniâtre.

De nouveaux projectiles tombèrent. Quelques-uns, passant par-dessus les maisons, vinrent éclater entre le village et le château, dont les tours commençaient à attirer le pointage des artilleurs. Marcel se disait qu'il était temps d'abandonner son périlleux observatoire, lorsqu'il vit flotter sur le clocher quelque chose de blanc, qui paraissait être une nappe ou un drap de lit. Les habitants, pour éviter le bombardement, avaient hissé ce signal de paix.

Tandis que Marcel, descendu dans son parc, regardait le concierge enterrer au pied d'un arbre tous les fusils de chasse qui existaient au château, il entendit le silence matinal se lacérer avec un déchirement de toile rude.

— Des coups de fusil, dit le concierge. Un feu de peloton. C'est probablement sur la place.

Ils se dirigèrent vers la grille. Les ennemis ne tarderaient pas à arriver, et il fallait être là pour les recevoir.

Quelques minutes après, une femme du village accourut vers eux, une vieille aux membres décharnés et noirâtres, qui haletait par la précipitation de la course et qui jetait autour d'elle des regards affolés. Ils écoutèrent avec stupéfaction son récit entrecoupé par des hoquets de terreur.

Les Allemands étaient à Villeblanche. D'abord était venue une automobile blindée qui avait traversé le village d'un bout à l'autre, à toute vitesse. Sa mitrailleuse tirait au hasard contre les maisons fermées et contre les portes ouvertes, abattant toutes les personnes qui se montraient. Des morts ! Des blessés ! Du sang ! Puis d'autres automobiles blindées avaient pris position sur la place, bientôt rejointes par des pelotons de cavaliers, des bataillons de fantassins, d'autres et d'autres soldats qui arrivaient sans cesse. Ces hommes paraissaient furibonds : ils accusaient les habitants d'avoir tiré sur eux. Sur la place, ils avaient brutalisé le maire et plusieurs notables. Le curé, penché sur des agonisants, avait été bousculé, lui aussi. Les Allemands les avaient déclarés prisonniers et parlaient de les fusiller.

Les paroles de la vieille furent interrompues par le bruit de plusieurs voitures qui s'approchaient.

– Ouvrez la grille, ordonna Marcel au concierge.

La grille fut ouverte, et elle ne se referma plus. Désormais c'en était fait du droit de propriété.

Une automobile énorme, couverte de poussière et pleine d'hommes, s'arrêta à la porte ; derrière elle résonnaient les trompes d'autres voitures, qui s'arrêtèrent aussi par un brusque serrement des freins. Des soldats mirent pied à terre, tous vêtus de gris verdâtre et coiffés d'un casque à pointe que recouvrait une gaine de même couleur. Un lieutenant, qui marchait le premier, braqua le canon de son revolver sur la poitrine de Marcel et lui demanda :

– Où sont les francs-tireurs ?

Il était pâle, d'une pâleur de colère, de vengeance et de peur, et cette triple émotion lui mettait aux joues un tremblement. Marcel répondit qu'il n'avait pas vu de francs-tireurs ; le château n'était habité que par le concierge, par sa famille et par lui-même, qui en était le propriétaire.

Le lieutenant considéra l'édifice, puis toisa Marcel avec une visible surprise, comme s'il lui trouvait l'aspect trop modeste pour un châtelain : il l'avait sans doute pris pour un simple domestique. Par respect pour les hiérarchies sociales, il abaissa son revolver ; mais il n'en garda pas moins ses manières impérieuses. Il ordonna à Marcel de lui servir de guide, et quarante soldats se rangèrent pour leur faire escorte. Disposés sur deux files, ces soldats s'avançaient à l'abri des arbres qui bordaient l'avenue, le fusil prêt à faire feu, regardant avec inquiétude aux fenêtres du château comme s'ils s'attendaient à recevoir de là une décharge. Le châtelain marchait tranquillement au milieu du chemin, et l'officier, qui d'abord avait imité la prudence de ses hommes, finit par se joindre à Marcel, au moment de traverser le pont-levis.

Les soldats se répandirent dans les appartements, à la recherche d'ennemis cachés. Ils donnaient des coups de baïonnette sous les lits et sous les divans. Quelques-uns, par instinct destructeur, s'amusaient à percer les tapisseries et les riches courtepointes. Marcel protesta. Pourquoi ces dégâts inutiles ? En homme d'ordre, il souffrait de voir les lourdes bottes tacher de boue les tapis moelleux, d'entendre les crosses des fusils heurter les meubles fragiles et renverser les bibelots rares. L'officier considéra avec étonnement ce propriétaire qui protestait pour de si futiles motifs ; mais il ne laissa pas de donner un ordre qui fit que les soldats cessèrent leurs violentes explorations. Puis, comme pour justifier de si extraordinaires égards :

— Je crois que vous aurez l'honneur de loger le commandant de notre corps d'armée, ajouta-t-il en français.

Lorsqu'il se fut assuré que le château ne recelait aucun ennemi, il devint plus aimable avec Marcel ; mais il n'en persista pas moins à soutenir que des francs-tireurs avaient fait feu sur les uhlans d'avant-garde. Marcel crut devoir le détromper. Non, ce n'étaient pas des francs-tireurs ; c'étaient des soldats retardataires dont il avait très bien reconnu les uniformes.

— Eh quoi ? Vous aussi, vous vous obstinez à nier ? repartit l'officier d'un ton rogue. Même s'ils portaient l'uniforme, ils n'en étaient pas moins des francs-tireurs. Le Gouvernement français a distribué des armes et des effets militaires aux paysans, pour qu'ils nous assassinent. On a déjà fait cela en Belgique. Mais nous connaissons cette ruse et nous saurons la punir. Les cadavres allemands couchés près de la barricade seront bien vengés. Les coupables paieront cher leur crime.

Dans son indignation il lui semblait que la mort de ces uhlans fût une chose inouïe et monstrueuse, comme si les seuls ennemis de l'Allemagne devaient périr à la guerre et que les Allemands eussent tous le droit d'y avoir la vie sauve.

Ils étaient alors au plus haut étage du château, et Marcel, en regardant par une fenêtre, vit onduler au-dessus des arbres, du côté du village, une sombre nuée dont le soleil rougissait les contours. De l'endroit où il se trouvait, il ne pouvait apercevoir que la pointe du clocher. Autour du coq de fer voltigeaient des vapeurs qui ressemblaient à une fine gaze, à des toiles d'araignée soulevées par le vent. Une odeur de bois brûlé arriva jusqu'à ses narines. L'officier salua ce spectacle par un rire cruel : c'était le commencement de la vengeance.

Quand ils furent redescendus dans le parc, le lieutenant prit Marcel avec lui dans une automobile, et, tandis que les soldats s'installaient au château, il emmena le châtelain vers une destination inconnue.

À la sortie du parc, Marcel eut comme la brusque vision d'un monde nouveau. Sur le village s'étendait un dais sinistre de fumée, d'étincelles, de flammèches brasillantes ; le clocher flambait comme une énorme torche ; la toiture de l'église, en s'effondrant, faisait jaillir des tourbillons noirâtres. Dans l'affolement du désespoir, des femmes et des enfants fuyaient à travers la campagne avec des cris aigus. Les bêtes, chassées par le feu, s'étaient évadées des étables et se dispersaient dans une course folle. Les vaches et les chevaux de labour traînaient leur licol rompu par les violents efforts de l'épouvante, et leurs flancs fumeux exhalaient une odeur de poil roussi. Les porcs, les brebis, les poules se sauvaient pêle-mêle avec les chats et les chiens.

Les Allemands, des multitudes d'Allemands affluaient de toutes parts. C'était comme un peuple de fourmis grises qui défilaient, défilaient vers le Sud. Cela sortait des bois, emplissait les chemins, inondait les champs.

La verdure de la végétation s'effaçait sous le piétinement ; les clôtures tombaient, renversées ; la poussière s'élevait en spirales derrière le roulement sourd des canons et le trot cadencé des milliers de chevaux. Sur les bords de la route avaient fait halte plusieurs bataillons, avec leur suite de voitures et de bêtes de trait.

Marcel avait vu cette armée aux parades de Berlin ; mais il lui sembla que ce n'était plus la même. Il ne restait à ces troupes que bien peu de leur lustre sévère, de leur raideur muette et arrogante. La guerre, avec ses ignobles réalités, avait aboli l'apprêt théâtral de ce formidable organisme de mort. Les régiments d'infanterie qui naguère, à Berlin, reflétaient la lumière du soleil sur les métaux et les courroies vernies de leur équipement ; les hussards de la mort, somptueux et sinistres ; les cuirassiers blancs, semblables à des paladins du Saint-Graal ; les artilleurs à la poitrine rayée de bandes blanches ; tous ces hommes qui, pendant les défilés, arrachaient des soupirs d'admiration aux Hartrott, étaient maintenant unifiés et assimilés dans la monotonie d'une même couleur vert pisseux et ressemblaient à des lézards qui, à force de frétiller dans la poussière, finissent par se confondre avec elle.

Les soldats étaient exténués et sordides. Une exhalaison de chair blanche, grasse et suante, mêlée à l'odeur aigre du cuir, flottait sur les régiments. Il n'était personne qui n'eût l'air affamé. Depuis des jours et des jours ils marchaient sans trêve, à la poursuite d'un ennemi qui réussissait toujours à leur échapper. Dans cette chasse forcenée, les vivres de l'intendance arrivaient tard aux cantonnements, et les hommes ne pouvaient compter que sur ce qu'ils avaient dans leurs sacs. Marcel les vit alignés au bord du chemin, dévorant des morceaux de pain noir et des saucisses moisies. Quelques-uns d'entre eux se répandaient dans les champs pour y arracher des betteraves et d'autres tubercules dont ils mâchaient la pulpe dure, encore salie d'une terre sablonneuse qui craquait sous la dent.

Ils compensaient l'insuffisance de la nourriture par les produits d'une terre riche en vignobles. Le pillage des maisons leur fournissait peu de vivres ; mais ils ne manquaient jamais de trouver une cave bien garnie.

L'Allemand d'humble condition, abreuvé de bière et accoutumé à considérer le vin comme une boisson dont les riches avaient le privilège, pouvait défoncer les tonneaux à coups de crosse et se baigner les pieds dans les flots du précieux liquide. Chaque bataillon laissait comme trace de son passage un sillage de bouteilles vides. Les fourgons, ne pouvant renouveler leurs provisions de vivres, se chargeaient de futailles lorsqu'ils passaient dans les villages. Dépourvu de pain, le soldat recevait de l'alcool.

Lorsque l'automobile entra dans Villeblanche, elle dut ralentir sa marche. Des murs calcinés s'étaient abattus sur la route, des poutres à demi carbonisées obstruaient la chaussée, et la voiture était obligée de virer entre les décombres fumants. Les maisons des notables brûlaient comme des fournaises, parmi d'autres maisons qui se tenaient encore debout, saccagées, éventrées, mais épargnées par l'incendie. Dans ces brasiers de poutres crépitantes on apercevait des chaises, des couchettes, des machines à coudre, des fourneaux de cuisine, tous les meubles du confort paysan, qui se consumaient ou qui se tordaient. Marcel crut même voir un bras qui émergeait des ruines et qui commençait à brûler comme un cierge. Un relent de graisse chaude se mêlait à une puanteur de fumerolles et de débris carbonisés.

Tout à coup l'automobile s'arrêta. Des cadavres barraient le chemin : deux hommes et une femme. Non loin de ces cadavres, des soldats mangeaient, assis par terre. Le chauffeur leur cria de débarrasser la route ; et alors, avec leurs fusils et avec leurs pieds, ils poussèrent les morts encore tièdes, qui, à chaque tour qu'ils faisaient sur eux-mêmes, répandaient une traînée de sang. Dès qu'il y eut assez de place, l'automobile démarra. Marcel entendit un craquement, une petite secousse : les roues de derrière avaient écrasé un obstacle fragile. Saisi d'horreur, il ferma les yeux.

Quand il les rouvrit, il était sur la place. La mairie brûlait ; l'église n'était plus qu'une carcasse de pierres hérissées de langues de feu. Là, Marcel put se rendre compte de la façon dont l'incendie était méthodiquement propagé par une troupe de soldats qui s'acquittaient de cette sinistre besogne comme d'une corvée ordinaire. Ils portaient des caisses et des cylindres de métal ; un chef marchait devant eux, leur désignait les édifices condamnés ; et, après qu'ils avaient lancé par les fenêtres brisées des pastilles et des jets de liquide, l'embrasement se produisait avec une rapidité foudroyante.

De la dernière maison que ces soldats venaient de livrer aux flammes, le châtelain vit sortir deux fantassins français qui, surpris par le feu et à demi asphyxiés, traînaient derrière eux des bandages défaits, tandis que le sang ruisselait de leurs blessures mises à nu. Épuisés de fatigue, ils n'avaient pu suivre la retraite de leur régiment. Dès qu'ils parurent, cinq ou six Allemands s'élancèrent sur eux, les criblèrent de coups de baïonnette et les repoussèrent dans le brasier.

Près du pont, le lieutenant et Marcel descendirent d'automobile et s'avancèrent vers un groupe d'officiers vêtus de gris, coiffés du casque à pointe, semblables à tous les officiers. Néanmoins le lieutenant se planta, rigide, une main à la visière, pour parler à celui qui se tenait un peu en avant des autres. Marcel regarda cet homme qui, de son côté, l'examinait avec de petits yeux bleus et durs. Le regard insolent et scrutateur parcourut le châtelain de la tête aux pieds, et Marcel comprit que sa vie dépendait de cet examen. Mais le chef haussa les épaules, prononça quelques mots, d'un air dédaigneux, puis s'éloigna avec deux de ses officiers, tandis que le reste du groupe se dispersait.

— Son Excellence est très bonne, dit alors le lieutenant à Marcel. C'est le commandant du corps d'armée, celui qui doit loger dans votre château. Il pouvait vous faire fusiller ; mais il vous pardonne, parce qu'il sera votre hôte. Il a ordonné toutefois que vous assistiez au châtiment de ceux qui n'ont pas su prévenir l'assassinat de nos uhlans. Cela, pour votre gouverne : vous n'en comprendrez que mieux votre devoir et la bonté de Son Excellence. Voici le peloton d'exécution.

En effet, un peloton d'infanterie s'avançait, conduit par un sous-officier. Quand les files s'ouvrirent, Marcel aperçut au milieu des uniformes gris plusieurs personnes que l'on brutalisait. Tandis que ces personnes allaient s'aligner le long d'un mur, à vingt mètres du peloton, il les reconnut : le maire, le curé, le garde forestier, trois ou quatre propriétaires du village. Le maire avait sur le front une longue estafilade, et un haillon tricolore pendait sur sa poitrine, lambeau de l'écharpe municipale qu'il avait ceinte pour recevoir les envahisseurs. Le curé, redressant son corps petit et rond, s'efforçait d'embrasser dans un pieux regard les victimes et les bourreaux, le ciel et la terre. Il paraissait grossi ; sa ceinture noire, arrachée par la brutalité des soldats, laissait son ventre libre et sa soutane flottante ; ses cheveux blancs ruisselaient de sang, et les gouttes rouges tombaient sur son rabat. Aucun des prisonniers ne parlait : ils avaient épuisé leurs voix en protestations inutiles. Toute leur vie se concentrait dans leurs yeux, qui exprimaient une sorte de stupeur. Était-il possible qu'on les tuât froidement, en dépit de leur complète innocence ? Mais la certitude de mourir donnait une noble sérénité à leur résignation.

Quand le prêtre, d'un pas que l'obésité rendait vacillant, alla prendre sa place pour l'exécution, des éclats de rire troublèrent le silence. C'étaient des soldats sans armes qui, accourus pour assister au supplice, saluaient le vieillard par cet outrage : « À mort le curé ! » Dans cette clameur de haine vibrait le fanatisme des guerres religieuses. La plupart des spectateurs étaient, soit de dévots catholiques, soit de fervents protestants ; mais les uns et les autres ne croyaient qu'aux prêtres de leur pays. Pour eux, hors de l'Allemagne tout était sans valeur, même la religion.

Le maire et le curé changèrent de place dans le rang pour se rapprocher, et, avec une courtoisie solennelle, ils s'offrirent l'un à l'autre la place d'honneur au centre du groupe.

— Ici, monsieur le maire. C'est la place qui vous appartient.

— Non, monsieur le curé. C'est la vôtre.

Ils discutaient pour la dernière fois ; mais, en ce moment tragique, c'était pour se rendre un mutuel hommage et se témoigner une déférence réciproque.

Quand les fusils s'abaissèrent, ils éprouvèrent tous deux le besoin de dire quelques paroles, de couronner leur vie par une affirmation suprême.

— Vive la République ! cria le maire.

— Vive la France ! cria le curé.

Et il sembla au châtelain qu'ils avaient poussé le même cri.

Puis deux bras se dressèrent, celui du prêtre qui traça en l'air le signe de la croix, celui du chef du peloton, dont l'épée nue jeta un éclair sinistre. Une décharge retentit, suivie de quelques détonations tardives.

Marcel fut saisi de compassion pour la pauvre humanité, à voir les formes ridicules qu'elle prenait dans les affres de la mort. Parmi les victimes, les unes s'affaissèrent comme des sacs à moitié vides ; d'autres rebondirent sur le sol comme des pelotes ; d'autres s'allongèrent sur le dos ou sur le ventre dans une attitude de nageurs. Et ce fut à terre une palpitation de membres grouillants, de bras et de jambes que tordaient les spasmes de l'agonie, tandis qu'une main débile, sortant de l'abatis humain, s'efforçait de répéter encore le signe sacré. Mais plusieurs soldats s'avancèrent comme des chasseurs qui vont ramasser leurs pièces, et quelques coups de fusil, quelques coups de crosse eurent vite fait d'immobiliser le tas sanglant. Le lieutenant avait allumé un cigare.

— Quand vous voudrez, dit-il à Marcel avec une dérisoire politesse.

Et ils revinrent en automobile au château.

Le château était défiguré par l'invasion. En l'absence du maître, on y avait établi une garde nombreuse. Tout un régiment d'infanterie campait dans le parc. Des milliers d'hommes, installés sous les arbres, préparaient leur repas dans les cuisines roulantes. Les plates-bandes et les corbeilles du jardin, les plantes exotiques, les avenues soigneusement sablées et ratissées, tout était piétiné, brisé, sali par l'irruption des hommes, des bêtes et des voitures. Un chef qui portait sur la manche le brassard de l'intendance, donnait des ordres comme s'il eût été le propriétaire occupé à surveiller le déménagement de sa maison. Déjà les étables étaient vides. Marcel vit sortir ses dernières vaches conduites à coups de bâton par les pâtres casqués. Les plus coûteux reproducteurs, égorgés comme de simples bêtes de boucherie, pendaient en quartiers à des arbres de l'avenue. Dans les poulaillers et les colombiers il ne restait pas un oiseau. Les écuries étaient remplies de chevaux maigres qui se gavaient devant les râteliers combles, et l'avoine des greniers, répandue par incurie dans les cours, se perdait en grande quantité avant d'arriver aux mangeoires. Les montures de plusieurs escadrons erraient à travers les prairies, détruisant sous leurs sabots les rigoles d'irrigation, les berges des digues, l'égalité du sol, tout le travail de longs mois. Les piles de bois de chauffage brûlaient inutilement dans le parc : par négligence ou par méchanceté, quelqu'un y avait mis le feu. L'écorce des arbres voisins craquait sous les langues de la flamme.

Au château même, une foule d'hommes, sous les ordres de l'officier d'intendance, s'agitaient dans un perpétuel va-et-vient. Le commandant du corps d'armée, après avoir inspecté les travaux que les pontonniers exécutaient sur la rive de la Marne pour le passage des troupes, devait s'y installer d'un moment à l'autre avec son état-major. Ah ! le pauvre château historique !

Marcel, écœuré, se retira dans le pavillon de la conciergerie et s'y affala sur une chaise de la cuisine, les yeux fixés à terre. La femme du concierge le considérait avec étonnement.

– Ah ! monsieur ! Mon pauvre monsieur !

Le châtelain appréciait beaucoup la fidélité de ces bons serviteurs, et il fut touché par l'intérêt que lui témoignait la femme. Quant au mari, faible et malade, il avait sur le front la trace noire d'un coup que lui avaient donné les soldats, alors qu'il essayait de s'opposer à la spoliation du château en l'absence de son maître. La présence même de leur fille Georgette évoqua dans la mémoire de Marcel l'image de Chichi, et il reporta sur elle quelque chose de la tendresse qu'il éprouvait pour sa propre fille. Georgette n'avait que quatorze ans ; mais depuis quelques mois elle commençait à être femme, et la croissance lui avait donné les premières grâces de son sexe. Sa mère, par crainte de la soldatesque, ne lui permettait pas de sortir du pavillon.

Cependant le millionnaire, qui n'avait rien pris depuis le matin, sentit avec une sorte de honte qu'en dépit de la situation tragique son estomac criait famine, et la concierge lui servit sur le coin d'une table un morceau de pain et un morceau de fromage, tout ce qu'elle avait pu trouver dans son buffet.

L'après-midi, le concierge alla voir ce qui se passait au château, et il revint dire à Marcel que le général en avait pris possession avec sa suite. Pas une porte ne restait close : elles avaient toutes été enfoncées à coups de crosse et à coups de hache. Beaucoup de meubles avaient disparu, ou cassés, ou enlevés par les soldats. L'officier d'intendance rôdait de pièce en pièce, y examinait chaque objet, dictait des instructions en allemand. Le commandant du corps d'armée et son entourage se tenaient dans la salle à manger, où ils buvaient en consultant de grandes cartes étalées sur le parquet. Ils avaient obligé le concierge à descendre dans les caves pour leur en rapporter les meilleurs vins.

Dans la soirée, la marée humaine qui couvrait la campagne reprit son mouvement de flux. Plusieurs ponts avaient été jetés sur la Marne et l'invasion poursuivait sa marche. Certains régiments s'ébranlaient au cri de : *Nach Paris !* D'autres, qui devaient rester là jusqu'au lendemain, se préparaient un gîte, soit dans les maisons encore debout, soit en plein air. Marcel entendit chanter des cantiques. Sous la scintillation des premières étoiles, les soldats se groupaient comme des orphéonistes, et leurs voix formaient un chœur solennel et doux, d'une religieuse gravité. Au-dessus des arbres du parc flottait une nébulosité sinistre dont la rougeur était rendue plus intense par les ombres de la nuit : c'étaient les reflets du village qui brûlait encore. Au loin, d'autres incendies de granges et de fermes répandaient dans les ténèbres des lueurs sanglantes.

Marcel, couché dans la chambre de ses concierges, dormit du sommeil lourd de la fatigue, sans sursauts et sans rêves. Au réveil, il s'imagina qu'il n'avait sommeillé que quelques minutes. Le soleil colorait de teintes orangées les rideaux blancs de la fenêtre, et, sur un arbre voisin, des oiseaux se poursuivaient en piaillant. C'était une fraîche et joyeuse matinée d'été.

Lorsqu'il descendit à la cuisine, le concierge lui donna des nouvelles. Les Allemands s'en allaient. Le régiment campé dans le parc était parti dès le point du jour, et bientôt les autres l'avaient suivi. Il ne demeurait au village qu'un bataillon. Le commandant du corps d'armée avait plié bagage avec son état-major ; mais un général de brigade, que son entourage appelait « monsieur le comte », l'avait déjà remplacé au château.

En sortant du pavillon, Marcel vit près du pont-levis cinq camions arrêtés le long des fossés. Des soldats y apportaient sur leurs épaules les plus beaux meubles des salons. Le châtelain eut la surprise de rester presque indifférent à ce spectacle. Qu'était la perte de quelques meubles en comparaison de tant de choses effroyables dont il avait été témoin ?

Sur ces entrefaites, le concierge lui annonça qu'un officier allemand, arrivé depuis une heure en automobile, demandait à le voir.

C'était un capitaine pareil à tous les autres, coiffé du casque à pointe, vêtu de l'uniforme grisâtre, chaussé de bottes de cuir rouge, armé d'un sabre et d'un revolver, portant des jumelles et une carte géographique dans un étui suspendu à son ceinturon. Il paraissait jeune et avait au bras gauche l'insigne de l'état-major. Il demanda à Marcel en espagnol :

— Me reconnaissez-vous ?

Marcel écarquilla les yeux devant cet inconnu.

— Vraiment vous ne me reconnaissez pas ? Je suis Otto, le capitaine Otto von Hartrott.

Marcel ne l'avait pas vu depuis plusieurs années ; mais ce nom lui remémora soudain ses neveux d'Amérique : — d'abord les moutards relégués par le vieux Madariaga dans les dépendances du domaine ; puis le jeune lieutenant aperçu à Berlin, pendant la visite faite aux Hartrott, et dont les parents répétaient à satiété « qu'il serait peut-être un autre de Moltke ». — Cet enfant lourdaud, cet officier imberbe était devenu le capitaine vigoureux et altier qui pouvait, d'un mot, faire fusiller le châtelain de Villeblanche.

Cependant Otto expliquait sa présence à son oncle. Il n'appartenait pas à la division logée au village ; mais son général l'avait chargé de maintenir la liaison avec cette division, de sorte qu'il était venu près du château historique et qu'il avait eu le désir de le revoir. Il n'avait pas oublié les jours passés à Villeblanche, lorsque les Hartrott y étaient venus en villégiature chez leurs parents de France. Les officiers qui occupaient les appartements l'avaient retenu à déjeuner, et, dans la conversation, l'un d'eux avait mentionné par hasard la présence du maître du logis. Cela avait été une agréable surprise pour le capitaine, qui n'avait pas voulu repartir sans saluer son oncle ; mais il regrettait de le rencontrer à la conciergerie.

— Vous ne pouvez rester là, ajouta-t-il avec morgue. Rentrez au château, comme cela convient à votre qualité. Mes camarades auront grand plaisir à vous connaître. Ce sont des hommes du meilleur monde.

D'ailleurs il loua beaucoup Marcel de n'avoir pas quitté son domaine. Les troupes avaient ordre de sévir avec une rigueur particulière contre les biens des absents. L'Allemagne tenait à ce que les habitants demeurassent chez eux comme s'il ne se passait rien d'extraordinaire.

Le châtelain protesta :

— Les envahisseurs brûlent les maisons et fusillent les innocents !

Mais son neveu lui coupa la parole.

— Vous faites allusion, prononça-t-il avec des lèvres tremblantes de colère, à l'exécution du maire et des notables. On vient de me raconter la chose. J'estime, moi, que le châtiment a été mou : il fallait raser le village, tuer les femmes et les enfants. Notre devoir est d'en finir avec les francs-tireurs. Je ne nie pas que cela soit horrible. Mais que voulez-vous ? C'est la guerre.

Puis, sans transition, le capitaine demanda des nouvelles de sa mère Héléna, de sa tante Luisa, de Chichi, de son cousin Jules, et il se félicita d'apprendre qu'ils étaient en sûreté dans le midi de la France. Ensuite, croyant sans doute que Marcel attendait avec impatience des nouvelles de la parenté germanique, il se mit à parler de sa propre famille.

Tous les Hartrott étaient dans une magnifique situation. Son illustre père, à qui l'âge ne permettait plus de faire campagne, était président de plusieurs sociétés patriotiques, ce qui ne l'empêchait pas d'organiser aussi de futures entreprises industrielles pour exploiter les pays conquis. Son frère le savant faisait sur les buts de la guerre des conférences où il déterminait théoriquement les pays que devrait s'annexer l'empire victorieux, tonnait contre les mauvais patriotes qui se montraient faibles et mesquins dans leurs prétentions. Ses deux sœurs, un peu attristées par l'absence de leurs fiancés, lieutenants de hussards, visitaient les hôpitaux et demandaient à Dieu le châtiment de la perfide Angleterre.

Tout en causant, le capitaine ramenait son oncle vers le château. Les soldats, qui jusqu'alors avaient ignoré l'existence de Marcel, l'observaient avec des yeux attentifs et presque respectueux, depuis qu'ils le voyaient en conversation familière avec un capitaine d'état-major.

Lorsque l'oncle et le neveu entrèrent dans les appartements, Marcel eut un serrement de cœur. Il voyait partout sur les murs des taches rectangulaires de couleur plus foncée, qui trahissaient l'emplacement de meubles et de tableaux disparus. Mais pourquoi ces déchirures aux rideaux de soie, ces tapis maculés, ces porcelaines et ces cristaux brisés ? Otto devina la pensée du châtelain et répéta l'éternelle excuse :

– Que voulez-vous ? C'est la guerre.

– Non, repartit Marcel avec une vivacité qu'il se crut permise en parlant à un neveu. Non ! ce n'est pas la guerre, c'est le brigandage. Tes camarades sont des cambrioleurs.

Le capitaine se dressa par un violent sursaut, fixa sur son vieil oncle des yeux flamboyants de colère, et prononça à voix basse quelques paroles qui sifflaient.

– Prenez garde à vous ! Heureusement vous vous êtes exprimé en espagnol et les personnes voisines n'ont pu vous comprendre. Si vous vous permettiez encore de telles appréciations, vous risqueriez de recevoir pour toute réponse une balle dans la tête. Les officiers de l'empereur ne se laissent pas insulter.

Et tout, dans l'attitude d'Hartrott, démontrait la facilité avec laquelle il aurait oublié la parenté, s'il avait reçu l'ordre de sévir contre son oncle. Celui-ci baissa la tête.

Mais, l'instant d'après, le capitaine parut oublier ce qu'il venait de dire et affecta de reprendre un ton aimable. Il se faisait un plaisir de présenter Marcel à Son Excellence le général comte de Meinbourg, qui, en considération de ce que Desnoyers était allié aux Hartrott, voulait bien faire à celui-ci l'honneur de l'admettre à sa table.

Invité dans sa propre maison, le châtelain entra dans la salle à manger où se trouvaient déjà une vingtaine d'hommes vêtus de drap grisâtre et chaussés de hautes bottes. Là rien n'avait été brisé : rideaux, tentures, meubles étaient intacts. Toutefois les buffets monumentaux présentaient de larges vides, et, au premier coup d'œil, Marcel constata que deux riches services de vaisselle plate et un précieux service de porcelaine ancienne manquaient sur les tablettes. Le propriétaire n'en dut pas moins répondre par des saluts cérémonieux à l'accueil que lui firent les auteurs de ces rapines, et serrer la main que le comte lui tendit avec une aristocratique condescendance, tandis que les autres officiers allemands considéraient ce bourgeois avec une curiosité bienveillante et même avec une sorte d'admiration : car ils savaient déjà que c'était un millionnaire revenu du continent lointain où les hommes s'enrichissent vite.

– Vous allez déjeuner avec les barbares, lui dit le comte en le faisant asseoir à sa droite. Vous n'avez pas peur qu'ils vous dévorent tout vivant ?

Les officiers rirent aux éclats de l'esprit de Son Excellence et firent d'évidents efforts pour montrer par leurs paroles et par leurs manières combien on avait tort de les accuser de barbarie.

Assis comme un étranger à sa propre table, Marcel y mangea dans les assiettes qui lui appartenaient, servi par des ennemis dont l'uniforme restait visible sous le tablier rayé. Ce qu'il mangeait était à lui ; le vin venait de sa cave ; la viande était celle de ses bœufs ; les fruits étaient ceux de son verger ; et pourtant il lui semblait qu'il était là pour la première fois, et il éprouvait le malaise de l'homme qui tout à coup se voit seul au milieu d'un attroupement hostile. Il considérait avec étonnement ces intrus assis aux places où il avait vu sa femme, ses enfants, les Lacour. Les convives parlaient allemand entre eux ; mais ceux qui savaient le français se servaient souvent de cette langue pour s'entretenir avec l'invité, et ceux qui n'en baragouinaient que quelques mots les répétaient avec d'aimables sourires. Chez tous le désir était visible de plaire au châtelain.

Marcel les examina l'un après l'autre. Les uns étaient grands, sveltes, d'une beauté anguleuse ; d'autres étaient carrés et membrus, avec le cou gros et la tête enfoncée entre les épaules. Tous avaient les cheveux coupés ras, ce qui faisait autour de la table une luisante couronne de boîtes crâniennes roses ou brunes, avec des oreilles qui ressortaient grotesquement, avec des mâchoires amaigries qui accusaient leur relief osseux. Quelques-uns avaient sur les lèvres des crocs relevés en pointe, à la mode impériale ; mais la plupart étaient rasés ou n'avaient que de courtes moustaches aux poils raides. Les fatigues de la guerre et des marches forcées étaient apparentes chez tous, mais plus encore chez les corpulents. Un mois de campagne avait fait perdre à ces derniers leur embonpoint, et la peau de leurs joues et de leur menton pendait, flasque et ridée.

Le comte était le plus âgé de tous, le seul qui eût conservé longs ses cheveux d'un blond fauve, déjà mêlés de poils gris, peignés avec soin et luisants de pommade. Sec, anguleux et robuste, il gardait encore, aux approches de la cinquantaine, une vigueur juvénile entretenue par les exercices physiques ; mais il dissimulait sa rudesse d'homme combatif sous une nonchalance molle et féminine. Au poignet de la main qu'il abandonnait négligemment sur la table, il avait un bracelet d'or ; et sa tête, sa moustache, toute sa personne exhalaient une forte odeur de parfums.

Les officiers le traitaient avec un grand respect. Otto avait parlé de lui à son oncle comme d'un remarquable artiste, à la fois musicien et poète. Avant la guerre, certains bruits fâcheux, relatifs à sa vie privée, l'avaient éloigné de la cour ; mais, au dire du capitaine, ce n'était que des calomnies de journaux socialistes. Malgré tout, l'empereur, dont le comte avait été le condisciple, lui gardait en secret toute son amitié. Nul n'avait oublié le ballet des *Caprices de Shéhérazade*, représenté avec un grand faste à Berlin sur la recommandation du puissant camarade.

Le comte crut que, si Marcel gardait le silence, c'était par intimidation, et, afin de le mettre à son aise, il lui adressa le premier la parole. Quand Marcel eut expliqué qu'il n'avait quitté Paris que depuis trois jours, les assistants s'animèrent, voulurent avoir des nouvelles.

— Avez-vous vu les émeutes ?...

– La troupe a-t-elle tué beaucoup de manifestants ?...

– De quelle manière a été assassiné le président Poincaré ?...

Toutes ces questions lui furent adressées à la fois. Marcel, déconcerté par leur invraisemblance, ne sut d'abord quoi répondre et pensa un instant qu'il était dans une maison d'aliénés. Des émeutes ? L'assassinat du président ? Il ne savait rien de tout cela. D'ailleurs, qui auraient été les émeutiers ? Quelle révolution pouvait éclater à Paris, puisque le gouvernement n'était pas réactionnaire ?

À cette réponse, les uns considérèrent d'un air de pitié ce pauvre benêt ; d'autres prirent une mine soupçonneuse à l'égard de ce sournois qui feignait d'ignorer des événements dont il avait nécessairement entendu parler. Le capitaine Otto intervint d'une voix impérative, comme pour couper court à tout faux-fuyant :

– Les journaux allemands, dit-il, ont longuement parlé de ces faits. Il y a quinze jours, le peuple de Paris s'est soulevé contre le gouvernement, a assailli l'Élysée et massacré Poincaré. L'armée a dû employer les mitrailleuses pour rétablir l'ordre. Tout le monde sait cela. Au reste, ce sont les grands journaux d'Allemagne qui ont publié ces nouvelles, et l'Allemagne ne ment jamais.

L'oncle persista à affirmer que, quant à lui, il ne savait rien, n'avait rien vu, rien entendu dire. Puis, comme ses déclarations étaient accueillies par des gestes de doute ironique, il garda le silence. Alors le comte, esprit supérieur, incapable de tomber dans la crédulité vulgaire, intervint d'un ton conciliant :

– En ce qui concerne l'assassinat le doute est permis : car les journaux allemands peuvent avoir exagéré sans qu'il y ait lieu de les accuser de mauvaise foi. Par le fait, il y a quelques heures, le grand état-major m'a annoncé la retraite du gouvernement français à Bordeaux. Mais le soulèvement des Parisiens et leur conflit avec la troupe sont des faits indéniables. Sans aucun doute notre hôte en est instruit, mais il ne veut pas l'avouer.

Marcel osa contredire le personnage ; mais on ne l'écouta point. Paris ! Ce nom avait fait briller tous les yeux, excité la loquacité de toutes les bouches. Paris ! de grands magasins qui regorgeaient de richesses ! des restaurants célèbres, des femmes, du Champagne et de l'argent ! Chacun aspirait à voir le plus tôt possible la Tour Eiffel et à entrer en vainqueur dans la capitale, pour se dédommager des privations et des fatigues d'une si rude campagne. Quoique ces hommes fussent des adorateurs de la gloire militaire et qu'ils considérassent la guerre comme indispensable à la vie humaine, ils ne laissaient pas de se plaindre des souffrances que la guerre leur causait.

Le comte, lui, exprima une plainte d'artiste :

— Cette guerre m'a été très préjudiciable, dit-il d'un ton dolent. L'hiver prochain, on devait donner à Paris un nouveau ballet de moi.

Tout le monde prit part à ce noble ennui ; mais quelqu'un fit remarquer que, après le triomphe, la représentation du ballet aurait lieu par ordre et que les Parisiens seraient bien obligés de l'applaudir.

— Ce ne sera pas la même chose, soupira le comte.

Et il eut un instant de méditation silencieuse.

— Je vous confesse, reprit-il ensuite, que j'aime Paris. Quel malheur que les Français n'aient jamais voulu s'entendre avec nous !

Et il s'absorba de nouveau dans une mélancolie de profond penseur.

Un des officiers parla des richesses de Paris avec des yeux de convoitise, et Marcel le reconnut au brassard qu'il avait sur la manche : c'était cet homme qui avait mis au pillage les appartements du château. L'intendant devina sans doute les pensées du châtelain : car il crut bon de donner, d'un air poli, quelques explications sur l'étrange déménagement auquel il avait procédé.

— Que voulez-vous, monsieur ? C'est la guerre. Il faut que les frais de la guerre se paient sur les biens des vaincus. Tel est le système allemand.

Grâce à cette méthode, on brise les résistances de l'ennemi et la paix est plus vite faite. Mais ne vous attristez pas de vos pertes : après la guerre, vous pourrez adresser une réclamation au gouvernement français, qui vous indemnisera du tort que vous aurez subi. Vos parents de Berlin ne manqueront pas d'appuyer cette demande.

Marcel entendit avec stupeur cet incroyable conseil. Quelle était donc la mentalité de ces gens-là ? Étaient-ils fous, ou voulaient-ils se moquer de lui ?

Le déjeuner fini, plusieurs officiers se levèrent, ceignirent leurs sabres et s'en allèrent à leur service. Quant au capitaine Hartrott, il devait retourner près de son général. Marcel l'accompagna jusqu'à l'automobile. Lorsqu'ils furent arrivés à la porte du parc, le capitaine donna des ordres à un soldat, qui courut chercher un morceau de la craie dont on se servait pour marquer les logements militaires. Otto, qui voulait protéger son oncle, traça sur le mur cette inscription :

Bitte, nicht plündern

Es sind freundliche Leute[6].

Et il expliqua à Marcel le sens des mots qu'il venait d'écrire. Mais celui-ci se récria :

– Non, non, je refuse une protection ainsi motivée. Je n'éprouve aucune bienveillance pour les envahisseurs. Si je me suis tu, c'est parce que je ne pouvais pas faire autrement.

Alors le neveu, sans rien dire, effaça la seconde ligne de l'inscription ; puis, d'un ton de pitié sarcastique :

---

[6] Prière de ne pas piller. Ce sont des personnes bienveillantes.

– Adieu, mon oncle, ricana-t-il. Nous nous reverrons bientôt avenue Victor-Hugo.

En retournant au château, Marcel aperçut à l'ombre d'un bouquet d'arbres le comte qui, en compagnie de ses deux officiers d'ordonnance et d'un chef de bataillon, dégustait le café en plein air. Le comte obligea le châtelain à prendre une chaise et à s'asseoir, et ces messieurs, tout en causant, firent une grande consommation des liqueurs provenant des caves du château. Par les bruits qui arrivaient jusqu'à lui, Marcel devinait qu'il y avait hors du parc un grand mouvement de troupes. En effet, un autre corps d'armée passait avec une sourde rumeur ; mais les rideaux d'arbres cachaient ce défilé, qui se dirigeait toujours vers le sud.

Tout à coup, un phénomène inexplicable troubla le calme de l'après-midi. C'était un roulement de tonnerre lointain, comme si un orage invisible se fût déchaîné par delà l'horizon. Le comte interrompit la conversation qu'il tenait en allemand avec ses officiers, pour dire à Marcel :

– Vous entendez ? C'est le canon. Une bataille est engagée. Nous ne tarderons pas à entrer dans la danse.

Et il se leva pour retourner au château. Les officiers d'ordonnance partirent vers le village, et Marcel resta seul avec le chef de bataillon, qui continua de savourer les liqueurs en se pourléchant les babines.

– Triste guerre, monsieur ! dit le buveur en français, après avoir fait connaître au châtelain qu'il commandait le bataillon cantonné à Villeblanche et qu'il s'appelait Blumhardt.

Ces paroles firent que Marcel éprouva une subite sympathie pour le *Bataillons-Kommandeur*. « C'est un Allemand, pensa-t-il, mais il a l'air d'un honnête homme. À première vue, les Allemands trompent par la rudesse de leur extérieur et par la férocité de la discipline qui les oblige à commettre sans scrupule les actions les plus atroces ; mais, quand on vit avec eux dans l'intimité, on retrouve la bonne nature sous les dehors du barbare. » En temps de paix, Blumhardt avait sans doute été obèse ;

mais il avait aujourd'hui l'apparence mollasse et détendue d'un organisme qui vient de subir une perte de volume. Il n'était pas difficile de reconnaître que c'était un bourgeois arraché par la guerre à une tranquille et sensuelle existence.

– Quelle vie ! continua Blumhardt. Puisse Dieu châtier ceux qui ont provoqué une pareille catastrophe !

Cette fois, Marcel fut conquis. Il crut voir devant lui l'Allemagne qu'il avait imaginée souvent : une Allemagne douce, paisible, un peu lente et lourde, mais qui rachetait sa rudesse originelle par un sentimentalisme innocent et poétique. Ce chef de bataillon était assurément un bon père de famille, et le châtelain se le représenta tournant en rond avec sa femme et ses enfants sous les tilleuls de quelque ville de province, autour du kiosque où des musiciens militaires jouaient des sonates de Beethoven ; puis à la *Bierbraurei*, où, devant des piles de soucoupes, entre deux conversations d'affaires, il discutait avec ses amis sur des problèmes métaphysiques. C'était l'homme de la vieille Allemagne, un personnage d'*Hermann et Dorothée*. Sans doute il était possible que les gloires de l'empire eussent un peu modifié le genre de vie de ce bourgeois d'autrefois et que, par exemple, au lieu d'aller à la brasserie, il fréquentât le cercle des officiers et partageât dans quelque mesure l'orgueil de la caste militaire ; mais pourtant c'était toujours l'Allemand de mœurs patriarcales, au cœur délicat et tendre, prêt à verser des larmes pour une touchante scène de famille ou pour un morceau de belle musique.

Le commandant Blumhardt parla des siens, qui habitaient Cassel.

– Huit enfants, monsieur ! dit-il avec un visible effort pour contenir son émotion. De mes trois garçons, les deux aînés se destinent à être officiers. Le cadet ne va que depuis six mois à l'école : il est grand comme ça...

Et il indiqua avec la main la hauteur de ses bottes. En parlant de ce petit, il avait le cœur gros et ses lèvres souriaient avec un tremblement d'amour. Puis il fit l'éloge de sa femme : une excellente maîtresse de maison, une mère qui se sacrifiait pour le bonheur de son mari et de ses enfants. Ah ! cette bonne Augusta ! Ils étaient mariés depuis vingt ans, et il l'adorait comme au premier jour. Il gardait dans une poche intérieure de sa tunique toutes les lettres qu'elle lui avait écrites depuis le commencement de la campagne.

— Au surplus, monsieur, voici son portrait et celui de mes enfants.

Il tira de sa poitrine un médaillon d'argent décoré à la mode munichoise et pressa un ressort qui fit s'ouvrir en éventail plusieurs petits cercles dont chacun contenait une photographie : la *Frau Kommandeur*, d'une beauté austère et rigide, imitant l'attitude et la coiffure de l'impératrice ; les *Fräuleine Kommandeur*, toutes les cinq vêtues de blanc, les yeux levés au ciel comme si elles chantaient une romance ; les trois garçons en uniformes d'écoles militaires ou d'écoles privées. Et penser qu'un simple petit éclat d'obus pouvait le séparer à jamais de ces êtres chéris !

— Ah ! oui, reprit-il en soupirant, c'est une triste guerre ! Puisse Dieu châtier les Anglais !

Marcel n'avait pas encore eu le temps de se remettre de l'ébahissement que lui avait causé ce souhait imprévu, lorsqu'un sous-officier vint dire au chef de bataillon que M. le comte le demandait à l'instant même. Blumhardt se leva donc, non sans avoir caressé d'un regard de tendre regret les bouteilles de liqueur, et il s'éloigna vers le château.

Le sous-officier resta avec Marcel. C'était un jeune docteur en droit, qui remplissait auprès du général les fonctions de secrétaire. Il ne manquait aucune occasion de parler français, pour se perfectionner dans la pratique de cette langue, et il engagea tout de suite la conversation avec le châtelain. Il expliqua d'abord qu'il n'était qu'un universitaire métamorphosé en soldat : l'ordre de mobilisation l'avait surpris alors qu'il était professeur dans un collège et à la veille de contracter mariage. Cette guerre avait dérangé tous ses plans.

– Quelle calamité, monsieur ! Quel bouleversement pour le monde ! Nombreux étaient ceux qui voyaient venir la catastrophe, et il était inévitable qu'elle se produisît un jour ou l'autre. La faute en est au capital, au maudit capital.

Le sous-officier était socialiste. Il ne dissimulait point la part qu'il avait prise à quelques actes un peu hardis de son parti, et cela lui avait valu des persécutions et des retards dans son avancement. Mais la Social-Démocratie était acceptée maintenant par l'empereur et flattée par les *junkers* les plus réactionnaires. L'union s'était faite partout. Les députés avancés formaient au Reichstag le groupe le plus docile de tous. Quant à lui, il ne gardait de son passé qu'une certaine ardeur à anathématiser le capitalisme coupable de la guerre.

Marcel se risqua à discuter avec cet ennemi qui semblait d'un caractère doux et tolérant.

– Le vrai coupable ne serait-il pas le militarisme prussien ? N'est-ce pas le parti militariste qui a cherché et préparé le conflit, qui a empêché tout accommodement par son arrogance ?

Mais le socialiste nia résolument. Les députés de son parti étaient favorables à la guerre, et sans aucun doute ils avaient leurs raisons pour cela. Le Français eut beau répéter des arguments et des faits ; ses paroles rebondirent sur la tête dure de ce révolutionnaire qui, accoutumé à l'aveugle discipline germanique, laissait à ses chefs le soin de penser pour lui.

– Qui sait ? finit par dire le socialiste. Il se peut que nous nous soyons trompés ; mais à l'heure actuelle tout cela est obscur, et nous manquons des éléments qui nous permettraient de nous former une opinion sûre. Lorsque le conflit aura pris fin, nous connaîtrons les vrais coupables, et, s'ils sont des nôtres, nous ferons peser sur eux les justes responsabilités.

Marcel eut envie de rire en présence d'une telle candeur. Attendre la fin de la guerre pour savoir qui en était responsable ? Mais, si l'empire était victorieux, comment serait-il possible qu'en plein triomphe on fît peser sur les militaristes les responsabilités d'une guerre heureuse ?

— Dans tous les cas, ajouta le sous-officier en s'acheminant avec Marcel vers le château, cette guerre est triste. Que de morts ! Nous serons vainqueurs ; mais un nombre immense des nôtres succombera avant la bataille décisive.

Et, songeur, il s'arrêta sur le pont-levis et se mit à jeter des morceaux de pain aux cygnes qui évoluaient sur les eaux du fossé. On continuait à entendre gronder au loin la tempête invisible, qui devenait de plus en plus violente.

— Peut-être la livre-t-on en ce moment, cette bataille décisive, reprit le sous-officier. Ah ! puisse notre prochaine entrée à Paris mettre un terme à ces massacres et donner au monde le bienfait de la paix !

Le crépuscule tombait, lorsque Marcel aperçut un grand rassemblement à l'entrée du château. C'étaient des paysans, hommes et femmes, qui entouraient un piquet de soldats. Il s'approcha du groupe et vit le commandant Blumhardt à la tête du détachement. Parmi les fantassins en armes s'avançait un garçon du village, entre deux hommes qui lui tenaient sur la poitrine la pointe de leurs baïonnettes. Son visage, marqué de taches de rousseur et déparé par un nez de travers, était d'une lividité de cire ; sa chemise, sale de suie, était déchirée, et on y voyait les marques des grosses mains qui l'avaient mise en lambeaux ; à l'une de ses tempes, le sang coulait d'une large blessure. Derrière lui marchait une femme échevelée, qu'entouraient quatre gamines et un bambin, tous maculés de noir comme s'ils sortaient d'un dépôt de charbon. La femme gesticulait avec violence et entrecoupait de sanglots les paroles qu'elle adressait aux soldats et que ceux-ci ne pouvaient comprendre.

Ce garçon était son fils. La veille, la mère s'était réfugiée avec ses enfants dans la cave de leur maison incendiée ; mais la faim les avait obligés d'en sortir. Quand les Allemands avaient vu le jeune homme, ils l'avaient pris et maltraité. Ils croyaient que ce garçon avait vingt ans, le considéraient comme d'âge à être soldat, et voulaient le fusiller séance tenante, pour qu'il ne s'enrôlât point dans l'armée française.

— Mais ce n'est pas vrai ! protestait la femme. Il n'a pas plus de dix-huit ans... Il n'a même pas dix-huit ans : il n'a que dix-sept ans et demi !...

Et elle se tournait vers les autres femmes pour invoquer leur témoignage : de lamentables femmes aussi sales qu'elle-même et dont les vêtements lacérés exhalaient une odeur de suie, de misère et de mort. Toutes confirmaient les paroles de la mère et joignaient leurs lamentations aux siennes ; quelques-unes, contre toute vraisemblance, n'attribuaient même au prisonnier que seize ans, que quinze ans. Les petits contemplaient leur frère avec des yeux dilatés par la terreur et mêlaient leurs cris aigus au chœur des femmes vociférantes.

Lorsque la mère reconnut M. Desnoyers, elle s'approcha de lui et se rasséréna soudain, comme si elle était sûre que le maître du château pouvait sauver son fils. Devant ce désespoir qui l'appelait à l'aide, Marcel, persuadé que Blumhardt, après le courtois entretien qu'ils avaient eu ensemble, l'écouterait volontiers, se fit un devoir d'intervenir. Il dit donc au commandant qu'il connaissait ce garçon, — par le fait, il ne se souvenait pas de l'avoir jamais vu, — et qu'il le croyait à peine âgé de dix-neuf ans.

— Mais, repartit Blumhardt, le secrétaire de la mairie vient d'avouer qu'il a vingt ans !

— Mensonge ! hurla la mère. Le secrétaire a fait erreur ! Il est vrai que mon fils est robuste pour son âge, mais il n'a pas vingt ans. Monsieur Desnoyers vous l'atteste !

— Au surplus, ajouta Marcel, même s'il les avait, serait-ce une raison pour le fusiller ?

Blumhardt haussa les épaules sans répondre. Maintenant qu'il exerçait ses fonctions de chef, il n'attachait plus aucune importance à ce que lui disait le châtelain.

– Avoir vingt ans n'est pas un crime, insista Marcel.

– Assez ! interrompit rudement Blumhardt. Ce n'est ni votre affaire ni la mienne. Je suis homme de conscience, et, puisqu'il y a doute, je vais consulter le général. C'est lui qui décidera.

Ils ne prononcèrent plus un mot. Devant le pont-levis, l'escorte s'arrêta avec son prisonnier. De l'un des appartements sortaient les accords d'un piano, et cela parut de bon augure à Marcel : c'était sans doute le comte qui touchait de cet instrument, et un artiste ne pouvait être inutilement cruel. Introduits au salon, ils trouvèrent en effet le général assis devant un magnifique piano à queue, dont l'intendant aurait bien voulu s'emparer, mais que le compositeur avait donné l'ordre de laisser en place pour son propre usage. Blumhardt exposa brièvement l'affaire, tandis que l'autre, d'un air ennuyé, faisait courir ses doigts sur les touches.

– Où est le prisonnier ? demanda enfin le général.

– En bas, près du pont-levis.

Le général se leva, s'approcha d'une fenêtre, fit signe aux soldats d'amener le prisonnier devant lui. Il regarda le garçon pendant une demi-minute, tout en fumant la cigarette turque qu'il venait d'allumer, puis marmotta entre ses dents : « Tant pis pour lui : il est trop laid ! » Et, se retournant vers le chef de bataillon :

– Cet homme a vingt ans passés, prononça-t-il. Faites votre devoir.

Marcel, confondu, sortit avec Blumhardt. Comme ils traversaient le vestibule, ils rencontrèrent le concierge qui, en compagnie de sa fille Georgette, apportait du pavillon un matelas et des draps. Le châtelain, qui ne voulait pas embarrasser ces braves gens de sa personne une seconde nuit, mais qui, malgré l'invitation du comte, ne voulait pas non plus se réinstaller dans les appartements à côté de l'intrus, avait commandé qu'on lui préparât un lit dans une mansarde, sous les combles. Or, depuis que les concierges voyaient leur maître en bonnes relations avec les Allemands, ils ne craignaient plus autant les envahisseurs et vaquaient sans crainte à leurs besognes, persuadés qu'au moins en plein jour et dans le château ils ne couraient aucun risque.

À la vue de Georgette, le chef de bataillon, malgré la raideur qu'il affectait dans le service, s'humanisa et dit au père :

– Elle est gentille, votre petite.

Elle se tenait devant lui, droite, timide, les yeux baissés, un peu tremblante comme si elle pressentait un péril obscur ; mais elle n'en faisait pas moins effort pour sourire. Blumhardt crut sans doute que ce sourire était de sympathie ; car il devint plus familier, et, de sa grosse patte, il caressa les joues et pinça le menton de la jouvencelle. À ce désagréable contact les yeux de Georgette s'emplirent de larmes. Ceux du commandant brillaient de plaisir. Marcel, qui l'observait, demeura perplexe. Comment était-il possible que cet homme, qui allait faire fusiller sans pitié un innocent, pût être en même temps un bon père de famille qui, parmi les horreurs de la guerre, s'attendrissait à regarder une fillette, sans doute parce qu'elle lui rappelait les cinq enfants qu'il avait laissés à Cassel ? Décidément l'âme humaine était un étrange tissu de contradictions.

– Au revoir, dit Blumhardt à Georgette. Tu vois bien que je ne suis pas méchant. Veux-tu m'embrasser ?

Et il se pencha vers elle. Mais elle eut un mouvement si violent de répulsion qu'il ne put se méprendre sur les sentiments de la jeune fille, et lui dit en ricanant, avec un regard qui n'avait plus rien de paternel :

– Tu as beau faire la vilaine avec moi ; ça ne m'empêche pas de te trouver jolie.

Pendant les quatre jours qui suivirent, Marcel mena une vie absurde, coupée d'horribles visions. Pour ne plus avoir de rapports avec les occupants du château, il ne quittait guère sa mansarde, où il restait étendu sur son lit toute la matinée à se désoler et à rêvasser.

Au cours de ces heures d'oisiveté anxieuse, il se rappela certains bas-reliefs assyriens du British Museum, dont il avait vu les photographies chez un de ses amis, quelques mois auparavant. Ces monuments de l'antique brutalité humaine lui avaient paru terribles. Les guerriers incendiaient les villes ; les prisonniers décapités s'entassaient par monceaux ; les paysans pacifiques, réduits en esclavage, s'en allaient en longues files, la chaîne au cou. Et il s'était félicité de vivre dans une époque où de telles horreurs étaient devenues impossibles. Mais non : en dépit des siècles écoulés, la guerre était toujours la même. Aujourd'hui encore, sous le casque à pointe, les soldats procédaient comme avaient procédé jadis les satrapes à la mitre bleue et à la barbe annelée. On fusillait l'adversaire, encore qu'il n'eût pas pris les armes ; on assassinait les blessés et les prisonniers ; on acheminait vers l'Allemagne le troupeau des populations civiles, asservies comme les captifs d'autrefois. À quoi donc avait servi ce que les modernes appellent orgueilleusement le progrès ? Qu'étaient devenues ces lois de la guerre qui se vantaient de soumettre la force elle-même au respect du droit et qui prétendaient obliger les hommes à se battre en se faisant les uns aux autres le moins de mal possible ? La civilisation n'était-elle qu'un trompe-l'œil et une duperie ?...

Chaque matin, vers midi, la femme du concierge montait à la mansarde pour avertir son maître qu'elle lui avait préparé à déjeuner ; mais il répondait qu'il n'avait pas faim, qu'il ne voulait pas descendre. Alors elle insistait, lui offrait d'apporter dans la mansarde le maigre menu. Il finissait par consentir, et, tout en mangeant, il causait avec elle.

Elle lui racontait ce qui se passait au château. Ah ! quelle vie menait cette soldatesque ! Comme ils buvaient, chantaient, hurlaient ! Après une furieuse ripaille, ils avaient brisé tous les meubles de la salle à manger ; puis ils s'étaient mis à danser, quelques-uns à demi nus, imitant les dandinements et les grimaces féminines. Le comte lui-même était ivre comme une bourrique, et, vautré sur les coussins d'un divan, il contemplait avec délices ce hideux spectacle.

– Et dire que nous sommes obligés de servir ces brutes ! gémissait la pauvre femme. Ils ne sont plus les mêmes qu'à leur arrivée. Les soldats annoncent que leur régiment part demain pour une grande bataille ; c'est cela qui les rend fous. Ils me font peur, ils me font peur !

Ce qu'elle ne disait pas, mais ce qui lui torturait l'âme, c'était qu'elle avait peur surtout pour Georgette. La veille, elle avait vu quelques-uns de ces hommes rôder autour de la conciergerie, et elle avait eu aussitôt l'idée de cacher sa fille. La chose n'était pas facile dans une propriété envahie par des centaines de soldats, dans un château dont toutes les serrures avaient été méthodiquement brisées à tous les étages. Mais elle se souvint qu'à côté de la mansarde occupée par le châtelain il y avait, dans l'angle des combles, un petit réduit dont ces sauvages avaient négligé d'abattre la porte ; et, comme les soldats ne faisaient jamais l'inutile ascension du grenier, elle pensa que ce serait pour sa fille une bonne cachette, d'autant mieux que la présence du châtelain dans la mansarde contiguë serait, le cas échéant, une protection pour la fillette. Marcel approuva les précautions prises, promit de veiller sur sa jeune voisine et fit recommander à l'enfant de se tenir tranquille et silencieuse.

La nuit suivante, vers trois heures, le châtelain fut brusquement réveillé par le bruit d'une porte qui d'abord grinça sous une forte poussée, puis fut jetée bas d'un coup d'épaule. Et aussitôt après retentirent des cris féminins, des supplications, des sanglots désespérés. C'était Georgette qui appelait au secours, tout en se défendant contre l'ignoble outrage. Mais soudain une autre voix tonna dans le couloir :

– Ah ! brigand !...

Une lutte d'un instant s'engagea au seuil du réduit et se termina par un coup de revolver. Tout cela s'était fait si vite que Marcel avait eu à peine le temps de sauter à bas de son lit et de commencer à se vêtir. Lorsqu'il sortit de sa mansarde, un bougeoir à la main, il se heurta contre un corps qui agonisait : c'était le concierge dont les yeux vitreux étaient démesurément ouverts et dont les lèvres se couvraient d'une écume sanglante, tandis qu'à côté de sa main droite luisait un long couteau de cuisine. Et Marcel reconnut aussi le meurtrier : c'était le commandant Blumhardt, qui tenait encore son revolver à la main : un Blumhardt nouveau, à la face livide, aux yeux lubriques, avec une bestiale expression d'arrogance féroce. À l'autre bout du corridor, plusieurs soldats, attirés par la détonation, montaient bruyamment l'escalier.

En somme, le mari d'Augusta n'était pas fier d'être surpris au milieu d'une telle aventure. Quand les soldats, dont les uns portaient des lumières et dont les autres étaient armés de sabres et de fusils, furent arrivés près du chef de bataillon, celui-ci chercha instinctivement les mots qui expliqueraient sa présence en ces lieux et le drame sanglant qui venait de s'accomplir. Une soudaine sonnerie de clairon, éclatant dans la cour du château, lui vint en aide. C'était le signal du réveil pour le régiment qui devait quitter le château. Alors Blumhardt, dispensé de longues explications, dit aux soldats, en montrant le cadavre du concierge :

– Je me suis défendu contre ce lâche qui m'a traîtreusement attaqué : voyez le couteau. Justice est faite. Vous entendez le clairon qui nous appelle. Demi-tour, et tous en bas !

Sur quoi, le tapage des gros souliers à clous s'éloigna dans le couloir, dévala l'escalier, s'affaiblit, se perdit. Le ciel commençait à s'éclairer des premières lueurs du jour. On entendait au loin le grondement continu du canon. Dans le parc du château et dans le village, des roulements de tambour, des notes aiguës de fifre, des coups de sifflet indiquaient que les troupes allemandes partaient pour la bataille.

IX

La reculade

Dans la matinée, lorsque le châtelain sortit du parc, il vit la vallée blonde et verte sourire au soleil. Tout était dans un profond repos ; aucun objet ne se mouvait, aucune figure humaine ne se dessinait dans le paysage. Marcel eut l'impression d'être plus seul qu'au temps où, chassant devant lui un troupeau de bétail, il franchissait les déserts des Andes sous un ciel traversé de temps à autre par des condors.

Il se dirigea vers le village, qui n'était plus guère qu'un amas de murs en ruines. De ces ruines émergeaient çà et là quelques maisonnettes intactes. Le clocher incendié, dont la charpente était dépouillée de ses ardoises et noircie par le feu, portait encore sa croix tordue. Dans les rues parsemées de bouteilles, de poutres réduites en tisons, de débris de toute sorte, il n'y avait pas une âme. Les cadavres avaient disparu ; mais une horrible puanteur de graisse brûlée et de chair décomposée prenait Marcel aux narines.

Arrivé sur la place, il s'approcha des maisons restées debout, appela à plusieurs reprises. Personne ne lui répondit. Toute la population avait donc abandonné Villeblanche ? Après avoir attendu plusieurs minutes, il aperçut un vieillard qui s'avançait vers lui avec précaution, parmi les décombres. Quelques femmes et quelques enfants suivirent le vieillard et se rassemblèrent autour de Marcel. Depuis quatre jours ces gens vivaient cachés dans les caves, sous leurs logis effondrés. La crainte leur avait fait oublier la faim ; mais, depuis que l'ennemi n'était plus là, ils ressentaient cruellement les besoins physiques étouffés par la terreur.

– Du pain, monsieur ! Mes petits se meurent !

– Du pain !... Du pain !...

Machinalement, le châtelain mit la main à la poche et en tira des pièces d'or. À l'aspect de ce métal les yeux brillèrent, mais ils s'éteignirent aussitôt. Ce qu'il fallait, ce n'était pas de l'or, c'était du pain, et il n'y avait plus dans le village ni boulangerie, ni boucherie, ni épicerie. Les Allemands s'étaient emparés de tous les comestibles, et le blé même avait péri avec les greniers et les granges. Que pouvait le millionnaire pour remédier à cette détresse ? Quoiqu'il se rendît compte de son impuissance, il n'en distribua pas moins à ces malheureux des louis qu'ils recevaient avec gratitude, mais qu'ensuite ils considéraient dans leur main noire avec découragement. À quoi cela pouvait-il leur servir ?

Comme Marcel s'en retournait, désespéré, vers le château, il eut la surprise d'entendre derrière lui le bruit métallique d'une automobile allemande qui revenait du sud, roulant sur la route dans la direction qu'il suivait. Quelques minutes plus tard, ce fut tout un convoi de grandes automobiles qui apparurent sur le chemin, escortées par des pelotons de cavalerie. Lorsqu'il rentra dans son parc, des soldats étaient déjà occupés à y tendre les fils d'une ligne téléphonique, et le convoi d'automobiles y pénétra en même temps que lui.

Les automobiles, comme aussi les fourgons qui les accompagnaient, portaient tous la croix rouge peinte sur fond blanc. C'était une ambulance qui venait s'établir au château. Les médecins, vêtus de drap verdâtre et armés comme les officiers, imitaient la hauteur tranchante et la raideur insolente de ceux-ci. On tira des fourgons des centaines de lits pliants, qui furent répartis dans les différentes pièces. Tout cela se faisait avec une promptitude mécanique, sur des ordres brefs et péremptoires. Une odeur de pharmacie, de drogues concentrées, se répandit dans les appartements et s'y mêla à la forte odeur des antiseptiques dont on avait arrosé les parquets et les murs, pour rendre inoffensifs les résidus de l'orgie nocturne. Un peu plus tard, il arriva aussi des femmes vêtues de blanc, viragos aux yeux bleus et aux cheveux en filasse. D'aspect grave, dur, austère, ces infirmières avaient l'aspect de religieuses ; mais elles portaient le revolver sous leurs vêtements.

À midi, de nouvelles automobiles affluèrent en grand nombre vers l'énorme drapeau blanc, chargé d'une croix rouge, qui avait été hissé sur la plus haute tour du château. Ces voitures arrivaient toujours du côté de la Marne ; leur métal était bosselé par les projectiles, leurs glaces étoilées de trous. De l'intérieur sortaient des hommes et des hommes, les uns encore capables de marcher, les autres portés sur des brancards : faces pâles ou rubicondes, profils aquilins ou camus, têtes blondes ou enveloppées de bandages sanglants, bouches qui riaient avec un rire de bravade ou dont les lèvres bleuies laissaient échapper des plaintes, mâchoires soutenues par des ligatures de toile, corps qui, en apparence, étaient indemnes et qui pourtant agonisaient, capotes déboutonnées où l'on constatait le vide de membres absents. Ce flot de souffrance inonda le château ; il n'y resta plus un seul lit inoccupé, et les derniers brancards durent attendre dehors, à l'ombre des arbres.

Le téléphone fonctionnait incessamment. Les opérateurs, revêtus de tabliers, allaient de côté et d'autre, travaillant le plus vite possible. Ceux qui mouraient de l'opération laissaient un lit disponible pour les nouveaux venus. Les membres coupés, les os cassés, les lambeaux de chair s'entassaient dans des paniers, et, lorsque les paniers étaient pleins, des soldats les enlevaient tout dégouttants de sang, et allaient enfouir le contenu au fond du parc. D'autres soldats, par couples, emportaient de longues choses enveloppées dans des draps de lit : c'étaient des morts. Le parc se convertissait en cimetière et des tombes s'ouvraient partout. Les Allemands, armés de pioches et de pelles, se faisaient aider dans leur funèbre travail par une douzaine de paysans prisonniers, qui creusaient la terre et qui prêtaient main forte pour descendre les corps dans les fosses. Bientôt il y eut tant de cadavres qu'on les amena sur une charrette et que, pour faire plus vite, on les déchargea directement dans les trous, comme des matériaux de démolition.

Marcel, qui n'avait mangé depuis le matin qu'un des morceaux de pain trouvés par la concierge dans la salle à manger, après le départ des Allemands, et qui avait laissé les autres morceaux pour cette femme et pour sa fille, commença à sentir le tourment de la faim. Poussé par la nécessité, il s'approcha de quelques médecins qui parlaient le français ; mais il dédaignèrent de répondre à sa demande, et, lorsqu'il voulut insister, ils le chassèrent par une injurieuse bourrade. Eh quoi ? Lui faudrait-il donc mourir de faim dans son propre château ? Pourtant ces gens mangeaient ; les robustes infirmières s'étaient même installées dans la cuisine et s'y empiffraient de victuailles. Il alla les solliciter ; mais elles ne lui furent pas plus pitoyables que les médecins.

Il errait, le ventre creux, dans les allées de son fastueux domaine, lorsqu'il aperçut un infirmier à grande barbe rousse, qui, adossé au tronc d'un arbre, se taillait lentement des bouchées dans une grosse miche de pain, puis mordait à même dans un long morceau de saucisse aux pois, de l'air d'un homme déjà repu. Le millionnaire famélique s'approcha, fit comprendre par gestes qu'il était à jeun, montra une pièce d'or. Les yeux de l'infirmier brillèrent et un sourire dilata sa bouche d'une oreille à l'autre.

– *Ia, ia*, dit-il, comprenant fort bien la mimique de Marcel.

Et il prit la pièce, donna en échange au châtelain le reste de la miche et de la saucisse. Le châtelain les saisit et courut jusqu'au pavillon, où il partagea ces aliments avec la veuve et l'orpheline.

La nuit suivante, Marcel fut tenu éveillé, non seulement par l'horreur des visions de la journée, mais aussi par le bruit de la canonnade qui se rapprochait. Les automobiles continuaient à arriver du front, à déposer leur chargement de chair lacérée, puis à repartir. Et dire que, de l'un et de l'autre côté de la ligne de combat, sur plus de cent kilomètres peut-être, il y avait une quantité d'ambulances semblables où les hommes moribonds affluaient de toutes parts, et qu'en outre il restait sur le champ de bataille des milliers de blessés non recueillis, qui hurlaient en vain sur la glèbe, qui traînaient dans la poussière et dans la boue leurs plaies béantes, et qui expiraient en se roulant dans les mares de leur propre sang !

Le lendemain matin, Marcel retrouva dans son parc l'infirmier qui l'attendait au même endroit, avec une serviette pleine de provisions. Il crut que cet homme était venu là par bonté, et il lui offrit de nouveau une pièce d'or.

– *Nein* ! fit l'autre en éloignant son paquet de la main qui s'allongeait pour le prendre.

Marcel, étonné et vexé de s'être mépris sur les sentiments de ce teuton, lui offrit une seconde pièce d'or.

– *Nein* ! répéta l'infirmier avec le même geste de refus.

« Ah ! le voleur ! pensa Marcel. Comme il abuse de la situation ! »

Mais nécessité fait loi, et le châtelain dut donner cinq louis pour obtenir les vivres.

Cependant la canonnade s'était rapprochée encore, et le châtelain comprit qu'il se passait quelque chose d'extraordinaire. Les automobiles arrivaient et repartirent de plus en plus vite et le personnel de l'ambulance avait l'air effaré. Bientôt un bruit de foule se fit entendre hors du parc et les chemins s'encombrèrent. C'était une nouvelle invasion, mais à rebours. Pendant des heures entières, il y eut un défilé de camions poudreux dont les moteurs haletaient. Puis ce furent des régiments d'infanterie, des escadrons de cavalerie, des batteries d'artillerie. Tout cela marchait lentement, et Marcel demeurait perplexe. Était-ce une déroute ? Était-ce un simple changement de position ? Ce qui, dans tous les cas, lui faisait plaisir, c'était le sombre mutisme des officiers, l'air abruti et morne des hommes.

À la nuit, le passage des troupes continuait et la canonnade se rapprochait toujours. Quelques décharges étaient même si voisines que les vitres des fenêtres en tremblaient. Un paysan, qui était venu se réfugier au château, put donner quelques nouvelles. Les Allemands se retiraient ; mais ils avaient disposé plusieurs de leurs batteries sur la rive droite de la Marne, pour tenter une dernière résistance. On allait donc se battre dans le village.

En attendant, le désordre croissait à l'ambulance et la régularité automatique de la discipline y était visiblement compromise. Médecins et infirmiers avaient reçu l'ordre d'évacuer le château ; c'était pour cela que, chaque fois qu'arrivait une automobile chargée de blessés, ils criaient, juraient, ordonnaient au chauffeur de pousser plus loin vers l'arrière.

En dépit de cet ordre, l'une des automobiles déchargea ses blessés : l'état de ces hommes était si grave que les médecins les acceptèrent, jugeant sans doute inutile que les malheureux poursuivissent leur voyage. Ces blessés demeurèrent à l'abandon dans le jardin, sur les brancards de toile qui avaient servi à les apporter.

À la lueur des lanternes, Marcel reconnut un de ces moribonds : c'était le secrétaire du comte, le professeur socialiste avec lequel il avait causé de l'attitude du parti ouvrier à l'égard de la guerre. Cet homme était blême, avait les joues tirées, les yeux comme obscurcis de brume ; on ne lui voyait pas de blessure apparente ; mais, sous la capote qui le recouvrait, ses entrailles, labourées par une épouvantable déchirure, exhalaient une puanteur d'abattoir. En apercevant Marcel debout devant lui, il se rendit compte du lieu où il se trouvait. Parmi tout ce monde qui s'agitait dans le voisinage, le châtelain était la seule personne qu'il connût, et, d'une voix faible, il lui adressa la parole comme à un ami. Sa brigade n'avait pas eu de chance ; elle était arrivée sur le front à un moment difficile, et elle avait été lancée tout de suite en avant pour soutenir des troupes qui fléchissaient ; mais elle n'avait pas réussi à rétablir la situation, et presque tous les officiers logés la veille au château avaient été tués. Dès le premier engagement, le capitaine Blumhardt avait eu la poitrine trouée par une balle. Le comte avait la mâchoire fracassée par un éclat d'obus. Quant au professeur lui-même, il était resté un jour et demi sur le champ de bataille avant qu'on le relevât.

– Triste guerre, monsieur ! conclut-il.

Et, avec l'obstination du sectaire entiché de ses idées jusqu'à la mort :

– Qui est coupable de l'avoir voulue ? ajouta-t-il. Nous ne possédons pas les éléments d'appréciation nécessaires pour en juger avec certitude. Mais, quand la guerre aura pris fin....

La parole expira sur ses lèvres et il s'évanouit, épuisé par l'effort. Le pauvre diable ! Avec ses habitudes de raisonneur obtus, lourd et discipliné, il s'obstinait encore à renvoyer après la guerre la condamnation du crime qui lui coûtait la vie.

La canonnade et la fusillade étaient devenues très voisines, et le son des détonations permettait de distinguer celles de l'artillerie allemande et celles de l'artillerie française. Déjà quelques projectiles français passaient par-dessus la Marne et venaient éclater aux abords du parc.

Vers minuit, l'ambulance fit ses préparatifs pour évacuer le château. À l'aube, les blessés, les infirmiers et les médecins partirent dans un grand vacarme d'automobiles qui grinçaient, de chevaux qui piaffaient, d'officiers qui vociféraient. Au jour, le château et le parc étaient déserts, quoique le drapeau de la croix rouge continuât à flotter au sommet de la tour.

Cette solitude ne dura pas longtemps. Un bataillon d'infanterie allemande fit irruption dans le parc avec ses fourgons, ses chevaux de trait et de selle, et se déploya le long des murs de clôture. Des soldats armés de pics y ouvrirent des créneaux, et, dès que les créneaux furent ouverts, d'autres soldats, déposant leurs sacs pour être plus à l'aise, vinrent s'agenouiller près des ouvertures. Interrompu depuis quelques heures, le combat reprenait de plus belle, et, dans les intervalles de la fusillade et de la canonnade, on entendait comme des claquements de fouet, des bouillonnements de friture, des grincements de moulin à café : c'était la crépitation incessante des fusils et des mitrailleuses. La fraîcheur du matin couvrait les hommes et les choses d'un embu d'humidité ; sur la campagne flottaient des traînées de brouillard qui donnaient aux objets les contours incertains de l'irréel ; le soleil n'était qu'une tache pâle s'élevant entre des rideaux de brume ; les arbres pleuraient par toutes les rugosités de leurs branches.

Un coup de foudre déchira l'air, si proche et si assourdissant qu'il paraissait avoir éclaté dans le château même. Marcel chancela comme s'il avait reçu un choc dans la poitrine. Un canon venait de tirer à quelques pas de lui. Ce fut alors seulement qu'il remarqua que des batteries prenaient position dans son parc. Plusieurs pièces déjà installées se dissimulaient sous des abris de feuillage, et des rebords de terre d'environ 30 centimètres s'élevaient autour de chaque pièce, de manière à défendre les pieds des servants, tandis que leurs corps étaient protégés par des blindages qui formaient écran à droite et à gauche du canon.

Marcel finit par s'accoutumer à ces décharges dont chacune semblait faire le vide à l'intérieur de son crâne. Il grinçait les dents, serrait les poings ; mais il restait immobile, sans désir de s'en aller, admirant le calme des chefs qui donnaient froidement leurs ordres et l'intrépidité des soldats qui s'empressaient comme d'humbles serviteurs autour des monstres tonnants.

Au loin, de l'autre côté de la Marne, l'artillerie française tirait aussi, et son activité se manifestait par de petits nuages jaunes qui s'attardaient en l'air et par des colonnes de famée qui s'élevaient en divers points du paysage. Mais les obus français respectaient le château, qui semblait entouré d'une atmosphère de protection. Cela parut étrange à Marcel, qui regarda le haut des tours. Le drapeau blanc à croix rouge continuait à y flotter.

Les vapeurs matinales se dissipèrent ; les collines et les bois émergèrent du brouillard. Quand toute la vallée fut découverte, Marcel, du lieu où il était, eut la surprise de voir la rivière de Marne, hier encore masquée en cet endroit par les arbres : pendant la nuit, le canon avait ouvert de grandes fenêtres dans la muraille de verdure. Mais ce qui l'étonna davantage encore, ce fut de n'apercevoir personne, absolument personne, dans ce vaste paysage bouleversé par les rafales d'obus. Plus de cent mille hommes devaient être blottis dans les plis du terrain que ses regards embrassaient, et pas un seul n'était visible. Les engins meurtriers accomplissaient leur tâche sans trahir leur présence par d'autres signes perceptibles que la fumée des détonations et les spirales noires surgissant à l'endroit où les gros projectiles éclataient sur le sol. Ces spirales s'élevaient de tous les côtés, entouraient le château comme un cercle de toupies gigantesques ; mais aucune d'elles n'était voisine de l'édifice. Marcel regarda de nouveau le drapeau blanc à croix rouge et pensa : « Quelle lâcheté ! Quelle infamie ! »

Le bataillon allemand avait fini de s'installer le long du mur, face à la rivière. Les soldats avaient appuyé leurs fusils aux créneaux. Tous ces hommes avaient un peu l'air de dormir les yeux ouverts ; quelques-uns s'affaissaient sur leurs talons ou s'affalaient contre le mur. Les officiers, debout derrière eux, observaient la plaine avec leurs jumelles de campagne ou discutaient en petits groupes. Les uns semblaient découragés, d'autres exaspérés par le recul accompli depuis la veille ; mais la plupart, avec la passivité de la discipline, demeuraient confiants. Le front de bataille n'était-il pas immense ? Qui pouvait prévoir le résultat final ? Ici on battait en retraite ; ailleurs on réalisait peut-être une avance décisive. Tout ce qu'il y avait à regretter, c'était qu'on s'éloignât de Paris.

Soudain ils se mirent tous à regarder en l'air, et Marcel les imita. En contractant les paupières pour mieux voir, il finit par distinguer, au bord d'un nuage, une sorte de libellule qui brillait au soleil. Dans les brefs intervalles de silence qui se produisaient parfois au milieu du tintamarre de l'artillerie, ses oreilles percevaient un bourdonnement faible qui paraissait venir de ce brillant insecte. Les officiers hochèrent la tête : « *Franzosen !* » On ne pouvait distinguer les anneaux tricolores, analogues à ceux qui ornent les robes des pavillons ; mais la visible inquiétude des Allemands ne laissait aucun doute à Marcel : c'était un avion français qui survolait le château, sans prendre garde aux obus dont les bulles blanches éclataient autour de lui. Puis l'avion vira lentement et s'éloigna vers le sud.

« Il les a repérés, pensa Marcel ; il sait maintenant ce qu'il y a ici. » Et aussitôt tout ce qui s'était passé depuis l'aube parut sans importance au châtelain ; il comprit que l'heure vraiment tragique était venue, et il éprouva tout à la fois une peur insurmontable et une fiévreuse curiosité.

Un quart d'heure après, une explosion stridente résonna hors du parc, mais à proximité du mur. Ce fut comme un coup de hache gigantesque, qui fit voler des têtes d'arbres, fendit des troncs en deux, souleva de noires masses de terre avec leurs chevelures d'herbe. Quelques pierres tombèrent du mur. Les Allemands baissèrent un peu la tête, mais sans émoi visible. Depuis qu'ils avaient aperçu l'aéroplane, ils savaient que cela était inévitable : le drapeau de la croix rouge ne pouvait plus tromper les artilleurs français.

Avant que Marcel eût eu le temps de revenir de sa surprise, une seconde explosion se produisit, tout près du mur ; puis une troisième, à l'intérieur du parc. Une odeur d'acides lui rendit la respiration difficile, lui fit monter aux yeux la cuisson des larmes ; mais, en compensation, il cessa d'entendre les bruits effroyables qui l'entouraient ; il les devinait encore à la houle de l'air, aux bourrasques de vent qui secouaient les branches ; mais ses oreilles ne percevaient plus rien : il était devenu sourd.

Par instinct de conservation, il eut l'idée de se réfugier dans le pavillon du concierge, et, les jambes vacillantes, il s'engagea dans l'allée qui y conduisait. Mais à mi-chemin un prodige l'arrêta : une main invisible venait d'arracher sous ses yeux la toiture du pavillon et de jeter bas un pan de muraille. Par l'ouverture béante, l'intérieur des chambres apparaissait comme un décor de théâtre.

Il revint en courant vers le château, pour se réfugier dans les profonds souterrains qui servaient de caves, et, lorsqu'il fut sous leurs sombres voûtes, il poussa un soupir de soulagement. Peu à peu, le silence de cette retraite lui rendit la faculté de l'ouïe. En haut la tempête continuait ; mais en bas le tonnerre des artilleries adverses ne parvenait que comme un écho amorti.

Toutefois, à un certain moment, les caves elles-mêmes tremblèrent, s'emplirent d'un énorme fracas. Une partie du corps de logis, atteinte par un gros obus, s'était effondrée. Les voûtes résistèrent à la chute des étages ; mais Marcel eut peur d'être enseveli dans son refuge par une autre explosion, et il remonta vite l'escalier des souterrains. Lorsqu'il fut au rez-de-chaussée, il aperçut le ciel à travers les toits crevés ; il ne subsistait des appartements que des lambeaux de plancher accrochés aux murs, des meubles restés en suspens, des poutres qui se balançaient dans le vide ; mais il y avait dans le *hall* un énorme entassement de solives, de fers tordus, d'armoires, de sièges, de tables, de bois de lit qui étaient venus s'écraser là.

Un anxieux désir de lumière et d'air libre le fit sortir de l'édifice croulant. Le soleil était haut sur l'horizon et les cadavres devenaient de plus en plus nombreux dans le parc. Les blessés geignaient, appuyés contre les troncs, ou demeuraient étendus par terre dans le mutisme de la souffrance. Quelques-uns avaient ouvert leur sac pour y prendre le paquet de pansement et soignaient leurs chairs lacérées. Le nombre des défenseurs du parc s'était beaucoup accru et l'infanterie faisait de continuelles décharges. De nouveaux pelotons arrivaient à chaque instant : c'étaient des hommes qui, chassés de la rivière, se repliaient sur la seconde ligne de défense. Les mitrailleuses joignaient leur tic-tac à la crépitation de la fusillade.

Il semblait à Marcel que l'espace était plein du bourdonnement continu d'un essaim et que des milliers de frelons invisibles voltigeaient autour de lui. Les écorces des arbres sautaient, comme arrachées par des griffes qu'on ne voyait pas ; les feuilles pleuvaient ; les branches étaient agitées en sens divers ; des pierres jaillissaient du sol, comme poussées par un pied mystérieux. Les casques des soldats, les pièces métalliques des équipements, les caissons de l'artillerie carillonnaient sous une grêle magique. De grandes brèches s'étaient ouvertes dans le mur d'enceinte, et, par l'une d'elles, Marcel reconnut, au pied de la côte sur laquelle était construit le château, plusieurs colonnes françaises qui avaient franchi la Marne. Les assaillants, retenus par le feu nourri de l'ennemi, ne pouvaient avancer que par bonds, en s'abritant derrière les moindres plis du terrain, pour laisser passer les rafales de projectiles.

Soudain une trombe s'engouffra entre le mur d'enceinte et le château. La mort soufflait donc dans une nouvelle direction ? Jusqu'alors elle était venue du côté de la rivière, battant de front la ligne allemande protégée par le mur. Et voilà qu'avec la brusquerie d'une saute de vent elle se ruait d'un autre côté et prenait le mur en enfilade. Un habile mouvement avait permis aux Français d'établir leurs batteries dans une position plus favorable et d'attaquer de flanc les défenseurs du château.

Marcel qui, heureusement pour lui, s'était attardé un instant près du pont-levis, dans un lieu que la masse de l'édifice abritait contre cette trombe, fut le témoin indemne d'une sorte de cataclysme : arbres abattus, canons démolis, caissons sautant avec des déflagrations volcaniques, chevaux éventrés, hommes dépecés dont le corps volait en morceaux. Par places, les obus avaient creusé des trous profonds dans le sol et rejeté hors des fosses les cadavres enterrés les jours précédents.

Ce qui restait d'Allemands valides pour la défense du mur se leva. Les uns, pâles, les dents serrées, avec des lueurs de démence dans les yeux, mirent la baïonnette au canon ; d'autres tournèrent le dos et se précipitèrent vers la porte du parc, sans prendre garde aux cris des officiers et aux coups de revolver que ceux-ci déchargeaient contre les fuyards.

Cependant, de l'autre côté du mur, Marcel entendait comme un bruit confus de marée montante, et il lui semblait reconnaître dans ce bruit quelques notes de la *Marseillaise*. Les mitrailleuses fonctionnaient avec une célérité de machine à coudre. Les Allemands, fous de rage, tiraient, tiraient sans répit. Cette fureur n'arrêta pas le progrès de l'attaque, et tout à coup, dans une brèche, des képis rouges apparurent sur les décombres. Une bordée de shrapnells balaya une fois, deux fois cette apparition. Finalement les Français entrèrent par la brèche ou escaladèrent le mur. C'étaient de petits soldats bien pris, agiles, ruisselants de sueur sous leur capote déboutonnée ; et, pêle-mêle avec eux dans le désordre de la charge, il y avait aussi des turcos aux yeux endiablés, des zouaves aux culottes flottantes, des chasseurs d'Afrique aux vestes bleues.

Les officiers allemands combattaient à mort. Après avoir épuisé les cartouches de leurs revolvers, ils s'élançaient, le sabre haut, contre les assaillants, suivis par ceux des soldats qui leur obéissaient encore. Il y eut un corps à corps, une mêlée : baïonnettes perçant des ventres de part en part, crosses tombant comme des marteaux sur des crânes qui se fendaient, couples embrassés qui roulaient par terre en cherchant à s'étrangler, à se mordre. Enfin les uniformes gris déguerpirent en se faufilant à travers les arbres ; mais ils ne réussirent pas tous à s'échapper, et les balles des vainqueurs arrêtèrent pour jamais beaucoup de fugitifs.

Presque aussitôt après, un gros de cavalerie française passa sur le chemin. C'étaient des dragons qui venaient achever la poursuite ; mais leurs chevaux étaient exténués de fatigue, et seule la fièvre de la victoire, qui semblait se propager des hommes aux bêtes, leur rendait encore possible un trot forcé et douloureux. Un de ces dragons fit halte à l'entrée du parc, et sa monture se mit à dévorer avidement quelques pousses feuillues, tandis que l'homme, courbé sur l'arçon, paraissait dormir. Quand Marcel le secoua pour le réveiller, l'homme tomba par terre : il était mort.

L'avance française continua. Des bataillons, des escadrons remontaient du bord de la Marne, harassés, sales, couverts de poussière et de boue, mais animés d'une ardeur qui galvanisait leurs forces défaillantes.

Quelques pelotons de fantassins explorèrent le château et le parc, pour les nettoyer des Allemands qui s'y cachaient encore. D'entre les débris des appartements, de la profondeur des caves, des bosquets ravagés, des étables et des garages incendiés surgissaient des individus verdâtres, coiffés du casque à pointe, et ils levaient les bras en montrant leurs mains ouvertes et en criant « *Kamarades !...* *Kamarades !... Non kaput !* » Ils tremblaient d'être massacrés sur place. Loin de leurs officiers et affranchis de la discipline, ils avaient perdu subitement toute leur fierté. L'un d'eux se réfugia à côté de Marcel, se colla presque contre lui ; c'était l'infirmier barbu qui lui avait fait payer si cher quelques morceaux de pain.

– *Franzosen !...* Moi ami des *Franzosen !* répétait-il, pour se faire protéger par la victime de son impudente extorsion.

Après une mauvaise nuit passée dans les ruines de son château, Marcel se décida à partir. Il n'avait plus rien à faire au milieu de ces décombres. D'ailleurs la présence de tant de morts le gênait. Il y en avait des centaines et des milliers. Les soldats et les paysans travaillaient à enfouir les cadavres sur le lieu même où ils les trouvaient. Il y avait des fosses dans toutes les avenues du parc, dans les plates-bandes des jardins, dans les cours des dépendances, sous les fenêtres de ce qui avait été les salons. La vie n'était plus possible dans un pareil charnier.

Il reprit donc le chemin de Paris, où il était résolu d'arriver n'importe comment.

Au sortir du parc, ce furent encore des cadavres qu'il rencontra ; mais malheureusement ils n'étaient point vêtus de la capote verdâtre. L'offensive libératrice avait coûté la vie à beaucoup de Français. Des pantalons rouges, des képis, des chéchias, des casques à crinière, des sabres tordus, des baïonnettes brisées jonchaient la campagne. Çà et là on apercevait des tas de cendres et de matières carbonisées : c'étaient les résidus des hommes et des chevaux que les Allemands avaient brûlés pêle-mêle, pendant la nuit qui avait précédé leur recul.

Malgré ces incinérations barbares, les cadavres restés sans sépulture étaient innombrables, et, à mesure que Marcel s'éloignait du village, la puanteur des chairs décomposées devenait plus insupportable. D'abord il avait passé au milieu des tués de la veille, encore frais ; ensuite, de l'autre côté de la rivière, il avait trouvé ceux de l'avant-veille ; plus loin, c'étaient ceux de trois ou quatre jours. À son approche, des vols de corbeaux s'élevaient avec de lourds battements d'ailes ; puis, gorgés, mais non rassasiés, ils se posaient de nouveau sur les sillons funèbres.

– Jamais on ne pourra enterrer toute cette pourriture, pensa Marcel. Nous allons mourir de la peste après la victoire !

Les villages, les maisons isolées, tout était dévasté. Les habitations, les granges ne formaient plus que des monceaux de débris. Par endroits, de hautes armatures de fer dressaient sur la plaine leurs silhouettes bizarres, qui faisaient penser à des squelettes de gigantesques animaux préhistoriques : c'étaient les restes d'usines détruites par l'incendie. Des cheminées de brique étaient coupées presque à ras du sol ; d'autres, décapitées de la partie supérieure, montraient dans leurs moignons subsistants des trous faits par les obus.

De temps à autre, Marcel rencontrait des escouades de cavaliers, des gendarmes, des zouaves, des chasseurs. Ils bivouaquaient autour des ruines des fermes, chargés d'explorer le terrain et de donner la chasse aux traînards ennemis. Le châtelain dut leur expliquer son histoire, leur montrer le passeport qui lui avait permis de faire le voyage dans le train militaire. Ces soldats, dont quelques-uns étaient blessés légèrement, avaient la joyeuse exaltation de la victoire. Ils riaient, contaient leurs prouesses, s'écriaient avec assurance :

– Nous allons les reconduire à coups de pied jusqu'à la frontière.

Après plusieurs heures de marche, il reconnut au bord de la route une maison en ruines. C'était le cabaret où il avait déjeuné en se rendant à son château. Il pénétra entre les murs noircis, où une myriade de mouches vint aussitôt bourdonner autour de sa tête. Une odeur de chairs putréfiées le saisit aux narines. Une jambe, qui avait l'air d'être de carton roussi, sortait d'entre les plâtras. Il crut revoir la bonne vieille qui, avec ses petits-enfants accrochés à ses jupes, lui disait : « Pourquoi ces gens fuient-ils ? La guerre est l'affaire des soldats. Nous autres, nous ne faisons de mal à personne et nous n'avons rien à craindre. »

Un peu plus loin, au bas d'une côte, il fit la plus inattendue des rencontres. Il aperçut une automobile de louage, une automobile parisienne avec son taximètre fixé au siège du cocher. Le chauffeur se promenait tranquillement près du véhicule, comme s'il eût été à sa station. Cet homme avait amené là des journalistes qui voulaient voir le champ de bataille, et il les attendait pour le retour. Marcel engagea la conversation avec lui.

– Deux cents francs pour vous, dit-il, si vous me ramenez à Paris.

L'autre protesta, du ton d'un homme consciencieux qui veut être fidèle à ses promesses. Ce qui donnait tant de force à sa fidélité, c'était peut-être que l'offre de dix louis était faite par un quidam qui, avec ses vêtements en loques et la tache livide d'un coup reçu au visage, avait l'aspect d'un vagabond.

– Eh bien, cinq cents francs ! reprit Marcel en tirant de son gousset une poignée d'or.

Pour toute réponse le chauffeur donna un tour à la manivelle et ouvrit la portière. Les journalistes pouvaient attendre jusqu'au lendemain matin : ils n'en auraient que mieux observé le champ de bataille.

Lorsque Marcel rentra à Paris, les rues presque vides lui parurent pleines de monde. Jamais il n'avait trouvé la capitale si belle. En revoyant l'Opéra et la place de la Concorde, il lui sembla qu'il rêvait : le contraste était trop fort entre ce qu'il avait sous les yeux et les spectacles d'horreur qu'il laissait derrière lui à si peu de distance.

À la porte de son hôtel, son majestueux portier, ébahi de lui voir ce sordide aspect, le salua par des cris de stupéfaction :

– Ah ! monsieur !... Qu'est-il arrivé à Monsieur ?... D'où Monsieur peut-il bien venir ?

– De l'enfer ! répondit le châtelain.

Deux jours après, dans la matinée, Marcel reçut une visite inattendue. Un soldat d'infanterie de ligne s'avançait vers lui d'un air gaillard.

– Tu ne me reconnais pas ?

– Oh !... Jules !

Et le père ouvrit les bras à son fils, le serra convulsivement sur sa poitrine. Le nouveau fantassin était coiffé d'un képi dont le rouge n'avait pas l'éclat du neuf ; sa capote trop longue était usée, rapiécée ; ses gros souliers exhalaient une odeur de cuir et de graisse ; mais jamais Marcel n'avait trouvé Jules si beau que sous cette défroque tirée de quelque fond de magasin militaire.

– Te voilà donc soldat ? reprit-il d'une voix qui tremblait un peu. Tu as voulu défendre mon pays, qui n'est pas le tien[7]. Cela m'effraie pour toi, et cependant j'en suis heureux. Ah ! si je n'avais que cinquante ans, tu ne partirais pas seul !

Et ses yeux se mouillèrent de larmes, tandis qu'une expression de haine donnait à son visage quelque chose de farouche.

– Va donc, prononça-t-il avec une sourde énergie. Tu ne sais pas ce qu'est cette guerre ; mais moi, je le sais. Ce n'est pas une guerre comme

---

[7] Quoique de nationalité argentine, Jules a pu s'engager dans un régiment français en raison de la nationalité française de son père. – G. H.

les autres, une guerre où l'on se bat contre des adversaires loyaux ; c'est une chasse à la bête féroce. Tire dans le tas : chaque Allemand qui tombe délivre l'humanité d'un péril....

Ici Marcel eut comme un mouvement d'hésitation ; puis, d'un ton décidé :

— Et si tu rencontres devant toi des visages connus, ajouta-t-il, que cela ne t'arrête point. Il y a dans les rangs ennemis des hommes de ta famille, mais ils ne valent pas mieux que les autres. À l'occasion, tue-les, tue-les sans scrupule !

X

Après la Marne

À la fin d'octobre, Luisa, Héléna et Chichi revinrent de Biarritz. Héléna eut beau leur dire que ce retour n'était pas prudent, que l'affaire de la Marne n'avait été pour les Français qu'un succès passager, que le cours de la guerre pouvait changer d'un moment à l'autre et que, par le fait, le gouvernement ne songeait pas encore à quitter Bordeaux. Mais les suggestions de la « romantique » demeurèrent sans résultat : Luisa ne pouvait se résigner à vivre plus longtemps loin de son mari, et Chichi avait hâte de revoir son « petit soldat de sucre ». Les trois femmes réintégrèrent donc l'hôtel de l'avenue Victor-Hugo.

Les deux millions de Parisiens qui, au lieu de se laisser entraîner par la panique, étaient restés chez eux, avaient accueilli la victoire avec une sérénité grave. Personne ne s'expliquait clairement le cours de cette bataille, dont on n'avait eu connaissance que lorsqu'elle était déjà gagnée. Un dimanche, à l'heure où les habitants profitaient du bel après-midi pour faire leur promenade, ils avaient appris tout d'un coup par les journaux le grand succès des Alliés et le danger qu'ils venaient de courir. Ils se réjouirent, mais ils ne se départirent point de leur calme : six semaines de guerre avaient changé radicalement le caractère de cette population si turbulente et si impressionnable. Il fallut du temps pour que la capitale reprît son aspect d'autrefois. Mais enfin des rues naguère désertes se repeuplèrent de passants, des magasins fermés se rouvrirent, des appartements silencieux retrouvèrent de l'animation.

Marcel ne parla guère aux siens de son voyage de Villeblanche. Pourquoi les attrister par le récit de tant d'horreurs ? Il se contenta de dire à Luisa que le château avait beaucoup souffert du bombardement, que les obus avaient endommagé une partie de la toiture, et qu'après la paix plusieurs mois de travail seraient nécessaires pour rendre le logis habitable.

Le plaisir qu'éprouvait Marcel à se retrouver en famille fut vite gâté par la présence de sa belle-sœur. Depuis les derniers événements, Héléna avait dans les yeux une vague expression de surprise, comme si le recul des armées impériales eût été un phénomène qui dérogeât d'une façon extraordinaire aux lois les mieux établies de la nature, et le problème de la bataille de la Marne lui tenait si fort à cœur qu'elle ne pouvait plus retenir sa langue. Elle se mit donc à contester la victoire française. À l'en croire, ce qu'on appelait la victoire de la Marne n'était qu'une invention des Alliés ; la vérité, c'était que, pour de savantes raisons stratégiques, les généraux allemands avaient jugé à propos de reporter leurs lignes en arrière. Pendant son séjour à Biarritz, elle s'était longuement entretenue de ce sujet avec diverses personnes de la plus haute compétence, notamment avec des officiers supérieurs des pays neutres, et aucun d'eux ne croyait à une réelle victoire des Français. Les troupes allemandes ne continuaient-elles pas à occuper de vastes territoires dans le nord et dans l'est de la France ? À quoi donc avait servi cette prétendue victoire, si les vainqueurs étaient impuissants à chasser de chez eux les vaincus ? Marcel, interloqué par ces déclarations catégoriques, pâlissait de stupeur et de colère : il l'avait vue, lui, vue de ses yeux, la victoire de la Marne, et les milliers d'Allemands enterrés dans le jardin et dans le parc de Villeblanche attestaient que les Français avaient remporté une grande victoire. Mais il avait beau rembarrer sa belle-sœur et se fâcher tout rouge : il était bien obligé de s'avouer à lui-même qu'il y avait quelque chose de spécieux dans les objections d'Héléna, et son âme en était profondément troublée.

Luisa non plus n'était pas tranquille ; depuis que Jules s'était engagé, elle vivait dans les transes. Et bientôt Chichi elle-même eut à s'inquiéter aussi au sujet de son fiancé. En revenant de Biarritz, elle s'était fait raconter par son « petit soldat » tous les périls auxquels elle imaginait que celui-ci avait été exposé, et le jeune guerrier lui avait décrit les poignantes angoisses éprouvées au bureau, durant les jours interminables où les troupes se battaient aux environs de Paris. On entendait de si près la canonnade que le sénateur aurait voulu faire partir son fils pour Bordeaux ; mais celui-ci avait été beaucoup mieux inspiré. Le jour du grand effort, lorsque le gouverneur de la place avait lancé en automobile tous les hommes valides, le patriotisme l'avait emporté chez René sur tout autre sentiment : il avait pris un fusil sans que personne le lui commandât, et il était monté dans une voiture avec d'autres employés du service auxiliaire. Arrivé sur le champ de bataille, il était resté plusieurs heures couché dans un fossé, au bord d'un chemin, tirant sans distinguer sur quoi. Il n'avait vu que de la fumée, des maisons incendiées, des blessés, des morts. À l'exception d'un groupe de uhlans prisonniers, il n'avait pas aperçu un seul Allemand.

D'abord cela suffit pour rendre Chichi fière d'être la promise d'un héros de la Marne ; mais ensuite elle changea de sentiment. Quand elle était dans la rue avec René, elle regrettait qu'il ne fût que simple soldat et qu'il n'appartînt qu'aux milices de l'arrière. Pis encore : les femmes du peuple, exaltées par le souvenir de leurs hommes qui combattaient sur le front ou aigries par la mort d'un être cher, étaient d'une insolence agressive, de sorte qu'elle entendait souvent au passage de grossières paroles contre les « embusqués ». Au surplus, elle ne pouvait s'empêcher de se dire à elle-même que son frère, qui n'était qu'un Argentin, se battait sur le front, tandis que son fiancé, qui était un Français, se tenait à l'abri des coups. Ces réflexions pénibles la rendaient triste.

René remarqua d'autant plus aisément la tristesse de Chichi qu'elle ne l'avait pas habitué à une mine morose, et il devina sans peine la raison de cette mauvaise humeur. Dès lors sa résolution fut prise. Pendant trois jours il s'abstint de venir avenue Victor-Hugo ; mais, le quatrième jour, il s'y présenta dans un uniforme flambant neuf, de cette couleur bleu horizon que l'armée française avait adoptée récemment ; la mentonnière de son képi était dorée et les manches de sa vareuse portaient un petit galon d'or. Il était officier. Grâce à son père, et en se prévalant de sa qualité d'élève de l'École centrale, il avait obtenu d'être nommé sous-lieutenant dans l'artillerie de réserve, et il avait aussitôt demandé à être envoyé en première ligne. Il partirait dans deux jours.

– Tu as fait cela ! s'écria Chichi enthousiasmée. Tu as fait cela !

Elle le regardait, pâle, avec des yeux agrandis qui semblaient le dévorer d'admiration. Puis, sans se soucier de la présence de sa mère :

– Viens, mon petit soldat ! Viens ! Tu mérites une récompense !

Et elle lui jeta les bras autour du cou, lui plaqua sur les joues deux baisers sonores, fut prise d'une sorte de défaillance et éclata en sanglots.

Après la bataille de la Marne, Luisa et Héléna eurent un redoublement de zèle religieux : les deux mères étaient dévorées de soucis au sujet de leurs fils, qui combattaient pour des causes contraires sur le front de France. Et Chichi elle-même, lorsque René eut été envoyé dans la zone des armées, éprouva une crise de dévotion.

Maintenant Luisa ne courait plus tout Paris pour visiter un grand nombre de sanctuaires, comme si la multiplicité des lieux d'oraison devait augmenter l'efficacité des prières ; elle se contentait d'aller avec Chichi et Héléna, soit à l'église Saint-Honoré d'Eylau, soit à la chapelle espagnole de l'avenue Friedland ; et elle avait même pour la chapelle espagnole une préférence, parce qu'elle y entendait souvent des dévotes chuchoter à côté d'elle dans la langue de sa jeunesse, et ces voix lui donnaient l'illusion d'être là comme chez elle, près d'un dieu qui l'écoutait plus volontiers.

Lorsque les trois femmes priaient, agenouillées côte à côte, Luisa jetait de temps à autre sur Chichi un regard où il y avait un grain de mauvaise humeur. La jeune fille était pâle, songeuse, et tantôt elle fixait longuement sur l'autel des yeux estompés de bleu, tantôt elle courbait la tête comme sous le poids de pensées graves qui ne lui étaient point habituelles. Cette langueur ardente offusquait un peu la mère : ce n'était probablement pas pour Jules que Chichi priait avec cette ferveur passionnée.

Quant aux deux sœurs, elles ne demandaient ni l'une ni l'autre à Dieu le salut des millions d'hommes aux prises sur les champs de bataille : leurs prières plus égoïstes ne s'inspiraient que du seul amour maternel, n'avaient pour objet que le salut de leurs fils, exposés peut-être en cet instant même à un péril mortel. Mais, quand Luisa implorait le salut de Jules, ce qu'elle voyait mentalement, c'était le soldat que représentait une pâle photographie reçue des tranchées : la tête coiffée d'un vieux képi, le corps enveloppé d'une capote boueuse, les jambes serrées par des bandes de drap, la main armée d'un fusil, le menton assombri par une barbe mal rasée. Et, quand Héléna implorait le salut d'Otto et d'Hermann, l'image qu'elle avait dans l'esprit était celle de jeunes officiers coiffés du casque à pointe, vêtus de l'uniforme verdâtre, la poitrine barrée par les courroies qui soutenaient le revolver, les jumelles, l'étui pour les cartes, la taille serrée par le ceinturon auquel était suspendu le sabre. Si donc, en apparence, les vœux de l'une et de l'autre s'harmonisaient dans un même élan de piété maternelle, il n'en était pas moins vrai qu'au fond ces vœux étaient opposés les uns aux autres et qu'il y avait entre les prières des deux mères le même conflit qu'entre les armées ennemies. Ni Luisa ni Héléna ne s'apercevaient de cette contradiction. Mais, un jour que Marcel vit sa femme et sa belle-sœur sortir ensemble de l'église, il ne put s'empêcher de grommeler entre ses dents :

– C'est indécent ! C'est se moquer de Dieu !

Eh quoi ? Dans le sanctuaire où Luisa et tant d'autres mères françaises imploraient la protection divine pour leurs fils, qui luttaient contre l'invasion des Barbares et qui défendaient héroïquement la cause de la civilisation et de l'humanité, Héléna osait solliciter du ciel la détestable réussite de son mari l'Allemand qui employait toutes ses facultés d'énergumène à préparer l'écrasement de la France, et le criminel succès de ses fils qui, le revolver en main, envahissaient les villages, assassinaient les habitants paisibles et ne laissaient derrière eux que l'incendie et la mort ! Oui, les prières de cette femme étaient impies et ses invocations iniques offensaient la justice de Dieu. Et Marcel, avec la puérile superstition qu'éveille parfois dans les esprits les plus positifs la crainte du danger, allait jusqu'à s'imaginer que la sacrilège dévotion d'Héléna pouvait causer à Jules un dommage. Qui sait ? Dieu, fatigué des demandes contradictoires qui lui arrivaient de ces mères inconsciemment hostiles, finirait sans doute par se boucher les oreilles et n'écouterait plus personne.

À partir de ce jour, Marcel ne put s'empêcher de témoigner sans cesse à sa belle-sœur une sourde antipathie. La « romantique » s'offensa de cette animosité croissante qui, selon les circonstances, s'exprimait par des sarcasmes ou par des rebuffades. Elle résolut donc de quitter une maison où il était manifeste qu'on la considérait désormais comme une intruse. Sans parler à personne de son dessein, elle fit d'actives démarches ; elle réussit à obtenir un passeport pour la Suisse, d'où il lui serait facile de rentrer en Allemagne ; et, un beau soir, elle annonça aux Desnoyers qu'elle partait le lendemain. La bonne Luisa, peinée de cette fugue subite, ne laissa pas de comprendre qu'en somme cela valait mieux pour tout le monde, et Marcel fut si content qu'il ne put s'empêcher de dire à sa belle-sœur avec une ironie agressive :

— Bon voyage, et bien des compliments à Karl. Si le savant recul stratégique de vos généraux lui ôte toute espérance de venir prochainement nous voir à Paris, il n'est pas impossible que la non moins savante avance stratégique des nôtres nous procure un de ces jours le plaisir d'aller vous faire une petite visite à Berlin.

Ce qui tenait lieu à Marcel des longues stations dans les églises, c'étaient les fréquentes visites qu'il faisait à l'atelier de son fils pour avoir le plaisir d'y causer de Jules avec Argensola, lequel avait été promu à la fonction de conservateur de ce maigre musée en l'absence du « peintre d'âmes ».

La première fois qu'Argensola reçut la visite de Marcel, il dut entrecouper bizarrement ses paroles de bienvenue par des gestes qui tendaient à faire disparaître subrepticement un peignoir de femme oublié sur un fauteuil et un chapeau à fleurs qui coiffait un mannequin. Marcel ne fut pas dupe de cette gesticulation significative ; mais il avait l'âme disposée à toutes les indulgences. Rien qu'à entendre la voix d'Argensola, le pauvre père avait pour ainsi dire la sensation de se trouver près de son fils ; et ce qui lui facilitait encore une si douce illusion, c'était ce milieu familier où tous les objets avaient été mêlés à la vie de l'absent.

Ils parlaient d'abord du soldat, se communiquaient l'un à l'autre les dernières nouvelles reçues du front. Marcel redisait par cœur des phrases entières des lettres de Jules, faisait même lire ces lettres au secrétaire intime ; mais Argensola ne montrait jamais celles qui lui étaient adressées, s'abstenait même d'en rapporter des citations textuelles : car le peintre y employait volontiers un style épistolaire qui différait trop de celui que les fils ont coutume d'employer quand ils écrivent à leurs parents.

Après deux mois de campagne, Jules, déjà préparé au métier des armes par la pratique de l'épée et protégé par le capitaine de sa compagnie, qui avait été son collègue au cercle d'escrime, venait d'être nommé sergent.

– Quelle carrière ! s'écriait Argensola, flatté de cette nomination comme si elle l'eût personnellement couvert de gloire. Ah ! votre fils est de ceux qui arrivent jeunes aux plus hauts grades, comme les généraux de la Révolution !

Et il célébrait avec une éloquence dithyrambique les prouesses de son ami, non sans les embellir de quelques détails imaginaires. Jules, peu bavard comme la plupart des braves qui vivent dans un continuel danger, lui avait raconté en quelques phrases pittoresques divers épisodes de guerre auxquels il avait pris part. Par exemple, le peintre-soldat avait porté un ordre sous un violent bombardement ; il était entré le premier dans une tranchée prise d'assaut ; il s'était offert pour une mission considérée comme très périlleuse. Ces faits honorables, qui lui avaient valu une citation, mais qui, somme toute, n'avaient rien d'extraordinaire, prenaient des couleurs merveilleuses dans la bouche du bohème qui les glorifiait comme les événements les plus insignes de la guerre mondiale. À entendre ces récits épiques, le père tremblait de peur, de plaisir et d'orgueil.

Après que les deux hommes s'étaient longuement entretenus de Jules, Marcel se croyait obligé de témoigner aussi quelque intérêt au panégyriste de son fils, et il interrogeait le secrétaire sur ce que celui-ci avait fait dans les derniers temps.

—J'ai fait mon devoir ! répondait Argensola avec une évidente satisfaction d'amour-propre. J'ai assisté au siège de Paris !

À vrai dire, dans son for intérieur, il soupçonnait bien l'inexactitude de ce terme : car Paris n'avait pas été assiégé. Mais les souvenirs de la guerre de 1870 l'emportaient sur le souci de la précision du langage, et il se plaisait à nommer « siège de Paris » les opérations militaires accomplies autour de la capitale pendant la bataille de la Marne. Au surplus, il avait pris ses précautions pour que la postérité n'ignorât pas le rôle qu'il avait joué en ces mémorables circonstances. On vendait alors dans les rues une affiche en forme de diplôme, dont le texte, entouré d'un encadrement d'or et rehaussé d'un drapeau tricolore, était un certificat de séjour dans la capitale pendant la semaine périlleuse. Argensola avait rempli les blancs d'un de ces diplômes en y inscrivant de sa plus belle écriture ses noms et qualités ; puis il avait fait apposer au bas de la pièce les signatures de deux habitants de la rue de la Pompe : un ami de la concierge et un cabaretier du voisinage ; et enfin il avait demandé au commissaire de police du quartier de garantir par son paraphe et par son sceau la respectabilité de ces honorables témoins. De cette manière, personne ne pouvait révoquer en doute qu'Argensola eût assisté au « siège de Paris ».

L'« assiégé » racontait donc à Marcel ce qu'il avait vu dans les rues de la capitale en l'absence du châtelain, et il avait vu des choses vraiment extraordinaires. Il avait vu en plein jour des troupeaux de bœufs et de brebis stationner sur le boulevard, près des grilles de la Madeleine. Il avait vu l'avant-garde des Marocains traverser la capitale au pas gymnastique, depuis la porte d'Orléans jusqu'à la gare de l'Est, où ils avaient pris les trains qui les attendaient pour les mener à la grande bataille. Il avait vu des escadrons de spahis drapés dans des manteaux rouges et montés sur de petits chevaux nerveux et légers ; des tirailleurs mauritaniens coiffés de turbans jaunes ; des tirailleurs sénégalais à la face noire et à la chéchia rouge ; des artilleurs coloniaux ; des chasseurs d'Afrique ; tous combattants de profession, aux profils énergiques, aux visages bronzés, aux yeux d'oiseaux de proie. Le long défilé de ces troupes s'immobilisait parfois des heures entières, pour laisser à celles qui les précédaient le temps de s'entasser dans les wagons.

– Ils sont arrivés à temps, disait Argensola avec autant de fierté que s'il avait commandé lui-même le rapide et heureux mouvement de ces troupes, ils sont arrivés à temps pour attaquer von Kluck sur les bords de l'Ourcq, pour le menacer d'enveloppement et pour le contraindre à déguerpir.

Quelques jours plus tard, il avait vu un autre spectacle beaucoup plus étrange encore. Toutes les automobiles de louage, environ deux mille voitures, avaient chargé des bataillons de zouaves, à raison de huit hommes par voiture ; et cette multitude de chars de guerre était partie à toute vitesse, formant sur les boulevards un torrent qui, avec la scintillation des fusils et le flamboiement des bonnets rouges, donnait l'idée d'un cortège pittoresque, d'une sorte de noce interminable. Ce n'était pas tout : au moment suprême, alors que le succès demeurait incertain et que le moindre accroissement de pression pouvait le décider, Galliéni avait lancé contre l'extrême droite de l'ennemi tout ce qui savait à peu près manier une arme, commis des bureaux militaires, ordonnances des officiers, agents de police, gendarmes, pour donner la dernière poussée qui avait sauvé la France.

Enfin, le dimanche, dans la soirée, tandis qu'Argensola se promenait au bois de Boulogne avec une de ses compagnes de « siège » (mais il ne fit point part de cette particularité à Marcel), il avait appris par les éditions spéciales des journaux que la bataille s'était livrée tout près de la ville et que cette bataille était une grande victoire.

– Ah ! monsieur Desnoyers, j'ai beaucoup vu et je puis raconter de grandes choses !

Le père de Jules était si content de ces conversations qu'il conçut pour le bohème une bienveillance bientôt traduite par des offres de service. Les temps étaient durs, et Argensola, contraint par les circonstances à vivre loin de sa patrie, avait peut-être besoin d'argent. Si tel était le cas, Marcel se ferait un plaisir de lui venir en aide et mettrait des fonds à sa disposition. Il le ferait d'autant plus volontiers que toujours il avait beaucoup aimé l'Espagne : un noble pays qu'il regrettait de ne pas bien connaître, mais qu'il visiterait avec le plus grand intérêt après la guerre.

Pour la première fois de sa vie, Argensola répondit à une telle offre par un refus où il mit non moins de dignité que de gratitude. Il remercia vivement M. Desnoyers de la délicate attention et de l'offre généreuse ; mais heureusement il n'était pas dans la nécessité d'accepter ce service. En effet, Jules l'avait nommé son administrateur, et comme, en vertu des nouveaux décrets concernant le *moratorium*, la Banque avait consenti enfin à verser mensuellement un tant pour cent sur le chèque d'Amérique, son ami pouvait lui fournir tout ce qui lui était nécessaire pour les besoins de la maison.

Quand la terrible crise fut passée, il sembla que la population parisienne s'accoutumait insensiblement à la situation. Un calme résigné succéda à l'excitation des premières semaines, alors que l'on espérait des interventions extraordinaires et miraculeuses. Argensola lui-même n'avait plus les poches pleines de journaux, comme au début des hostilités. D'ailleurs tous les journaux disaient la même chose, et il suffisait de lire le communiqué officiel, document que l'on attendait désormais sans impatience : car on prévoyait qu'il ne ferait guère que répéter le communiqué précédent. Les gens de l'arrière reprenaient peu à peu leurs occupations habituelles. « Il faut bien vivre », disaient-ils. Et la nécessité de continuer à vivre imposait à tous ses exigences. Ceux qui avaient sous les drapeaux des êtres chers ne les oubliaient pas ; mais ils finissaient par s'accoutumer à leur absence comme à un inconvénient normal. L'argent recommençait à circuler, les théâtres à s'ouvrir, les Parisiens à rire ; et, si l'on parlait de la guerre, c'était pour l'accepter comme un mal inévitable, auquel on ne devait opposer qu'un courage persévérant et une muette endurance.

Dans les visites que Marcel faisait à Argensola, il eut plusieurs fois l'occasion de rencontrer Tchernoff. En temps ordinaire, il aurait tenu cet homme à distance : le millionnaire était du parti de l'ordre et avait en horreur les fauteurs de révolutions. Le socialisme du Russe et sa nationalité même lui auraient forcément suggéré deux séries d'images déplaisantes : d'un côté, des bombes et des coups de poignard ; de l'autre côté, des pendaisons et des exils en Sibérie. Mais, depuis la guerre, les idées de Marcel s'étaient modifiées sur bien des points : la terreur allemande, les exploits des sous-marins qui coulaient à pic des milliers de voyageurs inoffensifs, les hauts faits des zeppelins qui, presque invisibles au zénith, jetaient des tonnes d'explosifs sur de petites maisons bourgeoises, sur des femmes et sur des enfants, avaient beaucoup diminué à ses yeux la gravité des attentats qui, quelques années auparavant, lui avaient rendu odieux le terrorisme russe. D'ailleurs Marcel savait que Tchernoff avait été en relations, sinon intimes, du moins familières avec Jules, et cela suffisait pour qu'il fît bon visage à cet étranger, qui d'ailleurs appartenait à une nation alliée de la France.

Marcel et Tchernoff parlaient de la guerre. La douceur de Tchernoff, ses idées originales, ses incohérences de penseur sautant brusquement de la réflexion à la parole, séduisirent bientôt le père de Jules, qui ne regretta pas certaines bouteilles provenant manifestement des caves de l'avenue Victor-Hugo, bouteilles dont Argensola arrosait avec largesse l'éloquence de son voisin. Ce que Marcel admirait le plus dans le Russe, c'était la facilité avec laquelle celui-ci exprimait par des images les choses qu'il voulait faire comprendre. Dans les discours de ce visionnaire, la bataille de la Marne, les combats subséquents et l'effort des deux armées ennemies pour atteindre la mer devenaient des faits très simples et très intelligibles. Ah ! si les Français n'avaient pas été harassés après leur victoire !

– Mais les forces humaines ont une limite, disait le Russe, et les Français, en dépit de leur vaillance, sont des hommes comme les autres. En trois semaines, il y a eu la marche forcée de l'est au nord, pour faire front à l'invasion par la Belgique ; puis une série de combats ininterrompus, à Charleroi et ailleurs ; puis une rapide retraite, afin de ne pas être enveloppé par l'ennemi ; et finalement cette bataille de sept jours où les Allemands ont été arrêtés et refoulés. Comment s'étonner qu'après cela les jambes aient manqué aux vainqueurs pour se porter en avant, et que la cavalerie ait été impuissante à donner la chasse aux fuyards ? Voilà pourquoi les Allemands, poursuivis avec peu de vigueur, ont eu le temps de s'arrêter, de se creuser des trous, de se tapir dans des abris presque inaccessibles. Les Français à leur tour ont dû faire de même, pour ne pas perdre ce qu'ils avaient récupéré de terrain, et ainsi a commencé l'interminable guerre de tranchées. Ensuite chacune des deux lignes, dans le but d'envelopper la ligne ennemie, est allée se prolongeant vers le nord-ouest, et de ces prolongements successifs a résulté « la course à la mer » dont la conséquence a été la formation du front de combat le plus grand que l'histoire connaisse.

Optimiste malgré tout, Marcel, contrairement à l'opinion générale, espérait que la guerre ne serait plus très longue et que, dès le printemps prochain ou au plus tard vers le milieu de l'été, la paix serait conclue. Mais Tchernoff hochait la tête.

– Non, répondait-il. Ce sera long, très long. Cette guerre est une guerre nouvelle, la véritable guerre moderne. Les Allemands ont commencé les hostilités selon les anciennes méthodes : mouvements enveloppants, batailles en rase campagne, plans stratégiques combinés par de Moltke à l'imitation de Napoléon. Ils désiraient finir vite et se croyaient sûrs du triomphe. Dès lors, à quoi bon faire usage de procédés nouveaux ? Mais ce qui s'est produit sur la Marne a bouleversé leurs projets : de l'offensive ils ont été obligés de passer à la défensive, et leur état-major a mis en œuvre tout ce que lui avaient appris les récentes campagnes des Japonais et des Russes. La puissance de l'armement moderne et la rapidité du tir font de la lutte souterraine une nécessité inéluctable. La conquête d'un kilomètre de terrain représente aujourd'hui plus d'efforts que n'en exigeait, il y a un siècle, la prise d'assaut d'une forteresse, de ses bastions et de ses courtines. Par conséquent, ni l'une ni l'autre des deux armées affrontées n'avancera vite. Cela va être lent et monotone, comme la lutte de deux athlètes dont les forces sont égales.

– Mais pourtant il faudra bien qu'un jour cela finisse !

– Sans doute, mais il est impossible de savoir quand. Ce qu'il est dès maintenant permis de considérer comme indubitable, c'est que l'Allemagne sera vaincue. De quelle manière ? Je l'ignore ; mais la logique veut qu'elle succombe. En septembre, elle a joué tous ses atouts et elle a perdu la partie. Cela donne aux Alliés le temps de réparer leur imprévoyance et d'organiser les forces énormes dont ils disposent. La défaite des empires centraux se produira fatalement ; mais on se tromperait si l'on s'imaginait qu'elle est prochaine.

D'ailleurs, pour Tchernoff, cette immanquable déroute des nations de proie ne signifiait ni la destruction de l'Allemagne ni l'anéantissement des peuples germaniques. Le révolutionnaire n'avait pas de sympathie pour les patriotismes excessifs, n'approuvait ni l'intransigeance des chauvins de Paris, qui voulaient effacer l'Allemagne de la carte d'Europe, ni l'intransigeance des pangermanistes de Berlin, qui voulaient étendre au monde entier la domination teutonne.

– L'essentiel, c'est de jeter bas l'empire allemand et de briser la redoutable machine de guerre qui, pendant près d'un demi-siècle, a menacé la paix des nations.

Ce qui irritait le plus Tchernoff, c'était l'immoralité des idées qui, depuis 1870, étaient nées de cette perpétuelle menace et qui contaminaient aujourd'hui un si grand nombre d'esprits dans le monde entier : glorification de la force, triomphe du matérialisme, sanctification du succès, respect aveugle du fait accompli, dérision des plus nobles sentiments comme s'ils n'étaient que des phrases creuses, philosophie de bandits qui prétendait être le dernier mot du progrès et qui n'était que le retour au despotisme, à la violence et à la barbarie des époques primitives.

– Ce qu'il faut, déclarait-il, c'est la suppression de ceux qui représentent cette abominable tendance à revenir en arrière. Mais cela ne signifie pas qu'il faille exterminer aussi le peuple allemand. Ce peuple a des qualités réelles, trop souvent gâtées par les défauts qu'un passé malheureux lui a laissés en héritage. Il possède l'instinct de l'organisation, le goût du travail, et il peut rendre des services à la cause du progrès. Mais auparavant il a besoin qu'on lui administre une douche : la douche de la catastrophe. Quand la défaite aura rabattu l'orgueil des Allemands et dissipé leurs illusions d'hégémonie mondiale, quand ils se seront résignés à n'être qu'un groupe humain ni supérieur ni inférieur aux autres, ils deviendront d'utiles collaborateurs pour la tâche commune de civilisation qui incombe à l'humanité entière. D'ailleurs cela ne doit pas nous faire oublier que, à l'heure actuelle, ils sont pour toutes les autres sociétés humaines un grave danger. Ce « peuple de maîtres », comme il s'appelle lui-même, est de tous les peuples celui qui a le moins le sentiment de la dignité personnelle. Sa constitution politique a fait de lui une horde guerrière où tout est soumis à une discipline mécanique et humiliante. En Allemagne, il n'est personne qui ne reçoive des coups de pied au cul et qui ne désire les rendre à ses subordonnés. Le coup de pied donné par l'empereur se transmet d'échine en échine jusqu'aux dernières couches sociales. Le kaiser cogne sur ses rejetons, l'officier cogne sur ses soldats, le père cogne sur ses enfants et sur sa femme, l'instituteur cogne sur ses élèves. C'est précisément pour cela que l'Allemand désire si passionnément se répandre dans le monde. Dès qu'il est hors de chez lui, il se dédommage de sa servilité domestique en devenant le plus arrogant et le plus féroce des tyrans.

XI

La guerre

Le sénateur Lacour, un soir qu'il dînait chez Marcel Desnoyers, dit à son ami :

— Ne vous plairait-il pas d'aller voir votre fils au front ?

Le personnage était très tourmenté de ce que son héritier, rompant le réseau protecteur des recommandations dont l'avait enveloppé la prudence paternelle, servait maintenant dans l'armée active et, qui pis est, sur la première ligne ; et il s'était mis en tête de rendre visite au nouveau sous-lieutenant, ne fût-ce que pour inspirer aux chefs plus de considération à l'égard d'un jeune homme dont le père avait la puissance d'obtenir une autorisation si rarement accordée. Or, comme Jules appartenait au même corps d'armée que René, Lacour avait pensé à faire profiter Marcel de l'occasion : Marcel accompagnerait Lacour en qualité de secrétaire. Même si les deux jeunes gens étaient dans des secteurs éloignés l'un de l'autre, cela ne serait pas un empêchement : en automobile, on parcourt vite de longues distances. Le prétexte officiel du voyage était une mission donnée au sénateur pour se rendre compte du fonctionnement de l'artillerie et de l'organisation des tranchées.

Il va de soi que Marcel accepta avec joie la proposition de son illustre ami, et, quelques jours plus tard, malgré la mauvaise volonté du ministre de la Guerre qui se souciait peu d'admettre des curieux sur le front, Lacour obtint le double permis.

Le lendemain, dans la matinée, le sénateur et le millionnaire gravissaient péniblement une montagne boisée. Marcel avait les jambes protégées par des guêtres, la tête abritée sous un feutre à larges bords, les épaules couvertes d'une ample pèlerine. Lacour le suivait, chaussé de hautes bottes et coiffé d'un chapeau mou ; mais il n'en avait pas moins endossé une redingote aux basques solennelles, afin de garder quelque chose du majestueux costume parlementaire, et, quoiqu'il haletât de fatigue et suât à grosses gouttes, il faisait un visible effort pour ne point se départir de la dignité sénatoriale. À côté d'eux marchait un capitaine qui, par ordre, leur servait de guide.

Le bois où ils cheminaient présentait une tragique désolation. Il s'y était pour ainsi dire figé une tempête qui tenait le paysage immobile dans des aspects violents et bizarres. Pas un arbre n'avait gardé sa tige intacte et son abondante ramure du temps de paix. Les pins faisaient penser aux colonnades de temples en ruines ; les uns dressaient encore leurs troncs entiers, mais, décapités de la cime, ils étaient comme des fûts qui auraient perdu leurs chapiteaux ; d'autres, coupés à mi-hauteur par une section oblique en bec de flûte, ressemblaient à des stèles brisées par la foudre ; quelques-uns laissaient pendre autour de leur moignon déchiqueté les fibres d'un bois déjà mort. Mais c'était surtout dans les hêtres, les rouvres et les chênes séculaires que se révélait la formidable puissance de l'agent destructeur. Il y en avait dont les énormes troncs avaient été tranchés presque à ras de terre par une entaille nette comme celle qu'aurait pu produire un gigantesque coup de hache, tandis qu'autour de leurs racines déterrées on voyait les pierres extraites des entrailles du sol par l'explosion et éparpillées à la surface. Çà et là, des mares profondes, toutes pareilles, d'une régularité quasi géométrique, étendaient leurs nappes circulaires. C'était de l'eau de pluie verdâtre et croupissante, sur laquelle flottait une croûte de végétation habitée par des myriades d'insectes. Ces mares étaient les entonnoirs creusés par les « marmites » dans un sol calcaire et imperméable, qui conservait le trop-plein des irrigations pluviales.

Les voyageurs avaient laissé leur automobile au bas du versant, et ils grimpaient vers les crêtes où étaient dissimulés d'innombrables canons, sur une ligne de plusieurs kilomètres. Ils étaient obligés de faire cette ascension à pied, parce qu'ils étaient à portée de l'ennemi : une voiture aurait attiré sur eux l'attention et servi de cible aux obus.

– La montée est un peu fatigante, monsieur le sénateur, dit le capitaine. Mais courage ! Nous approchons.

Ils commençaient à rencontrer sur le chemin beaucoup d'artilleurs. La plupart n'avaient de militaire que le képi ; sauf cette coiffure, ils avaient l'air d'ouvriers de fabrique, de fondeurs ou d'ajusteurs. Avec leurs pantalons et leurs gilets de panne, ils étaient en manches de chemise, et quelques-uns d'entre eux, pour marcher dans la boue avec moins d'inconvénient, étaient chaussés de sabots. C'étaient de vieux métallurgistes incorporés par la mobilisation à l'artillerie de réserve ; leurs sergents avaient été des contremaîtres, et beaucoup de leurs officiers étaient des ingénieurs et des patrons d'usines.

On pouvait arriver jusqu'aux canons sans les voir. À peine émergeait-il d'entre les branches feuillues ou de dessous les troncs entassés quelque chose qui ressemblait à une poutre grise. Mais, quand on passait derrière cet amas informe, on trouvait une petite place nette, occupée par des hommes qui vivaient, dormaient et travaillaient autour d'un engin de mort. En divers endroits de la montagne il y avait, soit des pièces de 75, agiles et gaillardes, soit des pièces lourdes qui se déplaçaient péniblement sur des roues renforcées de patins, comme celles des locomobiles agricoles dont les grands propriétaires se servent dans l'Argentine pour labourer la terre.

Lacour et Desnoyers rencontrèrent dans une dépression du terrain plusieurs batteries de 75, tapies sous le bois comme des chiens à l'attache qui aboieraient en allongeant le museau. Ces batteries tiraient sur des troupes de relève, aperçues depuis quelques minutes dans la vallée. La meute d'acier hurlait rageusement, et ses abois furibonds ressemblaient au bruit d'une toile sans fin qui se déchirerait.

Les chefs, grisés par le vacarme, se promenaient à côté de leurs pièces en criant des ordres. Les canons, glissant sur les affûts immobiles, avançaient et reculaient comme des pistolets automatiques. La culasse rejetait la douille de l'obus, et aussitôt un nouveau projectile était introduit dans la chambre fumante.

En arrière des batteries, l'air était agité de violents remous. À chaque salve, Lacour et Desnoyers recevaient un coup dans la poitrine ; pendant un centième de seconde, entre l'onde aérienne balayée et la nouvelle onde qui s'avançait, ils éprouvaient au creux de l'estomac l'angoisse du vide. L'air s'échauffait d'odeurs âcres, piquantes, enivrantes. Les miasmes des explosifs arrivaient jusqu'au cerveau par la bouche, les oreilles et les yeux. Près des canons, les douilles vides formaient des tas. Feu !... Feu !... Toujours feu !

– Arrosez bien ! répétaient les chefs.

Et les 75 inondaient de projectiles le terrain sur lequel les Boches essayaient de passer.

Le capitaine, conformément aux ordres reçus, expliqua au sénateur la manœuvre de ces pièces. Mais, comme le véritable but du voyage était pour Lacour de voir son fils René, et comme René était attaché au service de la grosse artillerie, l'examen des 75 ne se prolongea pas longtemps et les visiteurs se remirent en route sous la conduite de leur guide. Par un petit chemin qu'abritait une arête de la montagne, ils arrivèrent en trois quarts d'heure sur une croupe où plusieurs pièces lourdes étaient en position, mais distantes les unes des autres ; et le capitaine recommença de donner au sénateur les explications officielles.

Les projectiles de ces pièces étaient de grands cylindres ogivaux, emmagasinés dans des souterrains. Les souterrains, nommés « abris », consistaient en terriers profonds, sortes de puits obliques que protégeaient en outre des sacs de pierre et des troncs d'arbre. Ces abris servaient aussi de refuge aux hommes qui n'étaient pas de service.

Un artilleur montra à Lacour deux grandes bourses de toile blanche, unies l'une à l'autre et bien pleines, qui ressemblaient à une double saucisse : c'était la charge d'une de ces pièces. La bourse que l'on ouvrit laissa voir des paquets de feuilles couleur de rose, et le sénateur et son compagnon s'étonnèrent que cette pâte, qui avait l'aspect d'un article de toilette, fût un terrible explosif de la guerre moderne.

Un peu plus loin, au point culminant de la croupe, il y avait une tour à moitié démolie. C'était le poste le plus périlleux de tous, celui de l'observateur. Un officier s'y plaçait pour surveiller la ligne ennemie, constater les effets du tir et donner les indications qui permettaient de le rectifier.

Près de la tour, mais en contrebas, était situé le poste de commandement. On y pénétrait par un couloir qui conduisait à plusieurs salles souterraines. Ce poste avait pour façade un pan de montagne taillé à pic et percé d'étroites fenêtres qui donnaient de l'air et de la lumière à l'intérieur. Comme Lacour et Desnoyers descendaient par le couloir obscur, un vieux commandant chargé du secteur vint à leur rencontre. Les manières de ce commandant étaient exquises ; sa voix était douce et caressante comme s'il avait causé avec des dames dans un salon de Paris. Soldat à la moustache grise et aux lunettes de myope, il gardait en pleine guerre la politesse cérémonieuse du temps de paix. Mais il avait aux poignets des pansements : un éclat d'obus lui avait fait cette double blessure, et il n'en continuait par moins son service. « Ce diable d'homme, pensa Marcel, est d'une urbanité terriblement mielleuse ; mais n'importe, c'est un brave. »

Le poste du commandant était une vaste pièce qui recevait la lumière par une baie horizontale longue de quatre mètres et haute seulement d'un pied et demi, de sorte qu'elle ressemblait un peu à l'espace ouvert entre deux lames de persiennes. Au-dessous de cette baie était placée une grande table de bois blanc chargée de papiers. En s'asseyant sur une chaise près de cette table, on embrassait du regard toute la plaine. Les murs étaient garnis d'appareils électriques, de cadres de distribution, de téléphones, de très nombreux téléphones pourvus de leurs récepteurs.

Le commandant offrit des sièges à ses visiteurs avec un geste courtois d'homme du monde. Puis il étendit sur la table un vaste plan qui reproduisait tous les accidents de la plaine, chemins, villages, cultures, hauteurs et dépressions. Sur cette carte était tracé un faisceau triangulaire de lignes rouges, en forme d'éventail ; le sommet du triangle était le lieu même où ils étaient assis, et le côté opposé était la limite de l'horizon réel qu'ils avaient sous les yeux.

– Nous allons bombarder ce bois, dit le commandant en montrant du doigt l'un des points extrêmes de la carte.

Puis, désignant à l'horizon une petite ligne sombre :

– C'est le bois que vous voyez là-bas, ajouta-t-il. Veuillez prendre mes jumelles et vous distinguerez nettement l'objectif.

Il déploya ensuite une photographie énorme, un peu floue, sur laquelle était tracé un éventail de lignes rouges pareil à celui de la carte.

– Nos aviateurs, continua-t-il, ont pris ce matin quelques vues des positions ennemies. Ceci est un agrandissement exécuté par notre atelier photographique. D'après les renseignements fournis, deux régiments allemands sont campés dans le bois. Vous plaît-il que nous commencions le tir tout de suite, monsieur le sénateur ?

Et, sans attendre la réponse du personnage, le commandant envoya un signal télégraphique. Presque aussitôt résonnèrent dans le poste une quantité de timbres dont les uns répondaient, les autres appelaient. L'aimable chef ne s'occupait plus ni de Lacour ni de Desnoyers ; il était à un téléphone et il s'entretenait avec des officiers éloignés peut-être de plusieurs kilomètres. Finalement il donna l'ordre d'ouvrir le feu, et il en fit part au personnage.

Le sénateur était un peu inquiet : il n'avait jamais assisté à un tir d'artillerie lourde. Les canons se trouvaient presque au-dessus de sa tête, et sans doute la voûte de l'abri allait trembler comme le pont d'un vaisseau qui lâche une bordée. Quel fracas assourdissant cela ferait !... Huit ou dix secondes s'écoulèrent, qui parurent très longues à Lacour ; puis il entendit comme un tonnerre lointain qui paraissait venir des nuées. Les nombreux mètres de terre qu'il avait au-dessus de sa tête amortissaient les détonations : c'était comme un coup de bâton donné sur un matelas. « Ce n'est que cela ? » pensa le sénateur, désormais rassuré.

Plus impressionnant fut le bruit du projectile qui fendait l'air à une grande hauteur, mais avec tant de violence que les ondes descendaient jusqu'à la baie du poste. Ce bruit déchirant s'affaiblit peu à peu, cessa d'être perceptible. Comme aucun effet ne se manifestait, Lacour et Marcel crurent que l'obus, perdu dans l'espace, n'avait pas éclaté. Mais enfin, sur l'horizon, exactement à l'endroit indiqué tout à l'heure par le commandant, surgit au-dessus de la tache sombre du bois une énorme colonne de fumée dont les étranges remous avaient un mouvement giratoire, et une explosion se produisit pareille à celle d'un volcan.

Quelques minutes plus tard, toutes les pièces françaises avaient ouvert le feu, et néanmoins l'artillerie allemande ne donnait pas encore signe de vie.

– Ils vont répondre, dit Lacour.

– Cela me paraît certain, acquiesça Desnoyers.

Au même instant, le capitaine s'approcha du sénateur et lui dit :

– Vous plairait-il de remonter là-haut ? Vous verriez de plus près le travail de nos pièces. Cela en vaut la peine.

Remonter alors que l'ennemi allait ouvrir le feu ? La proposition aurait paru intempestive au sénateur si le capitaine n'avait ajouté que le sous-lieutenant Lacour, averti par téléphone, arriverait d'une minute à l'autre. Au surplus, le personnage se souvint que les militaires étaient déjà peu disposés à faire grand cas des hommes politiques, et il ne voulut pas leur fournir l'occasion de rire sous cape de la couardise d'un parlementaire. Il rajusta donc gravement sa redingote et sortit du souterrain avec Marcel.

À peine avaient-ils fait quelques pas, l'atmosphère se bouleversa en ondes tumultueuses. Ils chancelèrent l'un et l'autre, tandis que leurs oreilles bourdonnaient et qu'ils avaient la sensation d'un coup asséné sur la nuque. L'idée leur vint que les Allemands avaient commencé à répondre. Mais non, c'était encore une des pièces françaises qui venait de lancer son formidable obus.

Cependant, du côté de la tour d'observation, un sous-lieutenant accourait vers eux et traversait l'espace découvert en agitant son képi. Lacour, en reconnaissant René, trembla de peur : l'imprudent, pour s'épargner un détour, risquait de se faire tuer et s'offrait lui-même comme cible au tir de l'ennemi !

Après les premiers embrassements, le père eut la surprise de trouver son fils transformé. Les mains qu'il venait de serrer étaient fortes et nerveuses ; le visage qu'il contemplait avec tendresse avait les traits accentués, le teint bruni par le grand air. Six mois de vie intense avaient fait de René un autre homme. Sa poitrine s'était élargie, les muscles de ses bras s'étaient gonflés, une physionomie mâle avait remplacé la physionomie féminine de naguère. Tout dans la personne du jeune officier respirait la résolution et la confiance en ses propres forces.

René ne fit pas moins bon accueil à Desnoyers qu'à son père, et il lui demanda avec un tendre empressement des nouvelles de sa fiancée. Quoique Chichi écrivît souvent à son futur, il était heureux d'entendre encore parler d'elle, et les détails familiers que Marcel donnait sur la vie de la jeune fille apportaient pour ainsi dire à l'amoureux le parfum de l'aimée.

Ils s'étaient retirés tous les trois un peu à l'écart, derrière un rideau d'arbres où le vacarme était moins violent. Après chaque tir, les pièces lourdes laissaient échapper par la culasse un petit nuage de fumée qui faisait penser à celle d'une pipe. Les sergents dictaient des chiffres communiqués par un artilleur qui tenait à son oreille le récepteur d'un téléphone. Les servants, exécutant l'ordre sans mot dire, touchaient une petite roue, et le monstre levait son mufle gris, le portait à droite ou à gauche avec une docilité intelligente. Le tireur se tenait debout près de la pièce, prêt à faire feu. Cet homme devait être sourd : pour lui, la vie n'était qu'une série de saccades et de coups de tonnerre. Mais sa face abrutie ne laissait pas d'avoir une certaine expression d'autorité : il connaissait son importance ; il était le serviteur de l'ouragan ; c'était lui qui déchaînait la foudre.

– Les Allemands tirent, dit l'artilleur qui était au téléphone, près de la pièce la plus rapprochée du sénateur et de son compagnon.

L'observateur placé dans la tour venait d'en donner avis. Aussitôt le capitaine chargé de servir de guide au personnage avertit celui-ci qu'il convenait de se mettre en sûreté. Lacour, obéissant à l'instinct de la conservation et poussé aussi par son fils qui lui faisait hâter le pas, se réfugia avec Marcel à l'entrée d'un abri ; mais il ne voulut pas descendre au fond du refuge souterrain : désormais la curiosité l'emportait chez lui sur la crainte.

En dépit du tintamarre que faisaient les canons français, Lacour et Desnoyers perçurent l'arrivée de l'invisible obus allemand. Le passage du projectile dans l'atmosphère dominait tous les autres bruits, même les plus voisins et les plus forts. Ce fut d'abord une sorte de gémissement dont l'intensité croissait et semblait envahir l'espace avec une rapidité prodigieuse. Puis ce ne fut plus un gémissement ; ce fut un vacarme qui semblait formé de mille grincements, de mille chocs, et que l'on pouvait comparer à la descente d'un tramway électrique dans une rue en pente, au passage d'un train rapide franchissant une station sans s'y arrêter. Ensuite l'obus apparut comme un flocon de vapeur qui grandissait de seconde en seconde et qui avait l'air d'arriver tout droit sur la batterie. Enfin une épouvantable explosion fit trembler l'abri, mais mollement, comme s'il eût été de caoutchouc. Cette première explosion fut suivie de plusieurs autres, moins fortes, moins sèches, qui avaient des modulations sifflantes comme un ricanement sardonique.

Lacour et Desnoyers crurent que le projectile avait éclaté près d'eux, et, lorsqu'ils sortirent de l'abri, ils s'attendaient à voir une sanglante jonchée de cadavres. Ce qu'ils virent, ce fut René qui allumait tranquillement une cigarette, et, un peu plus loin, les artilleurs qui travaillaient à recharger leur pièce lourde.

— La « marmite » a dû tomber à trois ou quatre cents mètres, dit René à son père.

Toutefois le capitaine, à qui son général avait recommandé de bien veiller à la sécurité du personnage, jugea le moment venu de lui rappeler qu'ils avaient encore un long trajet à parcourir et qu'il était temps de se remettre en route. Lacour, qui maintenant se sentait courageux, aurait voulu rester encore ; mais René, à cause du duel d'artillerie qui s'engageait, était obligé de rejoindre son poste sans retard. Le père n'insista point pour prolonger l'entrevue ; il serra son fils dans ses bras, lui souhaita bonne chance, et, sous la conduite du capitaine, redescendit la montagne en compagnie de Desnoyers.

L'automobile roula tout l'après-midi sur des chemins encombrés de convois qui la forçaient souvent à faire halte. Elle passait entre des champs incultes sur lesquels on voyait des squelettes de fermes ; elle traversait des villages incendiés qui n'étaient plus qu'une double rangée de façades noires, avec des trous ouverts sur le vide.

À la tombée du jour, ils croisèrent des groupes de fantassins aux longues barbes et aux uniformes bleus déteints par les intempéries. Ces soldats revenaient des tranchées, portant sur leurs sacs des pelles, des pioches et d'autres outils faits pour remuer la terre : car les outils de terrassement avaient pris une importance d'armes de combat. Couverts de boue de la tête aux pieds, tous paraissaient vieux, quoique en pleine jeunesse. Leur joie de revenir au cantonnement après une semaine de travail en première ligne, s'exprimait par des chansons qu'accompagnait le bruit sourd de leurs sabots à clous.

– Ce sont les soldats de la Révolution ! disait le sénateur avec emphase. C'est la France de 1792 !

Les deux amis passèrent la nuit dans un village à demi ruiné, où s'était établi le commandement d'une division. Le capitaine qui les avait accompagnés jusqu'alors, prit congé d'eux. Ce serait un autre officier qui, le lendemain, leur servirait de guide.

Ils se logèrent à l'Hôtel de la Sirène, vieille bâtisse dont le pignon avait été endommagé par un obus. La chambre occupée par Desnoyers était contiguë à celle où avait pénétré le projectile, et le patron voulut faire voir les dégâts à ses hôtes, avant que ceux-ci se missent au lit. Tout était déchiqueté, plancher, plafond, murailles ; des meubles brisés gisaient dans les coins ; des lambeaux de papier fleuri pendaient sur les murs ; un trou énorme laissait apercevoir le ciel et entrer le froid de la nuit. Le patron raconta que ce ravage avait été causé, non par un obus allemand, mais par un obus français, au moment où l'ennemi avait été chassé hors du village, et, en disant cela, il souriait avec un orgueil patriotique :

– Oui, c'est l'œuvre des nôtres. Vous voyez la besogne que fait le 75 ! Que pensez-vous d'un pareil travail ?

Le lendemain, de bonne heure, ils repartirent en automobile. Ils laissèrent derrière eux des dépôts de munitions, passèrent les troisièmes positions, puis les secondes. Des milliers et des milliers de soldats s'étaient installés en pleins champs. Ce fourmillement d'hommes rappelait par la variété des costumes et des races les grandes invasions historiques. Et pourtant ce n'était pas un peuple en marche : car l'exode d'un peuple traîne derrière lui une multitude de femmes et d'enfants. Il n'y avait ici que des hommes, rien que des hommes.

Toutes les espèces d'habitations inventées par l'humanité depuis l'époque des cavernes, étaient utilisées dans ces campements. Les grottes et les carrières servaient de quartiers ; certaines cabanes rappelaient le *rancho* américain ; d'autres, coniques et allongées, imitaient le *gourbi* arabe. Comme beaucoup de soldats venaient des colonies et que quelques-uns avaient fait du négoce dans les contrées du nouveau monde, ces gens, quand ils s'étaient vus dans la nécessité d'improviser une demeure plus stable que la tente de toile, avaient fait appel à leurs souvenirs, et ils avaient copié l'architecture des tribus avec lesquelles ils s'étaient trouvés en contact. Au surplus, dans cette masse de combattants, il y avait des tirailleurs marocains, des nègres, des Asiatiques ; et, loin des villes, ces primitifs semblaient grandir en importance, acquérir une supériorité qui faisait d'eux les maîtres des civilisés.

Le long des ruisseaux s'étalaient des linges blancs mis à sécher par les soldats. Malgré la fraîcheur du matin, des files d'hommes dépoitraillés s'inclinaient sur l'eau pour de bruyantes ablutions, suivies d'ébrouements énergiques. Sur un pont, un soldat écrivait une lettre en se servant du parapet comme d'une table. Les cuisiniers s'agitaient autour des chaudrons fumants. Un léger arôme de soupe matinale se mêlait au parfum résineux des arbres et à l'odeur de la terre mouillée.

Les bêtes et le matériel de la cavalerie et de l'artillerie étaient logés dans de longs baraquements de bois et de zinc. Les soldats étrillaient et ferraient en plein air les chevaux au poil luisant, que la guerre de tranchée maintenait dans un état de paisible embonpoint.

– Ah ! s'ils avaient été à la bataille de la Marne ! dit Desnoyers à Lacour.

Depuis longtemps ces montures jouissaient d'un repos ininterrompu. Les cavaliers combattaient à pied, faisant le coup de feu avec les fantassins, de sorte que leurs chevaux s'engraissaient dans une tranquillité conventuelle et qu'il était même nécessaire de les mener à la promenade pour les empêcher de devenir malades d'inaction devant le râtelier comble.

Plusieurs aéroplanes prêts à prendre leur vol étaient posés sur la plaine comme des libellules grises, et beaucoup d'hommes se groupaient à l'entour. Les campagnards convertis en soldats considéraient avec admiration les camarades chargés du maniement de ces appareils et leur attribuaient un pouvoir un peu semblable à celui des sorciers des légendes populaires, à la fois vénérés et redoutés par les paysans.

L'automobile s'arrêta près de quelques maisons noircies par l'incendie.

– Vous allez être obligés de descendre, leur dit le nouvel officier qui les guidait. On ne peut faire qu'à pied le petit trajet qui nous reste à faire.

Lacour et Desnoyers se mirent donc à marcher sur la route ; mais l'officier les rappela.

– Non, non, leur dit-il en riant. Le chemin que vous prenez serait dangereux pour la santé. Mais voici un petit chemin où nous n'aurons pas à craindre les courants d'air.

Et il leur expliqua que les Allemands avaient des retranchements et des batteries sur la hauteur, à l'extrémité de la route. Jusqu'au point où les voyageurs étaient parvenus, le brouillard du matin les avait protégés contre le tir de l'ennemi ; mais, un jour de soleil, l'apparition de l'automobile aurait été saluée par un obus.

Ils avaient devant eux une immense plaine où l'on ne voyait âme qui vive, et cette plaine présentait l'aspect qu'en temps ordinaire elle devait avoir le dimanche, lorsque les laboureurs se tenaient chez eux. Çà et là gisaient sur le sol des objets abandonnés, aux formes indistinctes, et on aurait pu les prendre pour des instruments agricoles laissés sur les guérets, un jour de fête ; mais c'étaient des affûts et des caissons démolis par les projectiles ou par l'explosion de leur propre chargement.

Après avoir donné ordre à deux soldats de se charger des paquets que Desnoyers avait retirés de l'automobile, l'officier guida les visiteurs par une sorte d'étroit sentier où ils étaient obligés de marcher à la file. Ce sentier, qui commençait derrière un mur de brique, allait s'abaissant dans le sol en pente douce, de sorte qu'ils s'y enfoncèrent d'abord jusqu'aux genoux, puis jusqu'à la taille, puis jusqu'aux épaules ; et finalement, absorbés tout entiers, ils n'eurent plus au-dessus de leurs têtes qu'un ruban de ciel.

Ils avançaient dans le boyau d'une façon étrange, jamais en ligne droite, toujours en zigzags, en courbes, en angles. D'autres boyaux non moins compliqués s'embranchaient sur le leur, qui était l'artère centrale de toute une ville souterraine. Un quart d'heure se passa, une demi-heure, une heure entière, sans qu'ils eussent fait cinquante pas de suite dans la même direction. L'officier, qui ouvrait la marche, disparaissait à chaque instant dans un détour, et ceux qui venaient derrière lui étaient obligés de se hâter pour ne point le perdre. Le sol était glissant, et, en certains endroits, il y avait une boue presque liquide, blanche et corrosive comme celle qui découle des échafaudages d'une maison en construction.

L'écho de leurs pas, le frôlement de leurs épaules contre les parois de terre, détachaient des mottes et des cailloux. Quelquefois le fond du sentier s'exhaussait et les visiteurs s'exhaussaient avec lui. Alors un petit effort suffisait pour qu'ils pussent voir par-dessus les crêtes, et ce qu'ils voyaient, c'étaient des champs incultes, des réseaux de fils de fer entrecroisés. Mais la curiosité pouvait coûter cher à celui qui levait la tête, et l'officier ne permettait pas qu'ils s'arrêtassent à regarder.

Desnoyers et Lacour tombaient de fatigue. Étourdis par ces perpétuels zigzags, ils ne savaient plus s'ils avançaient ou s'ils reculaient, et le changement continuel de direction leur donnait presque le vertige.

– Arriverons-nous bientôt ? demanda le sénateur.

L'officier leur montra un clocher mutilé, dont la pointe se montrait par-dessus le rebord de terre et qui était à peu près tout ce qui restait d'un village pris et repris maintes fois.

– C'est là-bas, répondit-il.

S'ils eussent fait le même trajet en ligne droite, une demi-heure leur aurait suffi ; mais, continuellement retardés par les crochets et les lacets de cette venelle profonde, ils avaient en outre à subir les obstacles de la fortification de campagne : souterrains barrés par des grilles, cages de fils de fer tenues en suspens, qui obstrueraient le passage quand on les ferait choir, tout en permettant aux défenseurs de tirer à travers le treillis.

Ils rencontraient des soldats qui portaient des sacs, des seaux d'eau, et qui disparaissaient soudain dans les tortuosités des ruelles transversales. Quelques-uns, assis sur des tas de bois, souriaient en lisant un petit journal rédigé dans les tranchées. Ces hommes s'effaçaient pour laisser passer les visiteurs, et une expression de curiosité se peignait sur leurs faces barbues. Dans le lointain crépitaient des coups secs, comme s'il y avait eu au bout de la voie tortueuse un polygone de tir ou qu'une société de chasseurs s'y exerçât à abattre des pigeons.

Lorsqu'ils furent parvenus aux tranchées du front, leur guide les présenta au lieutenant-colonel qui commandait le secteur. Celui-ci leur montra les lignes dont il avait la garde, comme un officier de marine montre les batteries et les tourelles de son cuirassé.

Ils visitèrent d'abord les tranchées de seconde ligne, les plus anciennes : sombres galeries où les meurtrières et les baies longitudinales ménagées pour les mitrailleuses ne laissaient pénétrer que des filets de jour. Cette ligne de défense ressemblait à un tunnel coupé par de courts espaces découverts. On y passait alternativement de la lumière à l'obscurité et de l'obscurité à la lumière, avec une brusquerie qui fatiguait les yeux. Dans les espaces découverts le sol était plus haut, et des banquettes de planches, fixées contre les parois, permettaient aux observateurs de sortir la tête ou d'examiner le paysage au moyen du périscope. Les espaces protégés par des toitures servaient à la fois de batteries et de dortoirs.

Ces sortes de casernements avaient été d'abord des tranchées découvertes, comme celles de première ligne. Mais, à mesure que l'on avait gagné du terrain sur l'ennemi, les combattants, obligés de vivre là tout un hiver, s'étaient ingéniés à s'y installer avec le plus de commodité possible. Sur les fossés creusés à l'air libre ils avaient mis en travers les poutres des maisons ruinées ; puis sur les poutres, des madriers, des portes, des contrevents ; puis sur tout ce boisage, plusieurs rangées de sacs de terre ; et enfin, sur les sacs de terre, une épaisse couche d'humus où l'herbe poussait, donnant au dos de la tranchée un paisible aspect de prairie verdoyante. Ces voûtes de fortune résistaient à la chute des obus, qui s'y enterraient sans causer de grands dégâts. Quand une explosion les disloquait trop, les habitants troglodytes en sortaient la nuit, comme des fourmis inquiétées dans leur fourmilière, et reconstruisaient vivement le « toit » de leur logis.

Ces réduits se ressemblaient tous pour ce qui était de la construction. La face extérieure était toujours la même, c'est-à-dire percée de meurtrières où des fusils étaient braqués contre l'ennemi, et de baies horizontales pour le tir des mitrailleuses. Les vigies, debout près de ces ouvertures, surveillaient la campagne déserte comme les marins de quart surveillent la mer de dessus le pont. Sur les faces intérieures étaient les râteliers d'armes et les lits de camp : trois files de bancasses faites avec des planches et pareilles aux couchettes des navires. Mais il y avait au contraire beaucoup de variété dans l'ornementation de chaque réduit, et le besoin qu'éprouvent les âmes simples d'embellir leur demeure s'y manifestait de mille manières. Chaque soldat avait son musée fait d'illustrations de journaux et de cartes postales en couleur. Des portraits de comédiennes et de danseuses souriaient de leur bouche peinte sur le papier glacé et mettaient une note gaie dans la chaste atmosphère du poste.

Tout était propre, de cette propreté rude et un peu gauche que les hommes réduits à leurs seuls moyens peuvent entretenir sans assistance féminine. Les réduits avaient quelque chose du cloître d'un monastère, du préau d'un bagne, de l'entrepont d'un cuirassé. Le sol y était plus bas de cinquante centimètres que celui des espaces découverts qui les faisaient communiquer les unes avec les autres. Pour que les officiers pussent passer sans monter ni descendre, de grandes planches formaient passerelle d'une porte à l'autre. Lorsque les soldats voyaient entrer le chef du secteur, ils s'alignaient, et leurs têtes se trouvaient à la hauteur de la ceinture de l'officier qui était sur la passerelle.

Il y avait aussi des pièces souterraines qui servaient de cabinets de toilette et de sentines pour les immondices ; des salles de bain d'une installation primitive ; une cave qui portait pour enseigne : *Café de la Victoire* ; une autre garnie d'un écriteau où on lisait : *Théâtre*. C'était la gaieté française qui riait et chantait en face du danger.

Cependant Marcel était impatient de voir son fils. Le sénateur dit donc un mot au lieutenant-colonel qui, après un effort de mémoire, finit par se rappeler les prouesses du sergent Jules Desnoyers.

– C'est un excellent soldat, certifia-t-il au père. En ce moment il doit être de service à la tranchée de première ligne. Je vais le faire appeler.

Marcel demanda s'il ne leur serait pas possible d'aller jusqu'à l'endroit où se trouvait son fils ; mais le lieutenant-colonel sourit. Non, les civils ne pouvaient visiter ces fossés en contact presque immédiat avec l'ennemi et sans autre défense que des barrages de fils de fer et des sacs de terre ; la boue y avait parfois un pied d'épaisseur, et l'on n'y avançait qu'en se courbant, pour éviter de recevoir une balle. Le danger y était continuel, parce que l'ennemi tiraillait sans cesse.

Effectivement les visiteurs entendirent au loin des coups de fusil, auxquels, jusqu'alors, ils n'avaient pas fait attention.

Tandis que Marcel attendait Jules, il lui semblait que le temps s'écoulait avec une lenteur désespérante. Cependant le lieutenant-colonel avait fait arrêter ses visiteurs près de l'embrasure d'une mitrailleuse, en leur recommandant de se tenir de chaque côté de la baie, de bien effacer leur corps, d'avancer prudemment la tête et de regarder d'un seul œil. Ils aperçurent une excavation profonde dont ils avaient devant eux le bord opposé. À courte distance, plusieurs files de pieux, disposés en croix et réunis par des fils de fer barbelés, formaient un large réseau. À cent mètres plus loin, il y avait un autre réseau de fils de fer.

– Les Boches sont là, chuchota le lieutenant-colonel.

– Où ? demanda le sénateur.

– Au second réseau. C'est celui de la tranchée allemande. Mais il n'y a rien à craindre : depuis quelque temps ils ont cessé d'attaquer de ce côté-ci.

Lacour et Desnoyers éprouvèrent une certaine émotion à penser que les ennemis étaient si près d'eux, derrière cette levée de terre, dans une mystérieuse invisibilité qui les rendait plus redoutables. S'ils allaient bondir hors de leurs tanières, la baïonnette au bout du fusil, la grenade à la main, ou armés de leurs liquides incendiaires et de leurs bombes asphyxiantes ?

De cet endroit, le sénateur et son ami percevaient plus nettement que tout à l'heure la tiraillerie de la première ligne. Les coups de feu semblaient se rapprocher. Aussi le lieutenant-colonel les fit-il partir brusquement de leur observatoire : il craignait que la fusillade ne se généralisât et n'arrivât jusqu'au lieu où ils étaient. Les soldats, avec la prestesse que donne l'habitude, et avant même d'en avoir reçu l'ordre, s'étaient rapprochés de leurs fusils braqués aux meurtrières.

Les visiteurs se remirent en marche. Ils descendirent dans des cryptes qui étaient d'anciennes caves de maisons démolies. Des officiers s'y étaient installés en utilisant les débris trouvés dans les décombres. Un battant de porte posé sur deux chevalets de bois brut formait une table. Les plafonds et les murs étaient tapissés avec de la cretonne envoyée des magasins de Paris. Des photographies de femmes et d'enfants ornaient les parois, dans les intervalles que laissait libres le métal nickelé des appareils télégraphiques et téléphoniques. Marcel vit sur une porte un Christ d'ivoire jauni par les années, peut-être par les siècles, sainte image transmise de génération en génération et qui devait avoir assisté à maintes agonies. Sur une autre porte, il vit un fer à cheval percé de sept trous. Les croyances religieuses flottaient partout dans cette atmosphère de péril et de mort, et en même temps les superstitions les plus ridicules y reprenaient une force nouvelle sans que personne osât s'en moquer.

En sortant d'une de ces cavernes, Marcel rencontra celui qu'il attendait. Jules s'avançait vers lui en souriant, les mains tendues. Sans ce geste, le père aurait eu de la peine à reconnaître son fils dans ce sergent dont les pieds étaient deux boules de terre et dont la capote effilochée était couverte de boue jusqu'aux épaules. Après les premiers embrassements, il considéra le soldat qu'il avait devant lui. La pâleur olivâtre du peintre avait pris un ton bronzé ; sa barbe noire et frisée était longue ; il avait l'air fatigué, mais résolu. Sous ces vêtements malpropres et avec ce visage las, Marcel trouva Jules plus beau et plus intéressant qu'à l'époque où celui-ci était dans toute sa gloire mondaine.

– Que te faut-il ?... Que désires-tu ?... As-tu besoin d'argent ?...

Le père avait apporté une forte somme pour la donner à son fils. Mais Jules ne répondit à cette offre que par un geste d'indifférence. Dans la tranchée l'argent ne lui servirait à rien.

– Envoie-moi plutôt des cigares, dit-il. Je les partagerai avec mes camarades.

Tout ce que sa mère lui expédiait, – de gros colis pleins d'exquises victuailles, de tabac et de vêtements, – il le distribuait à ses camarades, qui pour la plupart appartenaient à des familles pauvres et dont quelques-uns étaient seuls au monde. Peu à peu, sa munificence s'était étendue de son peloton à sa compagnie, de sa compagnie à son bataillon tout entier. Aussi Marcel eut-il le plaisir de surprendre dans les regards et dans les sourires des soldats qui passaient à côté d'eux les indices de la popularité dont jouissait son fils.

– J'ai prévu ton désir, répondit Marcel.

Et il indiqua les paquets apportés de l'automobile.

Marcel ne se lassait pas de contempler ce héros, dont Argensola lui avait raconté les prouesses avec plus d'éloquence que d'exactitude.

– Tu ne te repens pas de ta décision ? Tu es content ?

– Oui, mon père, je suis content.

Et Jules, avec simplicité, sans jactance, expliqua les raisons de son contentement. Sa vie était dure, mais semblable à celle de plusieurs millions d'hommes. Dans sa section, qui ne se composait que de quelques douzaines de soldats, il y en avait de supérieurs à lui par l'intelligence, par l'instruction, par le caractère, et ils supportaient tous valeureusement la rude épreuve, récompensés de leurs peines par la satisfaction du devoir accompli. Quant à lui-même, jamais, en temps de paix, il n'avait su comme à présent ce que c'est que la camaraderie. Pour la première fois il goûtait la satisfaction de se considérer comme un être utile, de servir effectivement à quelque chose, de pouvoir se dire que son passage dans le monde n'aurait pas été vain. Il était un peu honteux de ce qu'il avait été autrefois, lorsqu'il ne savait comment remplir le vide de son existence et qu'il dissipait ses jours dans une oisiveté frivole. Maintenant il avait des obligations qui absorbaient toutes ses forces, il collaborait à préparer pour l'humanité un heureux avenir, il était vraiment un homme.

– Lorsque la guerre sera finie, conclut-il, les hommes seront meilleurs, plus généreux. Le danger affronté en commun a le pouvoir de développer les plus nobles vertus. Ceux qui ne seront pas tombés sur les champs de bataille, pourront faire de grandes choses.... Oui, oui, je suis content.

Il demanda des nouvelles de sa mère et de Chichi. Il recevait d'elles des lettres presque quotidiennes ; mais cela ne suffisait pas encore à sa curiosité. Il rit en apprenant la vie large et confortable que menait Argensola. Ces petits détails l'amusaient comme des anecdotes plaisantes, venues d'un autre monde.

À un certain moment, le père crut remarquer que Jules devenait moins attentif à la conversation. Les sens du jeune homme, affinés par de perpétuelles alertes, semblaient mis en éveil par quelque phénomène auquel Marcel n'avait prêté encore aucune attention. C'était la fusillade qui s'étendait de proche en proche et devenait plus nourrie. Jules reprit le fusil qu'il avait appuyé contre la paroi de la tranchée. Dans le même instant, un peu de poussière sauta par-dessus la tête de Marcel et un petit trou se creusa dans la terre.

– Partez, partez ! dit Jules en poussant son père et Marcel.

Ils se firent de brefs adieux dans un réduit, et le sergent courut rejoindre ses hommes.

La fusillade s'était généralisée sur toute la ligne. Les soldats tiraient tranquillement, comme s'ils accomplissaient une besogne ordinaire. Ce combat se reproduisait chaque jour, sans que l'on pût dire avec certitude de quel côté il avait commencé ; il était la conséquence naturelle du contact de deux forces ennemies.

Le lieutenant-colonel, craignant une attaque allemande, congédia ses visiteurs, et l'officier qui les accompagnait les ramena à leur automobile.

XII

Glorieuses victimes

Quatre mois plus tard, Marcel Desnoyers eut une cruelle angoisse : Jules était blessé. Mais la lettre qui en avisait le père avait subi un retard considérable, de sorte que la mauvaise nouvelle fut aussitôt adoucie par une information heureuse. Non seulement Jules était presque guéri, mais il ne tarderait pas à venir dans sa famille avec une permission de quinze jours de convalescence, et il y apporterait les galons de sous-lieutenant, prix d'une belle citation à l'ordre du jour.

— Votre fils est un héros, déclara le sénateur, qui avait obtenu ces renseignements au ministère de la Guerre. On m'a fait lire le rapport de ses chefs, et j'en suis encore ému. Avec son seul peloton, il a attaqué toute une compagnie allemande, et c'est lui qui, de sa propre main, a tué le capitaine. En récompense de ces prouesses, on lui a donné la croix de guerre et on l'a nommé officier.

Lorsque Jules débarqua à l'avenue Victor-Hugo, il y fut accueilli par des cris de joie et de délirantes embrassades. La pauvre Luisa, pendue à son cou, sanglotait de tendresse ; Chichi le dévorait des yeux, tout en pensant à un autre combattant ; Marcel admirait le petit bout de galon d'or sur la manche de la capote bleu horizon et le casque d'acier à bords plats que les Français portaient maintenant dans les tranchées : car le képi traditionnel avait été remplacé par une sorte de cabasset qui rappelait celui des arquebusiers du XVIe siècle.

Les quinze jours de la permission furent pour les Desnoyers des jours de bonheur et de gloire. Ils ne recevaient pas une visite sans que Marcel, dès les premiers mots, dît à son fils :

– Raconte-nous comment tu as été blessé. Explique-nous comment tu as tué le capitaine.

Mais Jules, ennuyé de répéter pour la dixième fois sa propre histoire, s'excusait de faire ce récit ; et alors c'était Marcel qui se chargeait de la narration.

L'ordre était de s'emparer des ruines d'une raffinerie de sucre située en face de la tranchée. Les Boches en avaient été chassés par l'artillerie ; mais il fallait qu'une reconnaissance, conduite par un homme sûr, allât vérifier si l'évacuation était complète, et les chefs avaient désigné pour cette mission périlleuse le sergent Desnoyers. La reconnaissance, partie à l'aube, s'était avancée sans obstacle jusqu'aux ruines ; mais, au détour d'un mur à demi écroulé, elle s'était heurtée à une demi-compagnie ennemie qui avait aussitôt ouvert le feu. Plusieurs Français étaient tombés, ce qui n'avait pas empêché le sergent de bondir sur le capitaine et de lui planter sa baïonnette dans la poitrine. Alors les Allemands s'étaient retirés en désordre vers leurs lignes ; mais ensuite la compagnie tout entière avait essayé de reprendre pied dans la fabrique. Jules, avec ce qui lui restait de soldats valides, avait soutenu cette attaque assez longtemps pour permettre aux renforts d'arriver. Pendant ce dur combat, il avait reçu une balle dans l'épaule ; mais le terrain était resté définitivement à nos « poilus », qui avaient même ramené une vingtaine de prisonniers.

Ce que Marcel ne racontait point, parce que son fils s'était abstenu de le lui dire, c'est que le capitaine allemand était pour Jules une vieille connaissance. Lorsque le jeune homme s'était trouvé face à face avec cet adversaire, il avait eu la soudaine impression d'être en présence d'une figure déjà vue ; mais, comme ce n'était pas le moment de faire appel à de lointains souvenirs, il s'était hâté de tuer, pour n'être pas tué lui-même. Plus tard, après avoir fait panser son épaule, dont la blessure était légère, il avait eu la curiosité d'aller revoir le cadavre du capitaine, et il avait eu la surprise de reconnaître cet Erckmann avec lequel il était revenu de Buenos-Aires sur le paquebot de Hambourg. Aussitôt son imagination avait revu la mer, le fumoir, la *Frau Rath*, le corpulent personnage qui, dans ses discours belliqueux, imitait le style et les gestes de son empereur, et il avait murmuré en guise d'oraison funèbre :

– Ce n'était pas ici, mon pauvre *Kommerzienrath*, que tu m'avais donné rendez-vous. Repose à jamais sur cette terre de France où tu m'annonçais si fièrement ta prochaine visite.

Marcel, très fier de son fils, ne manquait aucune occasion de sortir avec lui pour se montrer dans la rue aux côtés du sous-lieutenant. Chaque fois qu'il voyait Jules prendre son casque, il se hâtait de prendre lui-même sa canne et son chapeau.

– Tu permets, disait-il, que je t'accompagne ? Cela ne te dérange pas ?

Il le disait avec tant d'humble supplication que Jules n'osait pas répondre par un refus ; et le vieux père, un peu soufflant, mais épanoui de joie, trottait sur les boulevards à côté de l'élégant et robuste officier dont la capote d'un bleu terni était ornée de la croix de guerre. Il acceptait comme un hommage rendu à son fils et à lui-même les regards sympathiques dont les passants saluaient cette décoration, assez rare encore, et sa première idée était de considérer comme des embusqués tous les militaires qu'il croisait dans la rue, même lorsque ces militaires avaient une rangée de croix sur la poitrine et une multitude de galons sur les manches. Quant aux blessés qu'il voyait descendre de voiture en s'appuyant sur des cannes ou sur des béquilles, il éprouvait à leur égard une pitié un peu dédaigneuse : ces malheureux n'étaient pas aussi chanceux que son fils. Ah ! son fils, à lui, était né sous une bonne étoile ! Il se tirait heureusement des plus grands dangers, et si, par hasard, il recevait quelque blessure, ni sa force ni sa beauté n'avaient à en souffrir. Chose étrange : cette blessure légère qui n'avait eu pour Jules d'autre conséquence que l'honneur d'une décoration, inspirait à Marcel une aveugle confiance. Puisque le jeune homme n'avait pas succombé dans une aventure si terrible, c'était que, protégé par le sort, il devait sortir indemne de tous les périls et qu'une prédestination mystérieuse lui assurait le salut.

Quelquefois pourtant, Jules réussit à sortir seul en se sauvant par l'escalier de service comme un collégien. S'il était heureux de se trouver dans sa famille, il n'était pas fâché non plus de revivre un peu sa vie de garçon en compagnie d'Argensola. Mais d'ailleurs il semblait que la guerre lui eût rendu quelque chose d'une ingénuité depuis longtemps perdue. Le don Juan qui avait eu tant d'amoureux triomphes dans les salons du Paris cosmopolite, se faisait à présent un innocent plaisir d'aller avec son « secrétaire » passer la soirée au *music-hall* ou au cinématographe ; et, pour ce qui était des aventures galantes, il se contentait de refaire un brin de cour à une ou deux « honnêtes dames » auxquelles il avait jadis donné des leçons de *tango*.

Un après-midi, comme les deux amis remontaient les Champs-Élysées, ils firent une rencontre particulièrement intéressante. Ce fut Argensola qui aperçut le premier, à quelque distance, monsieur et madame Laurier venant en sens inverse sur le même trottoir. L'ingénieur, rétabli de ses blessures, n'avait perdu qu'un œil, et il avait été renvoyé du front à son usine, réquisitionnée par le gouvernement pour la fabrication des obus. Il portait les galons de capitaine et avait sur la poitrine la croix de la Légion d'honneur. Argensola, qui n'avait rien ignoré des amours de Jules, craignit pour celui-ci l'émotion de cette rencontre inattendue, et il essaya de détourner l'attention de son compagnon, de l'écarter du chemin que suivait le couple. Mais Jules, qui venait de reconnaître les Laurier, comprit l'intention d'Argensola et lui dit avec un sourire devenu tout à coup sérieux et même un peu triste :

— Tu ne veux pas que je la voie ? Rassure-toi : nous sommes l'un et l'autre en état de nous rencontrer sans danger et sans honte.

Lorsque les Laurier passèrent à côté de lui, Jules leur fit le salut militaire. Laurier répondit correctement par le salut militaire, tandis que madame Laurier inclinait légèrement la tête, sans cesser de regarder droit devant elle. Puis, après quelques minutes de silence, Jules reprit d'une voix un peu rauque, mais ferme :

– J'ai beaucoup aimé cette femme et je l'aime encore. Je fais plus que de l'aimer : je l'admire. Son mari est un héros, et elle a raison de le préférer à moi. Je ne me pardonnerais pas d'avoir volé à cette noble victime de la guerre celle qu'il adorait et dont il méritait d'être adoré.

Peu après que Jules fut reparti pour le front, Luisa reçut de sa sœur Héléna une lettre arrivée clandestinement de Berlin par l'intermédiaire d'un consulat sud-américain établi en Suisse.

Pauvre Héléna von Hartrott ! La lettre, parvenue à destination avec un mois de retard, ne contenait que des nouvelles funèbres et des paroles de désespérance. Deux de ses fils avaient été tués. L'un, Hermann, tout jeune encore, avait succombé en territoire occupé par les Allemands ; sa mère avait donc au moins la consolation de le savoir enterré au milieu de ses compagnons d'armes, et, après la guerre, elle pourrait le ramener à Berlin et pleurer sur la tombe de cet enfant chéri. Mais l'autre, le capitaine Otto, avait péri sur le territoire tenu par les Français, et personne ne savait où ; il serait donc impossible de retrouver ses restes confondus parmi des milliers de cadavres, et la malheureuse mère ignorerait éternellement l'endroit où se consumerait ce corps sorti de ses entrailles. Un troisième fils avait été grièvement blessé en Pologne. Les deux filles avaient perdu leurs fiancés. Quant à Karl, il continuait à présider des sociétés pangermanistes et à faire des projets d'entreprises colossales pour le temps qui suivrait la prochaine victoire ; mais il avait beaucoup vieilli. Le savant de la famille, Julius, était plus solide que jamais et travaillait fiévreusement à un livre qui le couvrirait de gloire : c'était un traité où il établissait théoriquement et pratiquement le compte des centaines de milliards que l'Allemagne devrait exiger de l'Europe après la victoire décisive, et où il dressait la carte des régions sur lesquelles il serait nécessaire d'étendre la domination ou au moins l'influence germanique dans les cinq parties du monde. La lettre d'Héléna se terminait par ce cri désolé : « Tu comprendras mon désespoir, ma chère sœur. Nous étions si heureux ! Que Dieu châtie ceux qui ont déchaîné sur le monde tant de fléaux ! Notre empereur est innocent de ce crime. Ses ennemis seuls sont coupables de tout. »

De l'avenue Victor-Hugo, la bonne Luisa crut voir les pleurs versés à Berlin par la triste Héléna, et elle associa naïvement ses larmes à celles de sa sœur. D'abord Marcel, un peu choqué d'une compassion si complaisante, ne dit rien : en dépit de la guerre, les deuils sur lesquels s'attendrissait sa femme étaient des deuils de famille, et il admettait que les affections domestiques restassent dans une certaine mesure étrangères aux haines nationales. Mais Luisa qui, faute de finesse, outrait parfois l'expression des plus naturels émois de son âme, finit par agacer si fort les nerfs de son époux qu'il se regimba contre cette excessive sentimentalité.

— Somme toute, dit-il un peu rudement, la guerre est la guerre, et, quoi que prétende ta sœur, ce sont les Allemands qui ont commencé. Quant à moi, je m'intéresse beaucoup plus à Jules et à ses compagnons d'armes qu'aux Hartrott, aux incendiaires de Louvain et aux bombardeurs de Reims. Si les fils d'Héléna ont été tués, tant pis pour eux.

— Comme tu es dur ! Comme tu manques de pitié pour ceux qui succombent à cet abominable carnage !

— Non, j'ai de la pitié plein le cœur ; mais je ne la répands point à l'aveugle sur les innocents et sur les coupables. Le capitaine Otto et ses frères appartenaient à cette caste militaire qui, durant quarante-quatre ans, avec une obstination muette et infatigable, a préparé le plus énorme forfait qui ait jamais ensanglanté l'humanité. Et tu voudrais que je m'apitoyasse sur eux parce qu'ils ont subi le destin qu'ils préméditaient de faire subir aux autres ?

— Mais n'y a-t-il pas dans l'armée allemande, et même parmi les officiers, une multitude de jeunes gens qui ne se destinaient point à la carrière des armes, d'étudiants et de professeurs qui travaillaient en paix dans les bibliothèques et dans les laboratoires, et qu'aujourd'hui la guerre fauche par milliers ! Refuseras-tu à ceux-là aussi toute compassion ?

– Ah ! oui, les universitaires ! s'écria Marcel, se souvenant de quelques conversations qu'il avait eues sur ce sujet avec Tchernoff. Des soldats qui portent des livres dans leur sac et qui, après avoir fusillé un lot de villageois ou saccagé une ferme, lisent des poètes et des philosophes à la lueur des incendies ! Enflés de science comme un crapaud de venin, orgueilleux de leur prétendue intellectualité, ils se croient capables de faire prévaloir les plus exécrables erreurs par une dialectique aussi lourde et aussi tortueuse que celle du moyen âge. Thèse, antithèse et synthèse ! En jonglant avec ces trois mots, ils se font forts de démontrer qu'un fait accompli devient sacré par la seule raison du succès, que la liberté et la justice sont de romantiques illusions, que le vrai bonheur pour les hommes est de vivre enrégimentés à la prussienne, que l'Allemagne a le droit d'être la maîtresse du monde, *Deutschland über alles !* et que la Belgique est coupable de sa propre ruine parce qu'elle s'est défendue contre les malandrins qui la violaient. Ces belliqueux sophistes ont contribué plus que n'importe qui à empoisonner l'âme allemande. Le *Herr Professor* s'est employé par tous les moyens à réveiller dans l'âme teutonne les mauvais instincts assoupis, et peut-être sa responsabilité est-elle plus grave que celle du *Herr Lieutenant*. Lorsque celui-ci poussait à la guerre, il ne faisait qu'obéir à ses instincts professionnels. L'autre, en vertu même de son éducation, de son instruction et de sa mission, aurait dû se faire l'apôtre de la justice et de l'humanité, et au contraire il n'a prêché que la barbarie. Je lui préfère les Marocains féroces, les farouches Hindoustaniques, les nègres à la mentalité enfantine. Ce n'est point pour le *Herr Professor* que Jésus a dit : « Pardonnez-leur, mon Dieu : car ils ne savent pas ce qu'ils font. »

– Mais, chez les Allemands comme chez nous, il y a aussi de pauvres gens qui ne demandaient qu'à vivre en paix, à cultiver leur champ, à travailler dans leur atelier, à élever honnêtement leur famille.

– Je ne le nie pas et j'accorde volontiers ma commisération à ces soldats obscurs, à ces simples d'esprit et de cœur. Mais ne t'imagine pas que, même dans la classe des paysans, des ouvriers de fabrique et des commis de magasin tous les Boches méritent l'indulgence. Cette race gloutonne, aux intestins démesurément longs, fut toujours encline à voir dans la guerre un moyen de satisfaire ses appétits et à l'exercer comme une industrie plus profitable que les autres. L'histoire des Germains n'est qu'une série d'incursions dans les pays du Sud, incursions qui n'avaient pas d'autre objet que de voler les biens des populations établies sur les rives tempérées de la Méditerranée. Le peuple germanique n'a que trop bien conservé ces traditions de brigandage, et les Boches d'aujourd'hui ne sont ni moins cruels, ni moins avides, ni moins pillards que les Boches d'autrefois. Si le kronprinz, les princes et les généraux dévalisent les musées, les collections, les salons artistiques, l'homme du peuple, lui, fracture les armoires des fermes, y agrippe l'argent et le linge de corps pour les envoyer à sa femme et à ses mioches. Quand j'étais à Villeblanche, on m'a lu des lettres trouvées dans les poches de prisonniers et de morts allemands : c'était un hideux mélange de cruauté sauvage et de brutale convoitise. « N'aie pas de pitié pour les pantalons rouges, écrivaient les Gretchen à leurs Wilhelm. Tue tout, même les petits enfants... Nous te remercions pour les souliers ; mais notre fillette ne peut pas les mettre : ils sont trop étroits... Tâche d'attraper une bonne montre : cela me dispensera d'en acheter une à notre aîné... Notre voisin le capitaine a donné comme souvenir de la guerre à son épouse un collier de perles ; mais toi, tu ne nous envoies que des choses insignifiantes. »

Et la bonne Luisa, ahurie par ce débordement soudain d'éloquence et de textes justificatifs, se contenta de répondre à son mari par une nouvelle crise de larmes.

Au commencement de l'automne, l'inquiétude fut grande chez Lacour et chez les Desnoyers : pendant quinze jours, ni le père ni la fiancée ne reçurent de René le moindre bout de lettre. Le sénateur errait d'un bureau à l'autre dans les couloirs du ministère de la Guerre, pour tâcher d'obtenir des renseignements. Lorsque enfin il put en avoir, l'inquiétude se changea en consternation. Le sous-lieutenant d'artillerie avait été grièvement blessé en Champagne ; un projectile, éclatant sur sa batterie, avait tué plusieurs hommes et mutilé l'officier qui les commandait.

Le malheureux père, cessant de poser pour le grand homme et de radoter sur ses glorieux ancêtres, versa sans vergogne des larmes sincères. Quant à Chichi, blême, tremblante, affolée, elle répétait avec une douloureuse obstination qu'elle voulait partir tout de suite, tout de suite, pour aller voir son « petit soldat », et Marcel eut beaucoup de peine à lui faire comprendre que cette visite était absolument impossible, puisqu'on ne savait pas encore à quelle ambulance était le blessé.

Les actives démarches du sénateur firent que, quelques jours plus tard, René fut ramené dans un hôpital de Paris. Quel triste spectacle pour ceux qui l'aimaient ! Le sous-lieutenant était dans un état lamentable ; enveloppé de bandages comme une momie égyptienne, il avait des blessures à la tête, au buste, aux jambes, et l'une de ses mains avait été emportée par un éclat d'obus. Cela ne l'empêcha pas de sourire à sa mère, à son père, à Chichi, à Desnoyers, et de leur dire, d'une voix faible, qu'aucune de ces blessures ne paraissait mortelle et qu'il était content d'avoir bien servi sa patrie.

Au bout de six semaines, René entra en convalescence. Mais, lorsque Marcel et Chichi le virent pour la première fois debout et débarrassé de ses bandages, ils éprouvèrent moins de joie que de compassion. Marcel avait peine à reconnaître en lui le garçon d'une beauté délicate et même un peu féminine auquel il avait promis sa fille ; ce qu'il voyait, c'était un visage sillonné d'une demi-douzaine de cicatrices violacées, une manche où l'avant-bras manquait, une jambe encore raide qui tardait à recouvrer sa flexibilité et qui ne permettait au convalescent de marcher qu'avec l'aide d'une béquille. Mais Chichi, après un sursaut de surprise qu'elle n'avait point réussi à réprimer, eut assez de force sur elle-même pour ne montrer que de l'allégresse. Avec la générosité de sa nature primesautière, elle avait pris soudain le bon parti, c'est-à-dire le parti de l'amour fidèle et du noble dévouement. Si son « petit soldat » avait été maltraité par la guerre, c'était une raison de plus pour qu'elle l'entourât d'une tendresse consolatrice et protectrice.

Dès que René fut autorisé à sortir de l'hôpital, Chichi voulut l'accompagner avec sa mère à la promenade. Si, quand ils traversaient une rue, un chauffeur ou un cocher ne retenaient pas leur voiture pour laisser passer l'infirme, elle leur jetait un regard furibond et les traitait mentalement « d'embusqués ». Elle palpitait de satisfaction et d'orgueil lorsqu'elle échangeait un salut avec des amies, et ses yeux leur disaient : « Oui, c'est mon fiancé, un héros ! » Elle ne pouvait s'empêcher de jeter de temps à autre un coup d'œil oblique sur la croix de guerre et sur l'uniforme de son compagnon. Elle tenait essentiellement à ce que cet uniforme, défraîchi et taché par le service du front, ne fût remplacé par un autre que le plus tard possible : car le vieil uniforme était un certificat de valeur guerrière, tandis que l'uniforme neuf aurait pu suggérer aux passants l'idée d'un emploi dans les bureaux. Non, non ; cette croix-là, son « petit soldat » ne l'avait pas gagnée au ministère de la Guerre !

– Appuie-toi sur moi ! répétait-elle à tout moment.

René se servait encore d'une canne, mais il commençait à marcher sans difficulté. Elle n'en exigeait pas moins qu'il lui donnât le bras. Elle avait un perpétuel besoin de le soigner, de l'aider comme un enfant, et elle était presque fâchée de le voir se rétablir si vite.

Lorsqu'il n'eut plus besoin de canne pour marcher, Desnoyers et le sénateur jugèrent que le moment était venu de donner à ce gracieux roman le dénouement naturel. Pourquoi retarder plus longtemps les noces ? La guerre n'était pas un obstacle, et il semblait même qu'elle rendît les mariages plus nombreux.

Eu égard aux circonstances, les cérémonies nuptiales s'accomplirent dans l'intimité, en présence d'une douzaine de parents et d'amis. Ce n'était pas précisément ce que Marcel avait rêvé pour sa fille ; il aurait préféré des noces magnifiques, dont les journaux auraient longuement parlé ; mais, en somme, il n'avait pas lieu de se plaindre. Chichi était heureuse ; elle avait pour mari un homme de cœur et pour beau-père un personnage influent qui saurait assurer l'avenir de ses enfants et de ses petits-enfants. Au surplus, les affaires allaient à merveille et jamais les produits argentins ne s'étaient vendus à un prix aussi élevé que depuis la guerre. Il n'y avait donc aucune raison pour se plaindre, et le millionnaire avait retrouvé presque tout son optimisme.

Marcel venait de passer l'après-midi à l'atelier, où il avait eu le plaisir de causer avec Argensola des bonnes nouvelles que les journaux publiaient depuis plusieurs jours. Les Français avaient commencé en Champagne une offensive qui leur avait valu une forte avance et beaucoup de prisonniers. Sans doute ces succès avaient dû coûter de lourdes pertes en hommes ; mais cela ne donnait aucun souci à Marcel, parce qu'il était persuadé que Jules ne se trouvait pas sur cette partie du front. La veille, il avait reçu de son fils une lettre rassurante écrite huit ou dix jours auparavant ; car presque toutes les lettres arrivaient alors avec un long retard. Le sous-lieutenant s'y montrait de bonne et vaillante humeur ; il était déjà proposé pour les deux galons d'or, et son nom figurait au tableau de la Légion d'honneur.

— Je vous l'avais bien dit ! répétait Argensola. Vous serez le père d'un général de vingt-cinq ans, comme au temps de la Révolution.

Lorsqu'il rentra chez lui, un domestique lui dit que, en l'absence de Luisa, M. Lacour et M. René l'attendaient seuls au salon. Dès le premier coup d'œil, l'attitude solennelle et la mine lugubre des visiteurs l'avertirent qu'ils étaient venus pour une communication pénible.

— Eh bien ? leur demanda-t-il d'une voix subitement altérée par l'angoisse.

— Mon pauvre ami...

Ce mot suffit pour que le père devinât le cruel message qu'ils lui apportaient.

— Ô mon fils !... balbutia-t-il en s'affaissant dans un fauteuil.

Le sénateur venait d'apprendre la funeste nouvelle au ministère de la Guerre. Jules avait été tué dès le début de l'offensive, près d'un village dont le rapport officiel donnait le nom ; et ce rapport spécifiait que le sous-lieutenant avait été enterré par ses camarades dans un de ces cimetières improvisés qui se forment sur les champs de bataille.

La mort de Jules fut un coup terrible pour les Desnoyers. Le sénateur usa de tout son crédit pour leur procurer au moins la triste consolation de rechercher la tombe de leur fils et de pleurer sur la terre qui recouvrait la chère dépouille. Avant d'obtenir du grand état-major l'autorisation nécessaire, il dut multiplier les démarches, forcer de nombreux obstacles ; mais il insista avec tant d'opiniâtreté et mit en mouvement de si puissantes influences qu'il finit par atteindre son but. Le ministre donna ordre de mettre à la disposition de la famille Desnoyers une automobile militaire et de la faire accompagner par un sous-officier qui, ayant appartenu à la compagnie de Jules et ayant assisté au combat où celui-ci avait été tué, réussirait probablement à retrouver la tombe. Lacour, retenu à Paris par ses devoirs d'homme politique, — il ne pouvait se dispenser d'assister à une importante séance où l'on craignait que le ministère fût mis en minorité, — eut le regret de ne pas accompagner ses amis dans leur triste pèlerinage.

L'automobile avançait lentement, sous le ciel livide d'une matinée d'hiver. De tous côtés, dans le lointain de la campagne grise, on apercevait des palpitations de choses blanches réunies par grands ou par petits groupes, et qui auraient évoqué l'idée d'énormes papillons voletant par bandes sur la campagne, si la rigueur de la saison n'avait rendu cette hypothèse impossible. À mesure que l'on approchait, ces palpitations blanches semblaient se colorer de teintes nouvelles, se tacher de rouge et de bleu. C'étaient de petits drapeaux qui, par centaines, par milliers, frémissaient au souffle du vent glacial. La pluie en avait délavé les couleurs ; l'humidité en avait rongé les bords ; de quelques-uns il ne restait que la hampe, à laquelle pendillait un lambeau d'étoffe. Chaque drapeau abritait une petite croix de bois, tantôt peinte en noir, tantôt brute, tantôt formée simplement de deux bâtons.

– Que de morts ! soupira Marcel en promenant ses regards sur la sinistre nécropole.

Marcel, Luisa et Chichi étaient en grand deuil. René, qui accompagnait sa femme, portait encore l'uniforme de l'armée active ; malgré ses blessures, il n'avait pas voulu quitter le service, et il avait été attaché à une fabrique de munitions jusqu'à la fin de la guerre.

René avait sur ses genoux la carte du champ de bataille et posait des questions au sous-officier. Celui-ci ne reconnaissait pas bien les lieux où s'était livré le combat : il avait vu ce terrain bouleversé par des rafales d'obus et couvert d'hommes ; la solitude et le silence le désorientaient.

L'automobile avança entre les groupes épars des sépultures, d'abord par le grand chemin uni et jaunâtre, puis par des chemins transversaux qui n'étaient que de tortueuses fondrières, des bourbiers aux ornières profondes, où la voiture sautait rudement sur ses ressorts.

– Que de morts ! répéta Chichi en considérant la multitude des croix qui défilaient à droite et à gauche.

Luisa, les yeux baissés, égrenait son chapelet et murmurait machinalement :

– Ayez pitié d'eux, Seigneur ! Ayez pitié d'eux, Seigneur !

Ils étaient arrivés à l'endroit où avait eu lieu le plus terrible de la bataille, la lutte à la mode antique, le corps à corps hors des tranchées, la mêlée farouche où l'on se bat avec la baïonnette, avec la crosse du fusil, avec le couteau, avec les poings, avec les dents. Le guide commençait à se reconnaître, indiquait différents points de l'horizon. Là-bas étaient les tirailleurs africains ; un peu plus loin, les chasseurs ; l'infanterie de ligne avait chargé des deux côtés du chemin, et toutes ces fosses étaient les siennes. L'automobile fit halte, et René descendit pour lire les inscriptions des croix.

La plupart des sépultures contenaient plusieurs morts, dont les képis ou les casques étaient accrochés aux bras de la croix, et ces effets militaires commençaient à se pourrir ou à se rouiller. Sur quelques-unes des sépultures, des couronnes, mises là par piété, noircissaient et se défaisaient. Presque partout le nombre des corps inhumés avait été indiqué par un chiffre sur le bois de la croix, et tantôt ce chiffre apparaissait nettement, tantôt il était déjà peu lisible, quelquefois il était tout à fait effacé. De tous ces hommes disparus en pleine jeunesse rien ne survivrait, pas même un nom sur un tombeau. La seule chose qui resterait d'eux, ce serait le souvenir qui, le soir, ferait soupirer quelque vieille paysanne conduisant sa vache sur un chemin de France, ou celui d'une pauvre veuve qui, à l'heure où ses petits enfants reviendraient de l'école, vêtus de blouses noires, n'aurait à leur donner qu'un morceau de pain sec et penserait au père dont ils auraient peut-être oublié déjà le visage.

– Ayez pitié d'eux, Seigneur ! continuait à murmurer Luisa. Ayez pitié de leurs mères, de leurs femmes veuves, de leurs enfants orphelins !

Il y avait aussi, reléguées un peu à l'écart, de longues, très longues fosses sans drapeaux et sans couronnes, avec une simple croix qui portait un écriteau. Elles étaient entourées d'une clôture de piquets, et la terre du monticule était blanchie par la chaux qui s'y était mélangée. On lisait sur l'écriteau des chiffres d'un effrayant laconisme : 200... 300... 400... Ces chiffres déconcertaient l'imagination qui répugnait à se représenter les files superposées des cadavres couchés par centaines dans l'énorme trou, avec leurs vêtements en lambeaux, leurs courroies rompues, leurs casques bosselés, leurs bottes terreuses : horrible masse de chairs liquéfiées par la décomposition cadavérique, et où les yeux vitreux, les bouches grimaçantes, les cœurs éteints se fondaient dans une même fange. Et pourtant, à cette idée, Marcel ne put s'empêcher d'éprouver une sorte de joie féroce : son fils était mort, mais il avait été bien vengé !

Sur les indications du guide, l'automobile avança encore un peu et prit à travers champs pour gagner un certain groupe de tombes. Sans aucun doute, c'était là que le régiment de Jules s'était battu. Les pneumatiques s'enfonçaient dans la glèbe et aplatissaient les sillons ouverts par la charrue ; car le travail de l'homme avait recommencé sur ces charniers où les labours s'étendaient à côté des fosses et où la végétation naissante annonçait le printemps prochain. Déjà les herbes et les broussailles se couvraient de boutons gonflés de sève, et, sous les premières caresses du soleil, les pointes vertes des blés annonçaient qu'en dépit des haines et des massacres la nature nourricière continuait à élaborer pour les hommes les inépuisables ressources de la vie.

– Nous y sommes, dit le guide.

Alors Marcel, Luisa et Chichi mirent aussi pied à terre, et la promenade funèbre commença entre les tombes. René et le sous-officier allaient devant, déchiffraient les inscriptions, s'arrêtaient un moment devant celles qui étaient difficiles à lire, puis continuaient leurs recherches. Chichi marchait à quelques pas derrière eux, taciturne et sombre. Marcel et Luisa les suivaient de loin, péniblement, les pieds lourds de terre molle, les jambes flageolantes, le cœur serré.

Une demi-heure s'écoula sans que l'on trouvât rien. Toujours des noms inconnus, des croix anonymes, des inscriptions qui indiquaient les chiffres d'autres régiments. Les deux vieillards ne tenaient plus debout et commençaient à désespérer de retrouver la tombe de leur fils. Ce fut Chichi qui tout à coup poussa un cri :

– La voilà !

Ils se réunirent devant un monceau de terre qui avait vaguement la forme d'un cercueil et qui commençait à se couvrir d'herbe. Il y avait au chevet une croix sur laquelle un compagnon d'armes avait gravé avec la pointe de son couteau le nom de « Desnoyers », puis, en abrégé, le grade, le régiment et la compagnie.

Luisa et Chichi s'étaient agenouillées sur le sol humide et sanglotaient. Le père regardait fixement, avec une sorte de stupeur, la croix et le monceau de terre. René et le sous-officier se taisaient, la tête basse. Ils avaient tous l'esprit hanté de questions sinistres, en songeant à ce cadavre que la glèbe recouvrait de son mystère. Jules était-il tombé foudroyé ? Avait-il rendu l'âme dans la sérénité de l'inconscience ? Avait-il au contraire enduré la torture du blessé qui meurt lentement de soif, de faim et de froid, et qui, dans une agonie lucide, sent la mort gagner peu à peu sa tête et son cœur ? Le coup fatal avait-il respecté la beauté de ce jeune corps, et la balle meurtrière n'y avait-elle fait qu'un trou presque imperceptible, au front, à la poitrine ? Ou le projectile avait-il horriblement ravagé ces chairs saines et mis en lambeaux cet organisme vigoureux ? Questions qui resteraient éternellement sans réponse. Jamais ceux qui l'avaient aimé n'auraient la douloureuse consolation de connaître les circonstances de sa mort.

Chichi se releva, s'en alla sans rien dire vers l'automobile, revint avec une couronne et une gerbe de fleurs. Elle suspendit la couronne à la croix, mit un bouquet au chevet de la tombe, sema à la surface du tertre les pétales des roses qu'elle effeuillait gravement, solennellement, comme si elle accomplissait un rite religieux.

Cela fait, Marcel et Luisa, précédés par le sous-officier, s'en retournèrent silencieusement vers l'automobile, tandis que Chichi et René s'attardaient encore quelques minutes près de la tombe.

Les vieux époux, accablés, marchaient au flanc l'un de l'autre ; mais leurs pensées muettes suivaient des voies différentes.

Luisa, mue par la bonté naturelle de son cœur et par les mystiques enseignements de la charité chrétienne, se détachait peu à peu de la contemplation de sa propre douleur pour compatir à la douleur d'autrui. Elle s'imaginait voir par delà les lignes ennemies sa sœur Héléna cheminant aussi parmi des tombes, déchiffrant sur l'une d'elles le nom d'un fils chéri, et sanglotant plus désespérément encore à l'idée d'un autre fils dont elle ne connaîtrait jamais la sépulture. Partout, hélas ! les douleurs humaines étaient les mêmes, et la cruelle égalité dans la souffrance donnait à tous un droit égal au pardon.

Marcel, au contraire, en homme d'action à qui la vie a enseigné que chacun porte ici-bas la responsabilité de ses fautes, songeait à l'inévitable châtiment des criminels qui avaient ramené dans le monde la Bête apocalyptique et ouvert la carrière aux horribles cavaliers par lesquels Tchernoff se plaisait à symboliser les fléaux de la guerre. Ce châtiment, Marcel était trop âgé peut-être pour avoir la profonde satisfaction d'en être témoin ; la mort de son fils avait brusquement fait de lui un vieillard, et il pressentait qu'il n'avait plus que quelques mois à vivre ; mais il n'en était pas moins convaincu que tôt ou tard justice serait faite, et faite sans miséricorde. L'indulgence à l'égard de ceux qui ont voulu délibérément le mal est une complicité. Celui qui pardonne à l'assassin trahit la victime. Il est bon que la guerre dévore ses enfants, et, quand on a tiré l'épée, on doit périr par l'épée.

En arrière, pendant que René attachait à la croix le bouquet et la couronne, Chichi était montée sur un tas de terre qui renfermait peut-être des cadavres, et, debout, les sourcils froncés, en comprimant de ses deux mains l'envolée de ses jupes agitées par la bise, elle contemplait la vaste nécropole. Le souvenir de son frère Jules avait passé au second plan dans sa mémoire, et l'aspect de ce champ de mort la faisait surtout penser aux vivants. Ses yeux se fixèrent sur René. Peut-être songeait-elle que son mari n'avait pas été exposé à un moindre péril que son frère, et que c'était pour elle un bonheur quasi miraculeux de l'avoir encore sauf et robuste malgré les cicatrices et les mutilations.

— Et dire, mon pauvre petit, prononça-t-elle enfin à haute voix, qu'en ce moment tu pourrais être sous terre, comme tant d'autres malheureux !

René la regarda, sourit mélancoliquement. Oui, ce qu'elle venait de dire était vrai ; mais la destinée s'était montrée clémente pour lui, puisqu'elle l'avait conservé à la tendresse d'une jeune femme généreuse qui était fière du mari mutilé et qui le trouvait plus beau avec ses cicatrices.

– Viens ! ajouta Chichi impérieusement. J'ai quelque chose à te dire.

Il monta près d'elle sur le tas de terre. Et alors, comme si, au milieu de ce champ funèbre, elle sentait mieux la joie triomphante de la vie, elle lui jeta les bras autour du cou, l'étreignit contre son sein qui exhalait un chaud parfum d'amour, lui imprima sur la bouche un baiser qui mordait. Et ses jupes, libres au vent, moulèrent la courbe superbe de sa taille où se dessinaient déjà les rondeurs de la maternité.

Made in the USA
Monee, IL
15 December 2021